岭南文化书系

韶文化研究丛书

云门宗源流述略

仲红卫　著

暨南大学出版社
JINAN UNIVERSITY PRESS

中国·广州

图书在版编目（CIP）数据

云门宗源流述略/仲红卫著. —广州：暨南大学出版社，2014.12
（岭南文化书系·韶文化研究丛书）
ISBN 978-7-5668-1282-7

Ⅰ.①云…　Ⅱ.①仲…　Ⅲ.①文偃（864—949）—评传
Ⅳ.①B949.92

中国版本图书馆CIP数据核字(2014)第276066号

出版发行：暨南大学出版社

地　　址：中国广州暨南大学
电　　话：总编室（8620）85221601
营销部（8620）85225284　85228291　85228292（邮购）
传　　真：（8620）85221583（办公室）　85223774（营销部）
邮　　编：510630
网　　址：http://www.jnupress.com　http://press.jnu.edu.cn

排　　版：广州市天河星辰文化发展部照排中心
印　　刷：韶关市新华宏达印务有限公司

开　　本：787mm×1092mm　1/16
印　　张：14.25
字　　数：230千
版　　次：2014年12月第1版
印　　次：2014年12月第1次

定　　价：45.00元

总　序

一

韶关历史悠久，文化底蕴深厚，源远流长，为岭南开发较早的地区之一。宋代乐史撰《太平寰宇记》所引《郡国志》言：“韶州科斗劳水间有韶石，两石相对，大小略均，有似双阙……昔舜帝游此石，奏韶乐，因以名之。”其实，“韶”字来源于“舜帝南巡奏韶乐”的千古美妙传说早在隋唐时期就已流传。隋开皇九年（589 年），韶州以“韶”为州名，千百年来始终未改。此后，在中华大地上以“韶”命名的古城韶州成为岭南著名州府。迄今为止，韶关是唯一以“韶”命名的历史文化名城。

马坝人的发现证明了早在十多万年前，人类的祖先就在韶关这块古老的土地上繁衍生息。石峡文化遗址的发掘又告诉人们，在四五千年前，这片区域已经与长江流域在经济文化方面有了密切的联系，及至秦破百越、收岭南，韶州成为岭南最早归属中央政权管辖和开发的地区之一。汉晋以降，珠玑先民持续南迁至珠江三角洲，衍成广府民系和广府文化。可以说，韶文化是岭南文化早期的一个主要源头。唐代著名文学家皇甫湜在为韶州作《韶阳楼记》时写道：“岭南属州以百数，韶州为大。”韶关作为广东北大门及粤北历史文化中心，自古就发挥了传输中原文化、弘扬岭南文化的先进作用。

韶关自古为岭南重镇，又是人杰地灵之都、山川灵秀之域。唐初，禅宗南派创始人六祖惠能在韶州弘法近四十年，述成了第一部中国化的佛家经典《六祖坛经》，形成了著名的禅宗文化。南北朝时期以勇猛刚烈著称的风烈将军侯安都，唐开元盛世名相、以风度名扬天下的张九龄，学深刚毅、文采拔萃、以风采而著名的北宋政治家余靖，明代抗倭名将陈璘，清代著名思想家廖燕等，都是受韶文化滋养的土生土长的韶州人杰。唐代大文豪韩愈，北宋文学家苏东坡，南宋诗人杨万里、著名理学家朱熹、名臣文天祥，明代才子解缙、著名学者丘睿、理学家陈白沙、科学家徐光启、军事家袁崇焕，清代著名诗人王士禛、朱彝尊，以及民国时期革命先行者孙中山，新中国创建者毛泽东、朱德、陈毅等一大批名人都在韶关留下了千古流芳的诗文和历史足迹。在中华世纪坛上铭刻的一百多位对中国历史文化产生深刻影响的人中有两位外国人，其中有一位是被誉为“中西文化交流第一人”的意大利传教士利玛窦，他也曾经于明代在韶关活动六年，对西学东渐和东学西传作出了不可磨灭的贡献。

从古代相传“舜帝南巡奏韶乐”到岭南名州、历史文化名城，韶关经过代代相传，已经形成了岭南文化中不可或缺的重要组成部分——韶文化。因此，我们说，韶文化是指分布在粤北地区的、受历代行政区划和自然环境影响孕育滋生的一种有着较为突出特征的史志阶段的区域文化。简言之，韶关本土的历史文化就是韶文化。韶文化的核心是以“韶”为主的包容、和谐、善美的传统精神，其文化结构的主要元素是舜韶乐文化、客家文化、南禅宗佛教文化、历史名人文化、瑶族文化、矿冶文化、山区生态文化、红色革命文化等，在文化形态上既表现了与岭南文化的同一性，又表现出自然与人文各方面的多元性和独特性。正是由于以上在地域特征、自然生态、族源构成等方面显示出的诸多特殊性，以“韶”为主题的韶文化才得以确立，并在数千年的历史中不断融合发展。

二

韶文化是岭南文化中一个主要的文化类型。这个文化类型的特色在以石峡文化为代表的萌芽阶段已初现端倪，在秦代南越国及两汉以后步入发展阶段，曲江（又称曲红，因曲红岗得名）、始兴郡皆为当时岭南最重要的中心城市之一，特别是此地最富特色的以丹霞红岩为主的自然生态风光逐渐被人们发现，而且由于舜帝南巡，在岭南地区奏韶乐的历史传说，原名“曲红岗”的丹霞地貌被赋予“至美”、“至善”的韶乐精神，并命名为“韶石”：“隋平陈，为韶州，以韶石为名。”（唐初梁载言《十道志》）至此，以“韶”为核心的优美的自然环境和善美和合的韶乐人文精神在粤北地区被有机地结合起来，韶乐、韶石、韶州成为这一地区最响亮的文化符号。基于地方行政区划和自然环境特殊性而形成的区域文化——韶文化，在保留了岭南文化一般特征的同时，逐渐在粤北展现出自己独特的文化结构、文化形态特征，主要表现在：

——舜帝韶乐文化。它不仅是韶关得名之源，而且有历史上一大批古建筑作为载体，以及隋唐以来历代史志和名人歌赋作为文献记录。韶乐的和谐善美精神在韶关地区的传播至少有千余年，是韶文化

的精神内核，是统领其他文化要素的主导部分，也是区别于其他区域文化的重要地方特色。之所以把粤北地区的文化称为“韶文化”，其主要原因正在于此。

——汉族移民文化、粤北客家文化、瑶族文化、疍民文化构成了韶文化的民族民系主体。特别是持续南迁的珠玑巷移民构成了日后广府民系的主体，对岭南和东南亚的开发影响深远。

——发源于韶关的南禅宗佛教文化及其他宗教文化构成了韶文化精神层面的重要补充。南禅宗文化使佛教比较彻底地中国化，影响超出岭南，波及全国甚至全世界。

——历史上，粤北古道交通文化和名人文化突出。粤北是中原文化和岭南文化之间的主要通道、海上丝绸之路的陆上重要节点，而惠能、张九龄、余靖等都是岭南人杰，影响广泛。

——历史悠久的矿冶文化。韶关采矿历史久远、规模巨大，是世界上最早运用“淋铜法（湿法炼铜）”来大规模生产胆铜的地方。矿冶业延续至今，是韶关的重要经济命脉，也是韶关突出的城市文化特色和韶文化的突出特征。

——山区生态文化。地域居民秉承“天地同和”精神，在历史长河中与自然和谐相处，生态环境基本保持良好，是韶文化特色的显现，也是今后韶关发展的最重要的资源之一。

——以毛泽东、朱德、陈毅等人及抗战时期的广东省委在韶关的革命活动为代表的红色革命文化。此外，孙中山以韶关为根据地二次誓师北伐，抗战初期广东省省会北迁韶关等也都是宝贵的历史财富。

上述文化结构、文化特征是韶文化的主要内涵，也是我们开展韶文化研究的主要方向。

三

重视韶文化的研究、传承与弘扬，对岭南文化的传播与发展具有非常重要的意义。深入细致地挖掘和研究韶文化，可以有力地推动粤北历史文化研究的发展，推动地方人文历史与环境的良性互动，丰富人民群众的精神文化生活，深化岭南文化的固有内涵，促进岭南文化繁荣发展，为广东建设文化强省、韶关建设区域文化中心提供理论依据和文化支撑。有鉴于此，韶关市和韶关学院于 2009 年 11 月正式联合成立了韶文化研究院，现已拥有专职、兼职研究人员 40 多人，特聘文化顾问 10 人。研究院成立以来，在韶关学院和韶关市委宣传部、韶关市社会科学界联合会的领导与支持下，积极开展地方文化历史研究与传播工作，先后获准设立广东省张九龄研究中心、广东省韶文化研究基地。2012 年 7 月，经广东省委宣传部和广东省社会科学院发文，研究院升格为广东地方特色文化（韶文化）研究基地，成为全省首批九大特色文化研究基地之一。

本丛书即是该基地的初期研究成果。丛书的规模暂不限定，计划先用三年时间陆续推出几批著作。目前选题以历史文化为主，专注于与韶关有关的人、事和物，今后将逐渐扩大研究范围。

感谢韶关学院的党政领导和韶关市委宣传部、韶关市社会科学界联合会对本丛书立项、研究撰写和出版发行的支持与资助。特别感谢本丛书的各位作者，正是由于他们的辛勤劳动和无私奉献，本丛书得以付梓面世。暨南大学出版社对本丛书的出版发行给予了帮助，在此一并感谢。

是为序。

韶关市韶文化研究院
韶关学院韶文化研究院
广东地方特色文化（韶文化）研究基地
2014 年 10 月

目　录

第一章　云门宗成立前之禅宗

第一节　菩提达摩以前佛教在中国的传播

一、佛教最初传入中国的诸种说法

佛教是影响中国社会与文化发展的主要精神力量之一，但佛教究竟在什么时间传入中国，迄今为止却没有公认的定论。总括起来，历史上大概出现过以下四种说法：

一是佛法早在战国以前就已经传入。

南朝刘宋的宗炳（375—443年）曾经写了一篇叫《明佛论》（又叫《神不灭论》）的长篇论文，其中说：

> 伯益述《山海》："天毒之国，偎人而爱人。"郭璞传："古谓天毒，即天竺，浮屠所兴。偎爱之义，亦如来大慈之训矣。"固亦既闻于三五之世也。[①]

《山海经》的作者是谁，历来是一个谜。西汉末年的刘歆说，《山海经》的作者为舜禹时期的伯益。宗炳之所以引这段话，也是为了证明佛教早在三皇五帝时就已经传入华夏了。但是今天看来，这个说法是站不住脚的。首先，舜禹时期文字尚未成熟，怎么可能出现这样的著作？其次，"天毒之国，偎人而爱人"一句出于《海内经第十八》，

---

① （南朝梁）僧祐：《弘明集》（卷二），见《大正新修大藏经》（以下简称《大正藏》）（第52册），东京：大藏出版株式会社1988年版，第12页。又，本书在引用《大正藏》时，对原文中句读明显有误者略有改正，恕不一一标出。

原文是“东海之内，北海之隅，有国名曰朝鲜、天毒，其人水居，偎人爱人”[①]。这里的天毒和朝鲜在一个方位，且“其人水居”，那么即便是有这个“天毒”国，它也不可能是郭璞所说的那个也叫作“天竺”的“天毒”国，因为和佛教有关的那个“天毒”在中国的西南，与“东海之内，北海之隅”相差万里。[②] 其三，即便如郭璞所言，这里所说的“天毒”就是与佛教有关的那个“天竺”，但释迦牟尼在舜禹之际还没有诞生，[③] 佛法怎么能早于佛祖诞生数千年而传入中国？可见宗炳的说法是完全错误的。

比《山海经》所言稍迟一些的，是说周代已经知道有佛。唐代僧人法琳于武德五年上《破邪论》，引用了《周书异记》中的一大段，说佛陀生于周昭王二十四年甲寅岁四月八日，而灭度于周穆王五十二年壬申岁二月十五日。因为在佛陀出生和灭度的时候，中国境内均有异常天象发生，所以昭王的太史官苏由对昭王说“有大圣人生于西方”，而穆王的太史官扈多对穆王说“西方有大圣人灭度”。[④] 这里的大圣人就是指佛陀。但是，《周书异记》实际上并不是周代人所书，而是后人伪托所作。此外，周昭王、周穆王在位的时间，直到今天还没有完全弄明白，所谓昭王二十四年、穆王五十二年等，事实上没有人知道具体是公元何年。所以这些记述看似言之凿凿，其实于史无据，纯属后人杜撰。

再迟一些的说法，是说孔子已经听说过佛陀。《列子·仲尼篇》里有一则记载，说商（即春秋时的宋国）的太宰问孔子谁称得上是圣人，孔子认为自己、三王、五帝、三皇都不是圣人，圣人在西方：“西方之人，有圣者焉，不治而不乱，不言而自信，不化而自行，荡荡乎民无能名焉。丘疑其为圣。弗知真为圣欤？真不圣欤？”[⑤] 所以说孔子已经听说了佛陀的大名。《汉书·艺文志》虽然列出了《列子》

---

① 袁珂：《〈山海经〉校译》，上海：上海古籍出版社1985年版，第297页。

② 郭璞的原注说：“朝鲜今乐浪郡也。天毒即天竺国，贵道德，有文书、金银、钱货，浮屠出此中也。”袁珂先生解释此注云：“按天竺即今印度，在我国西南；此天毒则在东北，方位迥异，未知是否。或者中有脱文伪字，未可知也。”参见袁珂：《〈山海经〉校译》，上海：上海古籍出版社1985年版，第301页。

③ 一般认为释迦牟尼佛大约出生于公元前565年，灭度于公元前486年。见《辞海》，上海：上海辞书出版社1979年版，第4527页。

④ （唐）法琳：《破邪论》（卷上），扬州：扬州藏经院光绪三十四年刻本，第11页。

⑤ 景中译注：《列子·仲尼篇》，北京：中华书局2007年版，第109~110页。

中的八篇，但原文早已散佚。今本《列子》是魏晋时人所伪造，其言并不足信。类似的记载，法琳《破邪论》中也有两处提到，而两处略有不同——第二处将故事的出处改为史禄所言，又将商太宰改为吴太宰。①

二是佛法在秦始皇时传入。

司马迁《史记·秦始皇本纪》说始皇三十二年“之碣石，使燕人卢生求羡门、高誓”②。又说始皇三十三年，“禁不得祠。明星出西方”③。羡门，裴骃的《史记集解》引韦昭的话，说是“古仙人”。高誓，张守节的《史记正义》说“亦古仙人”④。究竟是什么仙人，两人都没有具体说明。马元材先生在新中国成立前所著的《秦时佛教已流行中国考》一文中，认为羡门其实是梵语Śramana的音译，也就是后来的桑门、沙门，所以秦始皇时已有佛教在中国传播。至于“禁不得祠。明星出西方”一句，日本人藤田丰八认为是梵语Buddha的对音，Buddha就是浮屠或佛陀。⑤ 此说得到现代一些学者的赞同，并由此推断佛教在秦代曾一度传入且流行，只是因为秦始皇的禁令才昙花一现。但著名佛教学者汤用彤先生不同意这个观点，他认为“不得”是虚字而不是实字，因此不可能指佛陀。他引了《诗·大东》毛传的“日且出，谓明星为启明。日既入，谓明星为长庚”的解释，认为《史记·秦始皇本纪》所说的“明星出西方”，指的是太阳快要落山时的长庚星，也就是太白星。因为太白星是战争的象征，所以始皇禁止民间私下祭祀，其实与佛教无关。⑥

历史上第一次明确记述秦始皇与佛教关系的书，是隋人费长房的《历代三宝纪》。该书说秦始皇时有十八名外国沙门，在释利防的带领下，带着佛经来感化秦始皇，可是秦始皇不听，反而囚禁了利防等人。结果夜里就有身长丈六的金刚来破狱救人，秦始皇因此害怕并稽首认错。⑦ 对此，汤用彤先生指出，秦始皇囚利防之事在南北朝之前从无

① （唐）法琳：《破邪论》（卷上），扬州：扬州藏经院光绪三十四年刻本，第5~6、11页。

② （汉）司马迁：《史记》，北京：中华书局1959年版，第251页。

③ （汉）司马迁：《史记》，北京：中华书局1959年版，第253页。

④ （汉）司马迁：《史记》，北京：中华书局1959年版，第252页。

⑤ 马元材和藤田丰八的说法，皆引自岑仲勉《秦代已流行佛教之讨论》一文。见《现代佛教学术丛刊》（第五册），大乘文化基金会1980年版，第11页。

⑥ 汤用彤：《汉魏两晋南北朝佛教史》，北京：中华书局1983年版，第6页。

⑦ 《大正藏》（第49册），东京：大藏出版株式会社1988年版，第23页。

人说起，《历代三宝纪》芜杂凌乱，所说实不可信。而法琳所谓该事出自道安、朱士行的《经录》，其实是佛徒作假。[①] 梁启超《佛教之初输入》一文以“官书地志，一无所载。学者立言，绝未称引”为由，认为要讨论佛教来华之明确纪元，“自当以汉末桓、灵以后为断”。而此前虽无明确纪元，并不是说没有关于佛教来华的信息可供参考。就利防来华之事而言，《历代三宝纪》所言虽不足信，但因为阿育王与秦始皇是同时代人，而阿育王曾派过二百五十六人到各处宣教，“其派至亚洲者，北至俄属土耳其斯坦，南至缅甸”，当时中印海路交通可能已经打开，所以阿育王所遣的高僧不是没有可能到达中国。[②] 汤用彤先生不同意梁启超的观点。他认为阿育王传教虽然远及西北，但在东北方向却毫无记录，且缅甸有佛教乃在阿育王之后三百年，因此梁氏之说离事实太远。[③]

三是佛法在西汉时传入。

其中一种说法是在汉武帝时传入。北齐的魏收在《魏书·释老志》里说，汉武帝“及开西域，遣张骞使大夏还，传其旁有身毒国，一名天竺，始闻有浮屠之教”[④]。汤用彤因为《史记》、《汉书》都说张骞只提到了身毒而没有提及浮图（浮屠），且《后汉书·西域传》又有“至于佛道神化，兴自身毒，而二汉方志，莫有称焉。张骞但著地多暑湿，乘象而战”的明确记载，故认为“始闻有浮屠之教”云云，其实是魏收的臆测之辞，并非转述张骞之言。[⑤] 但是也有学者认为，从当时西域已有佛教传播的情况看，“张骞在公元前二世纪中叶闻身毒国有佛教”，“是确定无疑的”[⑥]。

此外，《汉武故事》、《魏书·释老志》等都说汉武帝曾获得匈奴的祭天金人，并将金人放在甘泉宫里烧香礼拜。《魏书·释老志》认为这说明当时已有佛教传入。汤用彤认为武帝置金人于甘泉宫并烧香礼拜一事，《史记》、《汉书》都无记载，因此不可信。他又进一步指出，汉武帝时印度还没有造佛像这回事，而甘泉宫是紫微宫十二星的

---

① 汤用彤：《汉魏两晋南北朝佛教史》，北京：中华书局 1983 年版，第 5 页。

② 梁启超著，陈士强导读：《佛学研究十八篇》，上海：上海古籍出版社 2001 年版，第 22 页。

③ 汤用彤：《汉魏两晋南北朝佛教史》，北京：中华书局 1983 年版，第 5 ~ 6 页。

④ （北齐）魏收：《魏书·释老志》，北京：中华书局 1974 年版，第 3025 页。

⑤ 汤用彤：《汉魏两晋南北朝佛教史》，北京：中华书局 1983 年版，第 7 页。

⑥ 韩长耕：《佛教传入中国论考》，《湘潭大学学报》1981 年第 1 期。

象征，也不可能奉祭佛像。匈奴金人其实并不是佛像，而是匈奴的祭天神主，《魏书·释老志》的说法乃虚妄之言。①

还有说是汉哀帝时传入。南朝宋裴松之注《三国志》，引了魏人鱼豢《魏略·西戎传》中的一段话。鱼豢说："天竺又有神人，名沙律。昔汉哀帝元寿元年，博士弟子景卢受大月氏王使伊存口授浮屠经，曰：'复立者其人也。'"② 鱼豢是魏国人，曾担任过曹魏的郎中。他的这一番言语，被一些学者们认为是佛教传入中国并正式见于史籍的最早记载。西汉哀帝元寿元年，即公元前2年。大月氏地处中亚，佛教很早就已经在这里传播。汉自张骞出使西域，与大月氏通使以后，到西汉末两国交往已逾百年左右，所以景卢受经之事并非没有发生的可能。不过，因为鱼豢生活的时代距离哀帝已有大约两个半世纪，所以也有一些学者对此持怀疑态度。比如吕澂先生就谨慎地认为，《魏略》已经散佚，由于授经者是大使的身份，而这只有在佛教已经被当时的统治阶级所崇信之后才有可能，但哀帝时大月氏是否有佛教流传还值得讨论，所以对这条史料需要深入研究才能相信。③

四是佛法在东汉时传入。

相传东汉末年的牟子所作的《理惑论》说：

> 昔孝明皇帝，梦见神人，身有日光，飞在殿前，欣然悦之。明日，博问群臣："此为何神？"有通人傅毅曰："臣闻天竺有得道者，号曰'佛'，飞行虚空，身有日光，殆将其神也。"于是上寤（悟），遣中郎蔡愔、羽林郎中秦景、博士弟子王遵等十八人，于大月氏写佛经四十二章，藏在兰台石室第十四间。时于洛阳城西雍门外起佛寺，于其壁画千乘万骑，绕塔三匝；又于南宫清凉台及开阳城门上作佛像。明帝时豫（预）修造寿陵，曰显节，亦于其上作佛图像。时国丰民宁，远夷慕义，学者由此而滋。④

《理惑论》又称《牟子理惑论》，上述记载，就是中国佛教史上有

① 汤用彤：《汉魏两晋南北朝佛教史》，北京：中华书局1983年版，第7~10页。

② （晋）陈寿著，裴松之注：《三国志·魏书·乌丸鲜卑东夷传第三十》，北京：中华书局1999年版，第637页。

③ 吕澂：《中国佛学源流略讲》，北京：中华书局1979年版，第19页。

④ （南朝梁）僧祐：《弘明集》（卷一），见《大正藏》（第52册），东京：大藏出版株式会社1988年版，第4~5页。

名的永平求法的故事。关于《理惑论》的作者，南朝梁僧祐的《弘明集》在收录这篇文章的时候，署名“汉牟融”，在标题下又有一行小字说“一云苍梧太守牟子博传”。牟融是汉明帝和章帝时的高官。《后汉书》卷二十六在述及牟融的行状时，说他初以精通《大夏侯尚书》而被任命为丰县令，后因折狱公正、经行纯备而步步高升，一直做到了司空、太尉的高位。行状并没有说他写过什么东西，从记述来看，突出的是他作为一位儒家思想的信仰者和实践者的特征，这样一位言行都以儒教为准则的人，却写《理惑论》这样一篇宣扬佛教的文章，在逻辑上是很难讲通的。此外，《理惑论》中所叙述的牟子的生平事迹，和《后汉书》中牟融的生平事迹完全对不上。就这两点来看，牟融不可能是《理惑论》的作者。至于所谓的“苍梧太守牟子博”，现在没有任何资料可以证实。虽然作者存疑，但不管怎样，《理惑论》这本书的出现不会迟于南北朝刘宋年间，因为刘宋陆澄的《法论》已经收录了这本书。不过《法论》已经散佚，只能在南朝梁僧祐的《出三藏记集》中看到目录。

除《理惑论》外，记载永平求法的书籍，在南北朝时还有不少。这些书籍所记载的细节不尽相同，其传说的来源也可能不同，① 尽管如此，一般的历史学家都认为永平求法这件事在历史上确实存在过，② 只不过其详细经过已难以知晓。

释迦牟尼佛原名乔达摩·悉达多，出生于古印度北部的迦毗罗卫国（今尼泊尔境内）。佛法因此首先在北印度流传，然后是中印度恒河上游。到了阿育王时代，也就是中国的秦代这一时期，由于阿育王的大力推广，佛法开始向古印度之外的地区传播。那个时候，邻近古印度的中亚一带的国家很可能就已经知道了佛教。后来弥兰王占据西北印度，曾问法于比丘那先（Nāgasenā，意译为龙军）。弥兰国的钱币

---

① 汤用彤先生经过详细的对比，将各书关于永平求法的传说分为三个系统：①《牟子》系。以《理惑论》为最早，《四十二章经·序》与之基本相同。东晋袁宏的《后汉纪》、刘宋范晔的《后汉书》或采此说。梁陶弘景的《真诰》则抄袭《四十二章经·序》。其故事要略谓汉明帝感梦遣使，于大月氏写经而归，并图画佛像。②《化胡经》系。以《老子化胡经》为底本，羼入了佛陀成道涅槃之年。③《冥祥记》系。增加了摄摩腾等来华译经之事，使者不是张骞等三人而是蔡愔一人。详细请参阅汤用彤：《汉魏两晋南北朝佛教史》，北京：中华书局 1983 年版，第 14 ~ 15 页。

② 也有学者不这样认为。如梁启超著《汉明求法说辨伪》，就认为汉明求法之事乃后人伪造。他指出汉明帝之时中土与西域交通断绝，所以无从遣使，且求法之说最早见于西晋王浮的《老子化胡经》，此书本来颇多妄言，而后人不查其荒谬，反而转相传抄增饰，以至习非成是。参阅梁启超著，陈士强导读：《佛学研究十八篇》，上海：上海古籍出版社 2001 年版，第 24 ~ 29 页。

上还铸有“弘法大王弥兰”的字样。弥兰王时期约相当于西汉的文景时代，由此可知，到了西汉文景之时，佛法就已经在中亚广为传播。此后，东亚大陆的形势因为汉武帝北征匈奴发生了重大变革。武帝为了夹击匈奴，派张骞出使西域各国，从此与中亚建立了持久的联系。西域诸国中的大月氏，本来在汉的西北部，汉文帝时被匈奴击败，于是向西迁徙，征服了与弥兰国关系密切的大夏国，进而侵入印度，建立贵霜王朝。汉通印度，大月氏乃是必经之地。大月氏在迁入中亚后逐渐信奉佛法已得到历史的证实，所以佛法从西域传入中国，大月氏起到了很重要的作用。

秦以前中国和西域的官方交往尚未建立，即使有交往也非常之稀少，所以佛教在秦以前已经传入中国的说法多数证据不足。说秦以前佛法传入中国的，常常出于后世僧人的比附或者伪造。西汉中叶以后，由于与中亚各国的交通已经打开，佛教就具备了传入中国的条件。永平求法的实质，只是说佛教得到了国家最高统治者的认可，用今天的话说就是获得了合法性身份，而不能说是佛法首次为中国人所了解。事实上，在汉明帝遣使往西域求法以前，佛教在中国可能已经有了一定规模的传播。《后汉书》卷四十二《光武十王列传·楚王英传》说：

> （楚王英）晚节更喜黄老，学为浮屠斋戒祭祀。（明帝永平）八年，诏令天下死罪皆入缣赎。英遣郎中令奉黄缣白纨三十匹诣国相曰：“托在蕃辅，过恶累积，欢喜大恩，奉送缣帛，以赎愆罪。”国相以闻。诏报曰：“楚王诵黄老之微言，尚浮屠之仁祠，洁斋三月，与神为誓，何嫌何疑，当有悔吝？其还赎，以助伊蒲塞桑门之盛馔。”因以班示诸国中傅。英后遂大交通方士，作金龟玉鹤，刻文字以为符瑞。①

浮屠、伊蒲塞、桑门是梵语 buddha、upāsaka、śramana 的音译，浮屠即佛陀，伊蒲塞或异写为优婆塞，桑门即沙门。三个梵音词语都是佛门的专用称号。楚王刘英是孝明皇帝的兄弟。他“为浮屠斋戒祭祀”，并派人持黄缣白纨为自己赎罪，说明当时上层阶级中已经有人信仰佛教。而孝明皇帝的答诏中能够熟练运用浮屠、伊蒲塞、桑门这

---

① （南朝宋）范晔：《后汉书·光武十王列传·楚王英传》，北京：中华书局1965年版，第1428～1429页。

些名词，进一步说明至少这时中国的上层社会已经对佛教不陌生了。虽然还无法确定佛教传入中国的具体时间，但由楚王英信奉佛法之事看来，在汉明帝以前佛教就已经在中国传播，并不一定要等到明帝求法后才开始。

二、魏晋南北朝时期佛教的大发展

佛教虽然至迟在东汉明帝时期就已经传入中国，但人们对佛教的认识却并不准确。在很长时间内，人们都将它和在中国本土兴盛了数百年的黄老之术相混同，以为可以通过祭祀佛像而获得鬼神的感应。楚王英“晚节更喜黄老，学为浮屠斋戒祭祀”；明帝答楚王英的诏书，将“诵黄老之微言”与“尚浮屠之仁祠”看成是一件事，就是这种情况的最好证明。黄老之学本源出于老子，到了汉代，逐渐和战国以后流行于社会各阶层的鬼神方术相混同，变成了所谓的黄老之术或曰道术。楚王英所信奉的“黄老之学”，其实就是黄老之术，所以他要举行斋戒祭祀这样的仪式，并且在得到明帝的赞许后“大交通方士，作金龟玉鹤，刻文字以为符瑞”。

佛教依附于黄老之术的情况从东汉末年开始逐渐改变，经过三国两晋南北朝四百年左右的大发展，到了隋唐之际，佛教不但已经取得了自己的独立地位，而且蔚为大观，成为可以和儒教、道教相比肩的思想流派。这几百年里的一个最大、最重要的变化，就是在一代代佛教大德的努力下，佛教开始逐渐中国化，最终演化成为和原始佛教、藏传佛教等有明显区别的所谓汉传佛教。促进这一发展趋势的因素，按照时间顺序大致排列，主要有三个：以西域僧人为主的大规模佛经翻译、中华本土僧人群体的崛起、佛教主要宗派的出现。就汉传佛教的形成而言，大规模的佛经翻译是其前提，本土僧人群体的崛起是其基础，佛教宗派的出现则是其形成标志。

（一）佛典之译介

佛教诞生于古印度，先是传到西域，再经由西域诸国传到中国。所以在中国佛教的发展历史上，西域是一个不可或缺的关键因素。从汉末到南北朝的数百年间，不断有西域僧人携带佛教经卷来华并展开持续不断的译经活动。最早传入的经文，可能是《四十二章经》。该经由四十二篇短短的经文连缀而成，文字简朴，主要是阐述小乘佛教的教义，认为人的生命非常短促，而世界上一切事物都变迁无常，所以要抛弃世俗欲望去追求出家修道的修行生活。《四十二章经》形成的年代和性质，学者们众说纷纭，至今也没有达成共识。[①] 能够确定的早期译经家，最早的有安世高和支娄迦谶两人。比他们两位稍后的，有竺佛朔、安玄、支曜、康孟祥、康巨、竺大力和昙果等。[②]

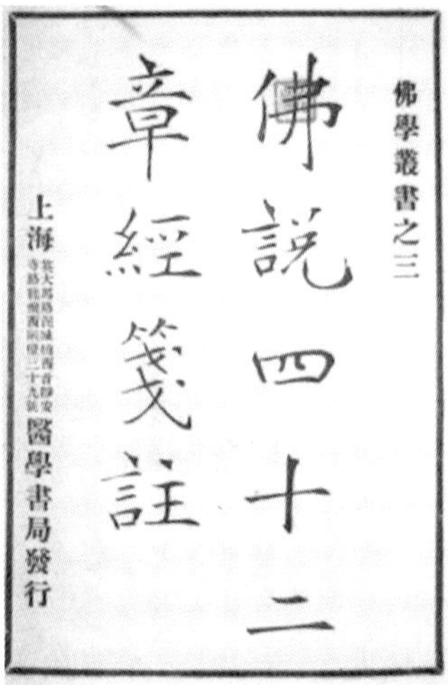
佛學叢書之三
佛說四十二章經箋註
上海
醫學書局發行

上海医学书局发行的《佛说四十二章经笺注》

安世高，名清，相传是安息国的王子，大概在汉桓帝建和初年（147 年）（一说建和二年，即 148 年）来到东汉的京都洛阳。从那时起到汉灵帝建宁（168—171 年）的二十多年中，他翻译了三十多部经

① 比如梁启超就怀疑此书是伪书，成书时间应该在三国两晋之间（梁启超著，陈士强导读：《佛学研究十八篇》，上海：上海古籍出版社 2001 年版，第 32 页）；且此书不是译本而是摘要集成的撰本（见汤用彤：《汉魏两晋南北朝佛教史》，北京：中华书局 1983 年版，第 23 页）。汤用彤则不但确定此书为译本，还认为这部经是中土最早传入的佛经，“东汉时本经之已出世，盖无可疑”，甚至“明帝时于大月氏写译此经，或亦可能之事也”。（汤用彤：《汉魏两晋南北朝佛教史》，北京：中华书局 1983 年版，第 23 ~ 24 页）吕澂先生和上述两人的意见都不同，他认为“《四十二章经》不是最初传来的经，更不是直接的译本，而是一种经抄”，至于所抄的对象，“就内容看，是抄自《法句经》……但做了一些修辞功夫”。抄的年代，“最早不能超过《化胡经》，最晚不能晚于《支敏度录》，（东晋）惠帝末年是公元 306 年，成帝末年为公元 342 年，大约就产生于此三十年之间”。（吕澂：《中国佛学源流略讲》，北京：中华书局 1979 年版，第 21 页）

② 梁启超先生在《佛教与西域》一文中指出，西域来的僧人开始时皆在名字前冠以国名，“以支为姓者皆月支（月氏）人，以安为姓者皆安息人，以康为姓者皆康居人，以竺为姓者则天竺人，不冠国名者多类皆葱岭以东诸西域国人”。（梁启超著，陈士强导读：《佛学研究十八篇》，上海：上海古籍出版社 2001 年版，第 96 页）

书（晋代道安编撰的《综理众经目录》，列举了他所见过的安世高译本，共三十五部四十一卷）①。安世高的翻译，重点在小乘佛学定慧两个方面的学说。定学即禅法，慧学即数法，所以也叫作禅数之学。这是印度小乘佛教上座部系统中“说一切有部”所持的学说。这里所谓禅法，即通过禅定静虑而领悟佛教之道，是修行的具体法门。具体而言，就是要求修行者在坐禅时按照一定的方法控制呼吸，使分散浮躁的精神专注于被规定的观察对象，从而祛除烦恼而进入到安谧宁静的境界之中。这里所谓数法，即阿毗昙、毗昙或阿毗达摩，也译为“对法”。数法就是用数字把佛教中名目众多的名词概念加以分类论述，从而阐释佛教基本理论的一种方法，如四谛、八正道、十二因缘、五蕴（阴）、十二处（入）、十八界（本持）、十二门禅等。在安世高翻译佛经之前，中国人并不真正明白佛教的义理，只是把它看作神仙方术的一种。由于有了安世高的翻译和讲经，人们读到了佛教的原典，听到了他对佛法的阐释，才开始对佛教有了比较正确的认识，所以安世高的翻译大大地深化了人们对佛教的理解。

支娄迦谶，简称支谶，是大月氏人。他在桓帝末年来到洛阳，其译经的时间稍迟于安世高，大约在灵帝光和、中平年间（178—189年）。可惜的是，由于文献资料缺失，他究竟翻译了多少种佛经今天已经很难确定了。晋道安录叙经目，只确认了《道行般若经》、《首楞严经》和《般舟三昧经》三种是支谶所译。此外，道安从文体上推断，认为《阿阇世王经》、《宝积经》、《兜沙经》、《问署经》等也是支谶所译。安世高所译侧重于小乘佛教，而支谶所译则几乎全属于大乘佛教，其中尤以《道行般若经》对后世的影响为巨。《道行般若经》，又称《小品》，亦云《摩诃般若波罗蜜经》，是大乘“空宗”的重要经典。本经共三十品，因其第一品名《道行品》，故名《道行经》或《道行品经》。所谓“道行”，即波罗蜜行。“般若”是智慧的意思。般若波罗蜜行，意为通过智慧而达到成佛的境界。“空”是佛教理论的核心概念。小乘佛法虽然讲“我空”，但仍执名相为实有，即所谓“我空法有”。而大乘佛教则不仅讲我空，还讲一切相皆空，亦即“诸法皆空”。能证“诸法皆空”者，就是般若智慧。支谶所译的

---

① 《历代三宝纪》说安世高的译经多达一七六部，《开元释教录》说九十五部，《高僧传》说三十九部，都比道安所说为多，但皆不足凭信。

大乘佛教之中心思想，是缘起性空的观念，而中国传统的道家思想本来就有至道无名、无常的说法，对于有与无的关系有比较深入的讨论，其思想与佛教的关于空的认识有类似之处，因此支谶翻译的大乘佛经，很快引起了中国人的兴趣，开了大乘佛教在中土传播的先河。

三国时期的西域译经僧人，在曹魏的有昙柯迦罗、康僧铠、昙无谛、安法贤等；在孙吴的有支谦、维祇难、竺将炎、康僧会等。其中支谦和康僧会最重要。

支谦，一名越，字恭明，后汉灵帝时出生在归籍汉朝的月氏民族家庭中，尝从学于支谶的弟子支亮，因而通达大乘佛教的理论。献帝末年，他南渡至吴。自黄武初年至建兴年间（222—253 年），支谦共译经数十部。晋道安《综理众经目录》录有三十部，梁僧祐《出三藏记集》录有三十六部，梁慧皎《高僧传》则云四十九部，隋费长房《历代三宝纪》更说有一百二十九部。吕澂先生认为可以确定的有二十九部。[①] 所译经书中，对后来禅宗影响较大的有《维摩诘经》。《维摩诘经》全名《维摩诘所说经》，亦名《不可思议解脱经》，简称《维摩经》。维摩罗诘是梵语 Vimalakirti 之音译，维摩意为“净名”、“无垢”，诘意为“称”，故又称此经为《净名经》、《说无垢称经》。此经的中心思想，是宣传只要虔心修道，便能证得佛教义理，无论是否出家都可以成佛。佛土与世间，不二无别；“如来种”就存在于“尘劳”之中。《维摩诘经》所代表的精神，是佛法在世间，应不离世间而解脱的成佛法门，与惠能《坛经》所示的许多道理声息共通。支谦之后，西晋的竺法护、竺叔兰，以及姚秦的鸠摩罗什、唐代的玄奘也曾译过本经。

康僧会，康居人。祖居天竺，其父因经商移居交趾。他生于汉土，少年时父母皆亡，在服完孝后出家。曾向安世高的弟子南阳韩林、颍川皮业、会稽陈慧学习《安般守意经》。《高僧传》说他在吴赤乌十年（247 年）至建业，利用佛舍利显神异，说动孙权为其建立佛寺，号“建初寺”。康僧会的译经，《出三藏记集》卷二录有二部，而卷十三列六部。《历代三宝纪》著录十四部。《开元释教录》厘定为七部。康僧会现存的译经是《六度集经》。在这部经里，他把佛家思想与儒家思想相调和，力图把孟子的“仁道”作为“三界上宝”，要求统治者

① 吕澂：《中国佛学源流略讲》，北京：中华书局 1979 年版，第 291 ~ 292 页。

以仁治民。对于“利己残民，贪而不仁”的君主，臣民们可以起而弃之。他的这种综合、吸收中国传统思想于佛教中的方法，为中国佛教的发展开辟了另一蹊径。

两晋以降，在中国活动的西域译经僧人，西晋以竺法护为要，东晋则以竺佛图澄和鸠摩罗什为要。

竺法护，音译昙摩罗刹，或译昙摩罗察，是西晋时期译经最多的西域僧人。他祖籍月支，本姓支，出生在西域与中原的交通要道敦煌。据说竺法护八岁出家，因事外国沙门竺高座为师，所以改姓竺。竺法护对当时中国内地流传的佛法不甚满意，为了更好地弄清佛理，就和老师一起到西域各国去游历。他在西域广泛搜求佛经，然后带回中国进行翻译。他所译的经，总的来说以大乘佛教为主。译经的时间，从泰始二年（266 年）直到永嘉二年（308 年），有四十多年。译出的经文，各家说法不一，但一般认为有一百五十多部，现存的有八九十部。其中比较重要的，有《修行道地经》、《不退转法轮经》、《正法华经》、《持心经》、《光赞般若经》、《文殊师利净律经》、《渐备一切智德经》、《普曜经》、《贤劫经》等。《正法华经》的中心思想，是在肯定大乘佛法是究竟法门的同时，也肯定小乘佛法的有效性，而不是把大小乘简单对立起来。这就调和了佛教内部的派别矛盾，同时为佛教进一步吸纳其他民族思想或者信仰从而发展自己开创了道路。《光赞般若经》是朱士行《放光般若经》的同本异译，译出时间在朱译之前，但没有得到及时传播，直到东晋太元元年（376 年）才被道安获得，但是已经残缺不全。道安将其与《放光般若经》作对比，写了《合放光光赞随略解》等，对促进东晋般若学的发展起了很大作用。《渐备一切智德经》提倡“其三界者，心之所为”，这个思想推动了大乘佛教由般若学向唯识学的转变。

竺佛图澄，本姓帛，西域（可能是龟兹）人，曾到罽宾受学。晋怀帝永嘉四年（310 年），佛图澄来到洛阳，以能够预知“行军吉凶”、善于使用道术取得了石勒的信服，被尊为“大和尚”。在石勒麾下，佛图澄直接参与了外灭刘曜、内平叛乱等军政要务。石虎继位，对佛图澄倍加推崇，誉为“国之大宝”。因为得到最高统治者的崇敬，佛图澄不但过着极为奢华的生活，而且享受政治上的特权。每次朝会，当佛图澄升殿时，常侍以下的职官，都要为之举舆，太子诸公要搀扶着他上殿。主持礼仪的人高唱“大和尚到”，大家都要站起来迎接。

佛图澄传播的佛教，充斥着妖妄之术。《高僧传》、《神僧传》、《法苑珠林》等都记载他“善诵神咒，能役使鬼物。以麻油杂燕脂涂掌，千里外事皆彻见掌中，如对面焉”，又能“听铃音以言事，无不劾验”，好像是巫师一样的人物。当时北方政权更迭频繁，战火连年而生灵涂炭。面对石勒这样残暴的军阀，佛图澄大力宣传“帝王事佛”之术不在于杀戮，而在于“体恭心顺，显畅三宝”，要尽量少杀无辜的百姓。《高僧传》说石勒听了佛图澄的劝谏后，“凡应被诛余残，蒙其益者，十有八九”；而石虎“虽不能尽从，而为益不少”，[1]可见他还是做了许多好事的。佛图澄是戒学的阐扬和践行者，他持戒甚严，道安曾为比丘大戒事就教于他。佛图澄在北中国活动了三十多年，他使得佛教在中国历史上第一次为封建统治者所真正信从，为佛教的传播找到了政治力量的庇护，建立了佛教与封建帝王之间的新关系。

鸠摩罗什，又作鸠摩罗耆婆、拘摩罗耆婆、究摩罗耆婆、鸠摩罗、究摩罗、罗什等，约于晋康帝之世（343 或 344 年）生于龟兹。罗什少年出家，十二岁之前主要修习小乘佛法，十二岁开始学习大乘佛法。二十岁时，罗什在龟兹王宫受戒，并从卑摩罗叉学《十诵律》。此时罗什已经声名远扬，深受西域诸国敬服。以至于每当罗什升座讲经时，其国国王都要跪在座位旁边，让罗什踩着自己的背登座。罗什的声名也传到了东土。道安晚年，就曾写信给前秦皇帝苻坚，建议迎请罗什来华。

公元 382 年，苻坚遣骁骑将军吕光率兵西伐龟兹及乌耆诸国；384 年攻陷龟兹，获罗什。吕光获罗什后，逼罗什娶龟兹王女，又让罗什乘牛及恶马，欲使其坠马而亡。385 年，苻坚被杀。吕光闻听之后，在归师途中占据凉州，建立了后凉国。罗什跟随吕光到凉州，在凉州羁留了十七年之久。公元 401 年，后秦姚兴出兵西伐后凉，后凉军大败。罗什又被姚兴俘获并带到长安。姚兴礼聘罗什为国师，又请罗什组织队伍，在长安开展了史无前例的大规模译经和讲经活动。《晋书》第一百一十七卷《载记第十七》说：

---

① （南朝梁）慧皎：《高僧传》，见《大正藏》（第 50 册），东京：大藏出版株式会社 1988 年版，第 383 ~ 385 页。

> (姚)兴如逍遥园，引诸沙门于澄玄堂听鸠摩罗什演说佛经。罗什通辩夏言，寻览旧经，多有乖谬，不与胡本相应。兴与罗什及沙门僧略、僧迁、道树、僧叡、道坦、僧肇、昙顺等八百余人，更出《大品》。罗什持胡本，兴执旧经，以相考校。其新文异旧者皆会于理义。续出诸经并诸论三百余卷。今之新经皆罗什所译。

紧接着又说：

> 兴既托意于佛道，公卿已下莫不钦附，沙门自远而至者五千余人。起浮图于永贵里，立波若台于中宫，沙门坐禅者恒有千数。州郡化之，事佛者十室而九矣。①

从401年入长安到409年或413年病逝，罗什在华时间只有十年左右。时间虽短，他却组织翻译了许多经书。《高僧传》说罗什在长安译经三百余卷，《祐录》著录三十五部二百九十四卷，《开元释教录》则说有七十四部三百八十四卷。这些经书大致可分两类：一类是应长安僧俗要求，新译或重译的佛典，如《坐禅三昧经》，是适应中土对禅法的需要而自行编译的，既非原本，亦非罗什本人的主张；重译的《妙法莲华经》、《小品般若经》、《维摩诘经》等，既为中土人士所需，又与其思想倾向一致。另一类是罗什侧重弘扬的龙树、提婆的中观学派的代表论著，如《中》、《百》、《十二门》等三论和《大智度论》。此外，《金刚般若经》、《成实论》等，亦很有影响。

从佛法传入中国到鸠摩罗什入华，时间已达数百年。在这数百年间，许多佛经不断从胡语被翻译为华语。这些翻译一方面深化了人们对佛教的认识，加快了佛教的传播，但另一方面，也因为各家翻译的不统一造成了佛理上的混乱状态。汤用彤说：“通佛法有两难，一名相辨析难，二微义证解难。中华佛教，进至什公之时，一方经译既繁，佛理之名相条目，各经所诠不一，取舍会通，难知所据……又一方魏晋以来，佛玄合流，中国学人，仅就其所见以臆解佛义。或所见本不真切，所解自无是处。或虽确有所悟，然学问之事，失之毫厘，谬以千里。”② 鸠摩罗什的翻译、说法，主要的贡献就是在汤用彤所指出的

---

① （唐）房玄龄等：《晋书》，北京：中华书局1974年版，第2984~2985页。

② 汤用彤：《汉魏两晋南北朝佛教史》，北京：中华书局1983年版，第208页。

两方面作出了改进。对此，当时人就已经给出了很高的评价，比如南朝梁僧祐《出三藏记集》第一卷说："逮乎罗什法师，俊神金照，秦僧融、肇，慧机水镜，故能表发挥翰，克明经奥。大乘微言，于斯炳焕。"① 僧祐把罗什的翻译称为新译，而把以前的翻译称为旧译，认为罗什的翻译具有划时代的意义，可见评价之高。

从东汉历经三国的曹魏孙吴，再到两晋南北朝，在四五百年的时间里，以西域来华僧人为主体，译出佛经一千七百八十余部四千五百余卷，有名的译经人员有一百余人。一些有名的经典，还不止一次被翻译。这些经论的翻译，对于佛经的弘传和中国人进一步了解、研究佛经，打下了坚实的基础。

（二）中国僧人之发展

佛教的传入，在很长一段时间内依赖西域来华的僧人。许多中国人虽然开始敬佛、崇佛，但是没有人出家受戒为僧。西域僧人开始翻译佛经后，一些中国人也参与进来，充当翻译的笔受者或者协助者，这就促进了佛理在汉人中的传播。从曹魏时期起，中国出现了第一批出家受戒的僧人。史书记载的第一位是朱士行。

朱士行，曹魏时颍川人。少年出家为僧，但未受戒。嘉平年间（249—254 年）昙柯迦罗到洛阳译经，传来《僧祇戒本》，并创行羯磨受戒。朱士行首先登坛受戒，成为汉土第一位受戒沙门。当时中国流行的佛经是《道行般若经》，他出家后专心钻研，觉得所译经中义理未尽，所以下决心到西域求取完备的经书带回汉土。据《祐录》卷七《放光经记》记载，朱士行于甘露五年（260 年）出家学道为沙门，然后出塞到于阗国，写得正品《道行般若经》梵书胡本共九十章六十余万字。太康三年（282 年），遣弟子弗如檀（法饶）等把抄写的经书胡本送回洛阳。五年后经书到陈留仓垣水南寺。元康元年（291 年）五月十五日到十二月二十四日，由于阗沙门无叉罗执胡本，优婆塞竺叔兰口传，祝大玄、周玄明共笔受，在水南寺将朱士行抄送回来的佛经译为汉语，此即《放光般若经》。朱士行是汉僧西行求法的第一人，他求取的经书虽只有《大品般若经》一种，但对当时佛教义理的研讨影响却很大，凡是有心讲习者都将其奉为圭臬。

---

① 《大正藏》（第 55 册），东京：大藏出版株式会社 1988 年版，第 4 ~ 5 页。

到了两晋之时，中国本土的僧人已经非常之多，其中著名的有于法兰、于道邃、帛法祖、竺道潜、支遁等人，而道安的出现，更是开启了中国佛教发展的一个新阶段，具有划时代的意义。

道安本姓卫，于西晋怀帝永嘉六年（312 年）生于常山扶柳县，东晋孝武太元十年（385 年）或苻秦建元二十一年（385 年）卒于长安，年七十四。道安少时，黄河以北迭遭兵乱，道安家亦披兵祸，故其早失荫覆，由外兄抚养成人。道安十二岁出家，二十四岁游学入邺并拜佛图澄为师。晋穆帝永和五年（349 年），道安应后赵石遵之请入居华林园。其后因避战乱，先居濩泽，再北往飞龙山，再游历北方各地。晋哀帝兴宁三年（365 年），因慕容氏掠取河南，道安南下襄阳，在襄阳居住十五年，专门讲习般若。晋孝武帝太元四年（379 年），苻丕克襄阳，道安北返长安，从此再未南下。[1]

道安对于中国佛教的贡献主要体现在以下三个方面：

一是对佛教人才的培养。道安生活在一个乱世，但同时也是一个佛教大发展的时代，无论是统治阶级还是普通人民，都对佛教十分崇敬。道安道行高深，善于辩难，在青年时就已经引人瞩目。石遵即位后，请道安到华林园讲经，进一步扩大了他的影响，所以许多人投入到他的座下，其中包括了像慧远这样的名僧。慕容氏掠取河南，道安带领徒众南遁襄阳，随行徒众多达四百人。行至新野，道安遣竺法汰领部分僧徒前去扬州传法；到了襄阳，又遣慧远领十数僧徒往荆州传法。这两次分张徒众，对促进江南佛教的传播起到了很大作用。在当时，许多著名的高僧或是道安的同学，或曾拜在他的门下。

二是对佛教组织的内部治理。僧侣团体归根到底也是一种社会组织，故须辅以一定的制度约束才能维持。约束僧侣的制度就是戒律，戒律也是佛教的一个组成部分。释迦牟尼佛初创佛教就已制定戒律，但在佛教传入中国后的很长一段时期内，戒律却没有相应传入，这就不利于佛教组织的巩固和发展。道安对此深有体会，所以在襄阳讲学期间，他就为听讲的数百名僧徒制定了三种戒律：一曰行香定座上经上讲之法，二曰常日六时行道饮食唱时法，三曰布萨差使悔过法。这三种戒律，第一种是在正式场合讲经说法时的行为规范，第二种是关

---

① 道安年历详情，请参阅汤用彤：《汉魏两晋南北朝佛教史》，北京：中华书局 1983 年版，第 138 ~ 141 页。

于日常种种活动的行为规范，第三种是针对犯过错的僧人制定的悔过之法。三种戒律涵盖面广泛，又有很强的针对性和应用性，因此迅速被其他寺庙仿效。

此外，由于汉魏以来西域僧人大量来华，为了区别这些人的来源地，人们常常会在其名字前加上诸如安、支、康、竺等表示其原先所属国家的字样，也有不少汉人以胡音为姓，这就在客观上造成了僧尼名称的混乱。道安认为佛徒都是尊崇释迦的，所以应该以“释”为姓。道安的这种命名法，减少了姓氏所表现的国界和民族差别，强化了宗教统一的色彩，为维系佛教团体的统一与稳定提供了共同的文化心理基础，所以一直沿用到今天。

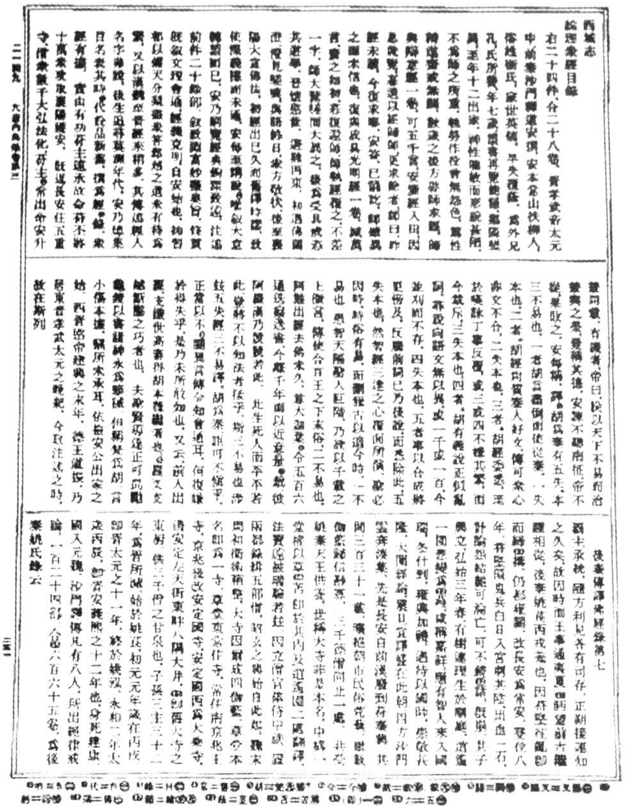

《大正藏》第 55 册《大唐内典录》所收的《综理众经目录》

三是对佛典的收录、注释和翻译。中国佛经的译本都来自西域胡本，而胡本又来自梵本。到了道安生活的时代，佛经翻译已有上百年的历史。历时愈久，问题愈多。其中或有语句晦涩难懂者，或有概念模糊不明者，又或有不同译本之间互有出入者，凡此种种，不一而足。道安博览群经，又注意收集，对各经译本之渊源、文体、经意等多有独到之识。他根据自己的亲眼所见，写成《综理众经目录》一书。这本书共收入译家十七人，所译经律论二百四十四部，失源佛典三百零九部，疑伪经二十六部，注经二十五部，总计六百零四部，开创了中国佛教史料学和目录学的先河。此外，道安还先后为《道行般若经》作《集异注》一卷；为《放光般若经》作《析疑难》一卷、《析疑略》二卷、《起尽解》一卷；为《光赞般若经》作《析中解》、《抄解》各一卷。这些注解对于人们深入、准确地把握佛教义理起到了重要作用。自公元379年他被苻坚挟持到长安至公元385年去世，在这七年时间内，道安以长安五重寺为中心，组织了大量人员进行集中的译经工作。翻译的重点，是小乘有部论著和小乘经典，包括《鞞婆沙》、《阿毗昙心》、《僧伽罗刹集经》等，由此开创了佛教的“毗昙学”。小乘集经四《阿含》中的《中阿含》和《增一阿含》，也在此时翻译成功。

与道安同时，还有一位极具影响力的僧人——僧肇。

僧肇（384—414年），俗姓张，京兆人。他少年时家中贫穷，以佣书为业，因而得以接触许多经典。他一开始喜欢老庄，后来又觉得老庄之学“美则美矣，然栖神冥累之方，犹未尽善也”，就是说还没有完全明了那能洞达幽微神秘的“道”的秘密。后来他见了《维摩诘经》，再三玩味，欢喜得不得了，认为自己终于找到了皈依“道”的方法。他因此出家学习方等，到了及冠之年已经名满关辅。鸠摩罗什在凉州之时，他远赴凉州拜师，投到了罗什门下，成为罗什门下年纪最轻，也最有才华的学僧。后来罗什来到长安，他也跟随到了长安。据说罗什译完《大品经》后，僧肇将自己的体会和想法写成了《般若无知论》一文，有二千余言，呈献给罗什看，罗什极为称赞。公元413年，罗什病逝，第二年僧肇也卒于长安，年仅三十一岁。

僧肇的主要著作，据刘宋时陆澄所撰的《法论目录》，有《物不迁论》、《不真空论》、《般若无知论》（附有《答刘遗民书》）、《涅槃无名论》。这四篇论文，加上南朝陈时被加入的《宗本义》，就形成了今本的《肇论》。此外，陆澄的《法论目录》和隋代的《法经录》还

著录了《丈六即真论》，但现已轶亡。《高僧传》载有《维摩经注》，题为僧肇作，但实系糅合罗什、僧肇、僧叡、僧生、僧融等多人之注而成。梁代的《祐录》，还载有《维摩经序》、《长阿含经序》、《百论序》三篇，《广弘明集》载有《鸠摩罗什法师诔》。

《肇论》在佛教思想发展史上具有比较重要的地位。从魏晋到南北朝，中国思想学术层面虽然争论纷纭，但是归根到底，都可以说是体用问题。玄学、佛学都是贵无贱有，以无为本、为体而以有为末、为用。《肇论》以般若学为基础，从认识论的角度阐释有无关系，主张即体即用、体用不二。僧肇以优美有力的文字将这个道理进行了透彻的阐发，也可以说是将中国本有的学术玄学同外来的学术佛学很好地融会在了一起，回答了当时佛学讨论的一些主要问题，构成了一个完整的神学思想体系，所以意义重大。下面对《肇论》中最重要的“三论”稍作介绍。

《物不迁论》主要阐释动与静的关系，认为动静如一，住即不住，不能将动和静割裂对立起来，所以“必求静于诸动”。“必求静于诸动，故虽动而常静。不释动以求静，故虽静而不离动。然则动静未始异，而惑者不同。”就是说动静不二，不能离开了动去求静，只有迷惑的人才认为它们是对立的两个不同因素。所谓“物不迁”的意思，就是说物的本性、本体虽是静、不动，但这不动却存在于动之中，不能离开动去寻找不动。也可以说物之本体是超乎动静之上的，此即所谓法身不坏。当时的佛教思想界在谈论空义时常常偏重于静、无，而没有弄明白动静不二的辩证关系，不知本体无相超乎一切分别，既不能偏于有，也不能偏于无。即有即无、即体即用，才是大乘体用一如的妙谛。

《不真空论》阐释空与不空的关系，也是认为不能去有存无，亦即在有之外求空无。空是事物的本性，“万物自虚”，而不是因为我之“心空”万物才跟着“空”，所以圣人可以“不假虚而虚物也”，也就是说不以“心空”作为“物空”的桥梁。有无不二，所以对于耳目声色（有）既不能否定，也不能为之所累：“圣人极耳目于视听，声色所不能制，岂不以其即万物之自虚，故物不能累其神明者也。”

《般若无知论》谈体用之关系，认为“用即寂，寂即用，用寂体一，同出而异名，更无无用之寂，而主于用也”。这种有无不二、体

用为一的思想，是对当时流行的以心无（静寂）为本，心与物、有与无割裂思想的矫正。

慧远（334—416 年），本姓贾，雁门楼烦（山西宁武附近）人。年十三，随舅父令狐氏游学于洛阳、许昌。他博综六经，尤善《周易》和庄老之学，深得当时名士器重。公元 349 年石虎死，中原再次陷入战乱。慧远本来想和豫章范宣一起隐居，但因为战乱不能南下，只能辗转避难，于 354 年到了恒山，投在道安门下。他听道安讲《般若经》后，豁然而悟，认为“儒道九流，皆糠秕耳”①，从此一心于佛教。晋哀帝兴宁三年（365 年），慧远年三十一时，随师道安南投襄阳。晋孝武帝太元三年（378 年），前秦围攻襄阳，道安分遣徒众，慧远率弟子数十人先到荆州上明寺，再于 381 年至浔阳。时慧永已先到庐山，在西林寺弘法传教。应慧永之请，江州刺史桓伊为慧远在庐山建寺，号东林寺。慧远从此住在庐山，直到逝世都没有离开过。

慧远对中国毗昙学的传播起到了很大的作用。毗昙是“阿毗昙”的略称，又译“阿毗达摩”，意为对法藏，是佛教经、律、论三藏中论藏的总称，在中国六朝之时，特指小乘佛教的一切有部中的论藏（小乘佛教分为上座、大众、说一切有、犊子四系）。一切有部之学原来盛行于西域之罽宾。中国和罽宾虽然在西汉时已经有了交往，但是直到西晋，罽宾的佛典才陆续传到中原。苻坚统一北方以后，中国与西域交通畅达，许多罽宾僧人来到长安，也带来了一切有部的典籍。道安在长安时，就组织人对毗昙经进行了翻译。其中鸠摩罗跋提译的《阿含暮钞解》，僧伽跋澄译的《毗婆沙》、《婆须蜜经》、《僧伽罗刹集经》，僧伽提婆译的《阿毗昙》（又名《发智论》、《八犍度论》）和《阿毗昙心论》，昙摩难提译的《中阿含》、《增一阿含》八种最重要。道安他们虽然非常认真，但是出于种种原因，翻译的质量还不够好，所以在以后的数十年中，大部分都经过了重译。晋太元十六年（391 年），僧伽提婆南下庐山。在庐山主持佛事的慧远请他重译了《阿毗昙心论》和《阿含暮钞解》，并把后者改名为《三法度论》。《阿毗昙心论》的重译非常重要，因为它是毗昙学的主要著作之一，而这次翻译又非常认真，慧远还为经文写了序，加之庐山僧众的学习推广，大

---

① （元）普度：《庐山莲宗宝鉴》，见《大正藏》（第 47 册），东京：大藏出版株式会社 1988 年版，第320 页。

大加速了毗昙学的传播。

（三）宗派之形成

随着大小乘佛经在中国的不断传播和本土僧人的崛起，从东晋开始，依托于不同的经典，就逐渐形成了佛教内部各宗派的雏形。隋唐时期，由于得到了统治阶层的高度重视，佛教的发展也进入了黄金时期。其主要标志，就是各个宗派的发展成熟。约略而言，在中唐以前所成立的佛教宗派已有十家。兹略述如下：

（1）三论宗。该宗依龙树的《中论》、《十二门论》和提婆的《百论》三部经典创立，故名三论宗。该宗的中心，是阐扬诸法性空的“中道实相论”，认为诸法都是因缘和合而生，皆无恒定的“自性”，所以万法“性空”。该宗的学统，在印度是：龙树—提婆—罗睺罗—青目—须利耶苏摩—鸠摩罗什。在中国则是：鸠摩罗什—僧肇—僧朗—僧诠—法朗—吉藏。吉藏是陈、隋时人，为三论宗的实际创立者。

（2）成实宗。该宗以中印度诃梨跋摩法师的《成实论》为依据，发挥人法二空之理，将宇宙万有分为世界门及第一义门。世界门因不知一切诸法皆从因缘而生，故以诸法为有、人我非无，亦即认假为真。第一义门则说五蕴诸法，皆依因缘而生，故有假名而无实体，即人空法空。该宗由鸠摩罗什传入，在南北朝时的代表人物有僧叡、僧导、僧柔、智藏、僧旻、法云等，在隋代有慧隆，唐代有法泰、道庆、慧日、智琰等。

（3）俱舍宗。该宗来源于世亲菩萨的《俱舍论》。《俱舍论》是《阿毗达摩俱舍论》的简称。“阿毗（昙）”的意思是对，“达摩”的意思是法，“俱舍”的意思是藏，合在一起就是对法藏论。“对法”的意思，就是以无漏真智，观四谛之理，而得涅槃之乐。该宗的主要思想，是发扬诸法的有谛，把一切色、心、非色非心诸法整理组织为五位七十五法，而说这色心诸法就其正在存在的状态（现在）而言都是实有；同时又认为一切色心诸法之“现在”虽是实有，但因诸法都是依凭因缘而生，所以并没有常住的真性实体。俱舍宗的弘传分新、旧两个阶段。南朝时陈国的真谛法师译出《俱舍释论》，慧恺、道岳等加以弘传，为第一阶段。唐玄奘重译《俱舍论》，其门人普光作记，法宝作疏，大为阐扬，为第二阶段。

（4）律宗。该宗又称四分律宗，以五部律中的《四分律》为依据，通过持戒而净除身、口、意诸恶业。律宗的经典翻译到中国，大概开始于三国时期，此后日益深入。至唐道宣律师，在终南山著《四分律比丘含注戒本》、《四分律删补随机羯磨》、《四分律删繁补阙行事钞》、《四分律拾毗尼义钞》、《四分比丘尼钞》，被称为五大部。道宣在终南山创设戒坛，制定佛教受戒仪式，从而正式形成宗派。

（5）天台宗。该宗起始于北齐的慧文，传于慧思，而大成于隋代的智颤。因智颤居天台山，故名。该宗以《法华经》为依据，宣扬“一念三千”（即现实世界和鬼神世界皆备于一念），并采用《中论》所说的空相、假名、中道三事相即的思想，建立了一心三观的理论，即空观（观一念心无相）、假观（观此心具一切法）、中观（观此二者不二）三谛圆融和止观双运的修行方法。该宗代有传人，在中国佛教史上具有重要地位。

（6）华严宗。该宗以《华严经》立宗，故名。依据“六相”、“十玄”、“四法界”等说，阐明法界缘起（从“理体”和“事相”两个方面观察宇宙万有的互融、互具，彼此互相为缘），强调“理为性”、“事为相”的观点。唐初杜顺和尚依经立观，为该宗的初祖。武则天时法藏和尚为集大成者，亦为该宗的实际创立者。

（7）法相宗。一名唯识宗。该宗总取《华严经》、《解深密经》、《如来出现功德经》、《大乘阿毗达摩经》、《入楞伽经》、《厚严经》等六经，及《瑜伽师地论》、《显扬圣教论》、《大乘庄严经论》、《集量论》、《摄大乘论》、《十地经论》、《分别瑜伽论》、《观所缘缘论》、《唯识二十论》、《辨中边论》、《大乘阿毗达摩杂集论》等十一论为所依，又特以《解深密经》及《成唯识论》为凭据，以成一宗之旨。该宗的中心，是说宇宙万有全都是由于心识动摇而所现之影像，因此三界唯心，心外无法。唐代的玄奘大师纂译《成唯识论》十卷，是该宗的建立者。

（8）密宗。一名真言宗。该宗源出古印度的佛教中的密教，以《大日经》、《金刚顶经》为依据，以六大（地、火、风、水、空、识）、四曼（大、三、法、羯四种曼荼罗）和三密（身、口、意）为中心，认为口诵真言（语密）、手结契印（身密）、心作观想（意密）

三密同时相应，可以即身成佛。唐开元初善无畏、金刚智、不空三人先后来华翻译传播此教，形成宗派。该宗在唐只传两代即衰落，至明代则失传。今天中国所谓密教者，实为蒙藏地区流行的密教，与该宗不同。

（9）净土宗。亦称莲宗。该宗以《观无量寿经》、《阿弥陀经》、《往生论》三经为依据，教人起信发愿，专念“阿弥陀佛”的名号，即可往生西方极乐世界。东晋的慧远大师在庐山结社时，始创此种法门，为该宗初祖。但该宗的实际创始人，是唐代的善导和尚。由于该宗法门简便易行，所以中唐以后广泛流行，历久不衰，直至今日。

（10）禅宗。该宗以专修禅定为主。南朝刘宋末年菩提达摩来华，为该宗在中土传播的初祖，后历慧可、僧璨、道信、弘忍五代，至弘忍以后分为南北二宗。北宗以神秀为代表，主张渐悟；南宗以惠能为代表，主张顿悟。在荷泽佛法辩论大会以后，南宗逐渐盛行而北宗逐渐衰落。南宗的传法，惠能以后分为南岳怀让和青原行思两系，后南岳门下形成了沩仰、临济两派，青原门下形成了曹洞、云门、法眼三派，合称“一花五叶”。该宗对唐宋以后中国文化的影响至为深远，时至今日仍然流行。

第二节　禅宗的传入及中国化

一、达摩禅及其传承

（一）达摩及达摩禅

当代许多普通中国人对菩提达摩的了解多来自于武侠小说。在小说里，达摩在河南嵩山少林寺中面壁参禅，创造了一套绝世武功，是少林派的创始人。但是小说毕竟是小说，和真实的达摩并不一样。历史上真实的达摩究竟是什么样子的呢？

关于菩提达摩的最早记载，出自北魏杨衒之的《洛阳伽蓝记》。这本书的第一卷叙述洛阳城内的寺庙，在介绍永宁寺时说：

> 时有西域沙门菩提达摩者，波斯国胡人也。起自荒裔，来游中土。见金盘炫日，光照云表，宝铎含风，响出天外，

> 歌咏赞叹，实是神功。自云："年一百五十岁，历涉诸国，靡不周遍。而此寺精丽，阎浮所无也。极佛境界，亦未有此。"口唱南无，合掌连日。①

达摩的故乡，这里说是波斯。按一般的说法，波斯又名安息，位置与今天的伊朗大致相同。但是除此之外，中国古代也还有别的叫作波斯的地方，比如苏门答腊国就有一处地方被译作波斯。不过这里提到了西域，而古代的西域泛指中亚一带，想来这里的波斯即使不是指今天的伊朗，也不会是在南海上。

关于达摩的故乡和身世，还有另一种说法。昙林《略辨大乘入道四行及序》中说：

> 法师者，西域南天竺国（人），是婆罗门国王第三之子……悲悔边隅正教陵替，遂能远涉山海，游化汉魏。亡心寂寞之士，莫不归信；取相存见之流，乃生讥谤。于时，唯有道育惠可，此二沙门，年虽后生，携（隽）志高远。幸逢法师，事之数载，虔恭咨启，善蒙师意。②

按昙林所说，达摩是南天竺人，而且是婆罗门国王的儿子。他"远涉山海"来到中国传教，许多人信奉他，也有许多人挖苦诽谤他。只有道育、惠可（即慧可）两个年轻的沙门跟随他的时间比较长。天竺是中国古代对印度次大陆上诸多国家的泛称，其西北部也常常被归入到西域的范围中去。古代印度流行婆罗门教。在婆罗门教中，婆罗门是梵天大神的后裔，只有他可以教人《吠陀》并举行祭祀，所以婆罗门阶层是社会中最有特权的第一阶级，其国家也被称为婆罗门国。昙林在序下自称弟子，人们据此以为他是达摩的学生，但这说法也有可疑之处，因为佛门中后辈对前辈常常自称弟子，不一定真的随之学习过，且昙林的序文中明确提到只有道育和惠（慧）可两个人对达摩"事之数载"，根本没有说到自己。

达摩的生卒年不详，《洛阳伽蓝记》只说他活了一百五十岁。道宣的《续高僧传·菩提达摩传》说他"游化为务，不测于终"③，同

---

① （北魏）杨衒之著，周祖谟校释：《洛阳伽蓝记》，北京：中华书局2010年版，第12页。

② （唐）净觉：《楞伽师资记》，见《大正藏》（第85册），东京：大藏出版株式会社1988年版，第1284页。

③ 《大正藏》（第50册），东京：大藏出版株式会社1988年版，第551页。

书《慧可传》则说“达摩灭化洛滨，可亦埋形河涘……后以天平之初，北就新邺，盛开秘苑”①。这是说达摩在洛水附近去世，而他的弟子慧可也埋葬在黄河边上。东魏孝静帝迁都于邺，是天平元年即公元534年的事，而这时达摩已经去世了。达摩赞叹的洛阳永宁寺建成于北魏熙平元年（516年），而毁于永熙三年（534年）。由此推断，达摩的卒年应在516年到534年之间。如果从他自称活了一百五十岁算，其出生时间应在公元360年到380年之间。但是活了一百五十岁的说法可能夸张了，不足取信。

达摩在中国传教的足迹，按照一般的说法，是从南而北，也就是先从海道来中国，然后从岭南一路北上，最终到达洛阳一带。前引昙林的序中说达摩“远涉山海，游化汉魏”，汉指当时中国南方的汉人政权，魏指北方的少数民族政权，说的就是达摩先南后北的行迹。道宣在《续高僧传》中说达摩“初达宋境南越，末又北度至魏。随其所止，诲以禅教”②。宋指南朝的刘宋政权（420—479年），刘宋的南越就是今天的海南岛，也说明达摩传法是自南而北。中国佛教的输入，绝大多数都是从中亚一带经陆路而来，走的是今新疆、敦煌一线，但是这并不意味着海路不通。中国和印度次大陆的海上交通，在汉武帝时大概就已经有了。梁启超先生根据《汉书·地理志》中的例子，认为汉武帝时以徐闻、合浦为海航起点，可以到达黄支国，这个国家就是《大唐西域记》中西印度境之建志补罗国。所以佛教之来，“非由陆而由海，其最初根据地，不在京洛而在江淮”③。从这一点来说，达摩从海路来华是完全有可能的。

菩提达摩在中国传禅，名声渐渐地大起来，所以后世的禅者将他奉为中国禅宗的初祖，又将许多故事和人附会到他的身上，逐渐使他传奇化。越到后来，关于他的传说就越神奇，然而同时也越混乱和舛讹，以至于后人很难看清他的真面目了。

达摩所传的禅法，以《楞伽经》为依据。《楞伽经》是大乘教的经典，由求那跋陀罗在宝云、慧观的协助下，于刘宋元嘉二十年（443年）译出。《楞伽经》的主要内容，是讲性相圆融，所以无论是

---

① 《大正藏》（第50册），东京：大藏出版株式会社1988年版，第552页。
② 《大正藏》（第50册），东京：大藏出版株式会社1988年版，第551页。
③ 梁启超著，陈士强导读：《佛学研究十八篇·佛教之初输入》，上海：上海古籍出版社2001年版，第32页。

性宗还是相宗，都将其奉为经典。达摩所传的《楞伽经》，重点在“二入四行”上。“二入”指理入、行入两种：

理入者，谓藉教悟宗。深信含生同一真性，俱为客尘妄想所覆，不能显了。若也舍妄归真，凝住壁观：无自无他，凡圣等一，坚住不移，更不随于文教。此即与理冥符，无有分别，寂然无为，名之理入。①

何谓宗？何谓教？宗者，主旨也。教者，诲也。于佛教而言，宗就是学者要抵达的目的地——佛性；教就是抵达此佛性的方法。以渡河而喻，宗就是对岸，教就是船。对于如何抵达对岸，佛教的不同宗派有不同的方法。禅宗讲究的是不立文字而直抵真如本性，因为一旦运用了文字，就可能只使人执着于文字的名相而不能舍筏登岸，或者说可能只停留在手段、方法上而失落了目的本身。达摩教人的方法，就是要学者舍妄归真，不要为名相所困扰，而要弃绝一切名相，“无自无他，凡圣等一”，才能了悟湛然清净的佛性。

行入者，谓四行，其余诸行悉入此中。何等四耶？一报冤行，二随缘行，三无所求行，四称法行。

云何报冤行？谓修道行人若受苦时，当自念言：我从往昔无教劫中，弃本从末，流浪诸有，多起冤憎，违害无限，今虽无犯，是皆宿殃，恶业果熟，非天非人所能见与。甘心忍受都无冤诉。经云：逢苦不忧。何以故？识达故。此心生时与理相应，体冤进道，故说言报冤行。

二随缘行者：众生无我，并缘业所转，苦乐齐受，皆从缘生。若得胜报荣誉等事，是我过去宿因所感，今方得之，缘尽还无，何喜之有？得失从缘，心无增减，喜风不动，冥顺于道，是故说言随缘行也。

三无所求行者：世人长迷，处处贪著，名之为求。智者悟真，理将俗反，安心无为，形随运转，万有斯空，无所愿乐。功德黑暗常相随逐，三界久居犹如火宅。有身皆苦，谁得而安？了达此处，故舍诸有，息想无求。经云：有求皆苦，

① 《小室六门》（又作《少室六门》），见《大正藏》（第48册），东京：大藏出版株式会社1988年版，第369页。

> 无求乃乐。判知无求真为道行，故言无所求行也。
>
> 四称法行者：性净之理，目之为法。信解此理，众相斯空。无染无着，无此无彼。经云：法无众生，离众生垢故；法无有我，离我垢故。智者若能信解此理，应当称法而行。法体无悭，于身命财行檀舍施，心无悕惜，达解三空，不倚不着，但为去垢，称化众生，而不取相。此为自行，复能利他，亦能庄严菩提之道。檀施既尔，余五亦然。为除妄想，修行六度，而无所行，是为称法行。[①]

四行就是学佛者应该秉持的四种行为标准。这四种行为是按照悟道的顺序来讲的：报冤行就是说要在受苦时告诉自己，我今生的苦楚都是前世不懂佛法，因而造下种种罪孽的结果，是报应的显现。随缘行就是说一切众生——我——都只是因种种缘业而被建构起来的一个特殊的存在，并不存在一个坚固不变的、绝对的、永久的所谓“我”。任何事物、事件的成立都依赖于“缘”，“缘”就是使得该事物、事件得以成立的各种内外条件。所以对于出现的一切都应该采取超然的、顺应的、不喜不悲的态度，因为这一切的出现都具有必然性，条件具备就自然出现了。无所求行就是要求人们不要执着于某一目标，因为一切事物都是因缘和合而成，如果执着就会著相，而著相一定会使人有牵挂，有牵挂就不会有快乐。居于三界之中的众生就是因为有欲求才会痛苦，欲求使生命好像被抛进了大火之中，只有熄灭了欲望之火，才能回归宁静和幸福。称法行是说，既然本性是干净无染的空，那么就要用各种方法让这空从相中显现出来，就好比去掉镜子上的污垢让镜子再现光明一样。佛法就是去污还洁的方法，按佛法修行就是称法行。

达摩修行的具体方法主要是“凝住壁观”，或简称为“壁观”。壁观的含义，不是面向着墙壁观看，而是心如墙壁，不放一丝念头进入的意思，即“凝住壁观，无自无他，凡圣等一，坚住不移，与道冥符，寂然无为”，“外息诸缘，内心无喘，心如墙壁，可以入道。”[②] 所以壁观，实际上就是安心、凝心、住心，泯灭掉所有的思维、心理活动，使心无一念，犹如顽石一样。

---

① 《大正藏》（第48册），东京：大藏出版株式会社1988年版，第369～370页。
② 《大正藏》（第48册），东京：大藏出版株式会社1988年版，第370页。

（二）二祖慧可与三祖僧璨

达摩的弟子，昙林的《略辨大乘入道四行观》中明确说到了道育和慧可，不过一般人认为昙林也是达摩的弟子。道育的情况如何，后人没有记载。因为慧可被禅宗奉为二祖，所以有一些说法。据《续高僧传》等资料，慧可是虎牢人，他知识渊博且理解力高超，在遇见达摩以前就有一定的影响。大概四十岁时，慧可在嵩洛遇到了达摩，从此以师事之。慧可追随达摩的时间有的说是四五年，有的说是六年，还有的说是九年。《续高僧传》说达摩临终前以《楞伽经》四卷授慧可，嘱咐他："我观汉地，惟有此经，仁者依行，自得度世。"① 达摩入灭后，慧可开始在洛阳聚徒讲学，传授达摩的禅法。公元534年，北魏权臣高欢立元善见为皇帝，即孝静帝，并迁都于邺（今河北临漳），这就是历史上的东魏政权。迁都时，高欢将洛阳城内40万户居民迁到邺城。慧可也随之到了邺。在邺城，慧可和另一位禅师道恒发生了矛盾，遭到了道恒的迫害，险些丢了性命。经此磨难之后，慧可的传法风格发生了变化，不再广招学徒，大肆弘法，而是"从容顺俗，时惠清猷，乍托吟谣"②，变得非常低调，和光同尘，只是偶尔创作些歌谣小品之类的作品。此外，有的资料也说他后半生佯狂度日，甚至还有说他可能为人役使的。慧可的门人，留下名字的有璨、那、惠、满等禅师。慧可的年龄，据说类似于达摩，也有一百多岁。

慧可的弟子璨，就是后来的禅宗三祖僧璨。僧璨的生平也很少有资料加以记载。据《祖堂集》所说，北齐天保初年（550年），僧璨还是一名在家居士，他前去拜会慧可，求问解脱风疾之痛的佛法。慧可不仅为他开示，还亲自为他剃度，替他取僧名曰璨。北周武帝宇文邕灭佛，僧璨随慧可南遁，隐居在舒州的皖公山（今安徽境内）。后周武帝破灭佛法，他"往来太湖县司空山，居无常处，积十余载，时人无能知者"③。慧可入灭时将衣钵传付于僧璨，遂为禅宗的三祖。1982年，杭州出土了一块铭文砖，砖上刻有"大隋开皇十二年（592年）七月僧璨大师隐化于舒之皖公山岫，结塔供养。道信为记"的字

① 《大正藏》（第50册），东京：大藏出版株式会社1988年版，第552页。

② 《大正藏》（第50册），东京：大藏出版株式会社1988年版，第552页。

③ （宋）道原：《景德传灯录》，见《大正藏》（第51册），东京：大藏出版株式会社1988年版，第221页。

样。道信是僧璨的弟子。这块砖铭所记与佛教典籍相符，应当是可信的。

（三）四祖道信与五祖弘忍

道信，是禅宗的四祖。和前面的三位相比，关于他的传记就多了很多。《楞伽师资记》、《续高僧传》、《传法宝纪》、《神会语录》、《历代法宝纪》、《祖堂集》、《景德传灯录》等文献，都有关于道信的记载。综合各种资料所说，道信本姓司马，世居河内（今河南沁阳市）。道信的父亲因居官徙居蕲州，道信就出生于蕲州苞兴县（今湖北省武穴市梅川镇）。据说道信七岁即在济北寺出家（或说在破额山出家），但由于寺僧戒行不纯，他在多次劝谏未果后干脆自己秘密受持斋戒。十二岁时，在他修行的寺庙，也就是舒州的皖公山，来了两位僧人静修禅业。他听了以后，就自己跑去跟着这两位僧人修行了十年。皖公山的这两位僧人，《传法宝纪》说是僧璨和他的同学定禅师，现代学者吕澂先生则认为是慧可与僧璨。无论如何，这时他拜在了僧璨的门下。两年后，僧璨前往广东罗浮山，道信与师分离，先附名于吉州寺，再到江州庐山大林寺，自此开始了独自传道的经历。唐武德二年（619 年），道信快四十岁时，他又到了黄梅双峰山聚徒传法。自此直到去世，他在双峰山传法三十余载，“诸州学道，无远不至”，门徒多达“五百余人”，[①] 是禅法流布宇内的转折点。唐贞观年间，太宗四度诏请道信赴京，他均辞谢不往。唐太宗贞观十八年（644 年），他将衣法传付弘忍。唐高宗永徽二年（651 年）闰九月四日卒于双峰山，享年七十二岁。

从达摩到僧璨，重视的都是《楞伽经》，但是到了道信却有了新的变化。净觉《楞伽师资记》说：

> 其信禅师再敞禅门，宇内流布。有菩萨戒法一本，及制入道安心要方便法门，为有缘根熟者，说我此法要，依《楞伽经》“诸佛心第一”；又依《文殊说〈般若经〉》“一行三昧”，即念佛心是佛，妄念是凡夫。[②]

---

① （唐）道宣：《续高僧传》，见《大正藏》（第 50 册），东京：大藏出版株式会社 1988 年版，第 606 页。

② 《大正藏》（第 85 册），东京：大藏出版株式会社 1988 年版，第 1286 页。

这一段话显示了道信禅法的特点：

一是戒法与禅法的结合。道信有“菩萨戒法”，又有“入道安心要方便法门”，所以是戒禅合一。最初的楞伽禅师修头陀行，这是一种严格的戒律，共有十二种戒，其中特别规定不许在一地久居，以免留恋。由于行无定止，楞伽禅师只能随方传授，也就是走到哪里就在哪里传授，无法形成固定的团体。到了道信，就改变了这一做法。道信先在大林寺居住了十年，后来在黄梅双林寺定居，传法三十年，而且还聚徒五百人讲学，这就与先前的楞伽师完全不同。在改革头陀戒的时候，道信制定了菩萨戒法。这是一种更加方便、自由的戒法，它的主要特点是持心，也就是消除妄心。道信的弟子弘忍，弘忍的弟子惠能、神秀等，都讲菩萨戒，都是戒禅合一。

二是《楞伽经》与《般若经》结合。道信所依据的四卷本《楞伽经》，属于大乘唯识有宗经类。此经宣说“三界唯心”、“如来自性清净”。众生虽具有清净之如来藏，却常为客尘妄念覆盖而不能显现，故需通过修行“净除自心现流”，才能“入无相无所有清净境界”。《文殊说〈般若经〉》属于大乘空宗经类。此经重在宣说万法一如、平等不二、“空为如来”、“法界即无相”、“一切法空即是菩提”的无上智慧。简而言之，《楞伽经》的旨趣在教人拂除客尘妄念，体认“自性清净”之“如来藏心”；《文殊说〈般若经〉》的旨趣则在教人不要执着于相，要建立“一切法空”的“般若”空观。道信以此二经为典据，形成了融合大乘空有二宗教理以为禅法心要的趋势。

道信根据《文殊说〈般若经〉》，将“一行三昧”作为修行的方便法门，也就是安心的具体方法。何谓一行三昧？《文殊说〈般若经〉》说：

> 云何名一行三昧？佛言：法界一相，系缘法界，是名一行三昧。①

佛教认为宇宙间的一切事物都是依据于一定的条件而存在的，或说存在于一定的关系之中。关系或条件变了，事物也就变了，所以万事万物都没有恒定的本性，而没有恒定的本性就是“性空”。所谓

---

① （南朝梁）曼陀罗仙译注：《文殊师利所说般若波罗蜜经》，见《大正藏》（第8册），东京：大藏出版株式会社1988年版，第731页。

“诸法因缘生，缘谢法还灭”就是这个意思。这里的“法界一相”，就是说从法（事物）的缘起、形成来看，世界上的种种事物并无质的差别。它们表面不同，但本质却是一样的——都是“空”。如果学佛的人能始终如一地契心于这个道理，就是“一行三昧”。

欲发心学佛的修行者（善男子、善女人）先要听闻般若波罗蜜正法：

> 若善男子善女人，欲入一行三昧，当先闻般若波罗蜜，如说修学，然后能入一行三昧。如法界缘不退、不坏、不思议、无碍、无相。①

然后要摒除、消除一切妄念（名相），专心一佛，称念佛名。如能于一佛中念念相续，即可于念中见一切佛，了悟到诸佛法界无差别（法界一相）的特征：

> 善男子善女人，欲入一行三昧，应处空闲，舍诸乱意，不取相貌，系心一佛，专称名字。随佛方所，端身正向，能于一佛念念相续，即是念中能见过去未来现在诸佛……如是入一行三昧者，尽知恒沙诸佛法界无差别相。②

相由心生，只有断除一切妄念，才能回归到“无相”的清净状态。“念实相”或“念佛”，就是摒除各种妄念的手段。专心一意不停地念佛，其他妄念就不会产生，就会逐渐进入“泯然无相，平等不二”的境界，在这种境界里，连念佛的念头也没有了，内心会“忽然澄寂，更无所缘念”，恢复到了没有任何波澜、空明透彻的原初状态。这“无所缘念”的“澄寂”之心，就是“如来法身”，就是“佛性”、“法性”、“净土”、“本觉”、“菩提”。因为离心无佛，心净即佛，而念佛可以去妄、净心，所以念佛即是成佛。

佛究竟是什么？道信认为，佛并不是外在于“心”的某种特殊的存在，佛即是心，“离心无别有佛，离佛无别有心”③，心与佛等一不

---

① （南朝梁）曼陀罗仙译注：《文殊师利所说般若波罗蜜经》，见《大正藏》（第8册），东京：大藏出版株式会社1988年版，第731页。

② （南朝梁）曼陀罗仙译注：《文殊师利所说般若波罗密经》，见《大正藏》（第8册），东京：大藏出版株式会社1988年版，第731页。

③ （唐）净觉：《楞伽师资记》，见《大正藏》（第85册），东京：大藏出版株式会社1988年版，第1287页。

二。既然自己的清净本心就是佛国净土，那么就不需要向外努力，求什么“西方极乐世界”，而只要在本心上下功夫就行了。这种道理，对于修禅者特别重要。知道这个道理，就是安心的开始。道信的安心法，是对菩提达摩“大乘安心法”的重要发展。达摩认为，无论凡圣都含有同一真性，只是凡人的真性为客尘所污染而不能显现，如能舍妄归真，达到无自无他、凡圣等一的地步，就可实现修禅“安心”的目的。道信把达摩凡圣等一的思想发展为“佛即是心，心外无佛”。这样一来，一切禅修便归结为对自我本心的体悟，“念佛即是念心，求心即是求佛”[①]——禅宗就成了名副其实的“心宗”。

因为自心清净即是佛，所以“身心方寸，举足下足，常在道场。施为举动，皆是菩提”[②]，也就是说不应该向自身之外求觉悟，道场就是自身，觉悟就在自己的举手投足之间。只要能安心，处处皆佛国。那么如何安心呢？道信将安心的方便分为五门：一是“知心体”。既要知体性清净，又要知体与佛同，由此入道。二是“知心用”。心用是指清净心的作用，即“用生法宝”，心之用（心的作用、使用）是诸法产生的来源。但是，本体清净心虽然产生一切诸法，其本身却依然是“恒寂”的，就好像镜子虽然能映照万物，但镜子本身却是清净不动的。三是“常觉不停”。觉，是觉知、觉察、觉悟之意。在修禅过程中，要时时刻刻对心体和心用保持觉悟，明白心之体清净不动，心之用生成诸相。道信指出，所谓“无相”，并非一无所有，不是否定相的存在，而是说相（色）在本性上是空。四是“常观身空寂”。也就是不分昼夜，行住坐卧之中，经常能觉悟到自己的身体“是四大五阴之所合”，现在虽然还没坏灭，但将来毕竟是要归于空无，就像水中月、镜中像。由对自己身体的体悟出发，可以推知一切世间诸相都是如此，从而“内外通同，入身于法界之中，未曾有碍”。五是“守一不移，动静常住，能令学者明见佛性，早入定门”。“守一不移”，就是说在任何情况下都不动摇，这是进入禅定境界的修持功夫。明见之“见”，是“证会”、“现观”的意思，就是直接地呈现出来。“守一不移”的最高境界，是既不滞于“空”，亦不滞于“心”，泯然

---

① （唐）净觉：《楞伽师资记》，见《大正藏》（第 85 册），东京：大藏出版株式会社 1988 年版，第1287 页。

② （唐）净觉：《楞伽师资记》，见《大正藏》（第 85 册），东京：大藏出版株式会社 1988 年版，第1287 页。

无相，甚至要连“守一”本身也“空”掉。[1]

按照佛教原始教义，佛教徒是不能从事生产劳动的，他们的生活来源要依靠别人的主动施舍或者自己亲自去乞讨。传教的需要和生活的需要，促使许多僧徒和官僚豪门建立了密切关系。这种情况在魏晋南北朝时期非常普遍，可以说是主流。道信在双峰山住了几十年，又有几百徒众，在史传中却见不到有什么豪门官僚支持他。他们是靠什么维持生活的呢？原来，道信在双峰山定居时，通过开展自给自足的生产运动，主要依靠僧众自己的力量解决了生活问题。道信以前的达摩、慧可、僧璨，都遵循着佛教游化为务的传教传统，来去行踪不定，衣食仰赖施舍。道信改变了这种做法，他在双峰山实行农禅并重的方针，自力更生，不仅解决了徒众的吃饭问题，弱化了僧徒对于社会的依赖，间接减轻了百姓的经济负担，而且为大规模聚集徒众和形成有组织的社会团体奠定了基础，因而在整个佛教史上都具有积极的意义。

道信的知名弟子，有荆州法显、荆州玄爽、衡岳善伏，但最出名的是弘忍。弘忍（601—675 年），俗姓周，黄梅人（今湖北黄梅），原籍浔阳（今江西九江）。七岁时（一说十二岁）就跟随道信在庐山学禅，以后又跟着去了双峰山。他生性勤勉，白天劳动，晚间习禅。道信在去世时将衣钵传与他，他在双峰山东边的冯墓山（也写作冯母山、凭墓山，或称东山）另开道场，是为禅宗的五祖。和道信一样，弘忍在东山弘法，也是足不下山。他的名气渐渐大了，唐高宗两次遣使诏令他去长安讲法，他也不应诏，就这样一直在山上住到去世。

道信的禅法，主要是经过弘忍的进一步发展和努力阐扬，才名播四方的，因此道信被誉为“妙法人尊”，博得了“东山净门”的称号。《楞伽师资记》记武则天对弘忍的评价说：“若论修道，更不过东山法门。”[2] 弘忍的上座弟子神秀，受到武后的推崇，被接入京城做帝师。神秀作为出家人不但不用向王者行礼，武后反而要向他行礼。武后曾问神秀，所传的禅法是谁家宗旨，神秀答道：秉承蕲州东山法门。又问依何典诰，答曰：依《文殊说〈般若经〉》说“一行三昧”。武后称赞说，若论修道，无过于东山法门了。

禅宗认为自己是“教外别传”，是摆脱了文字相、言语相的一种

---

① （唐）净觉：《楞伽师资记》，见《大正藏》（第 85 册），东京：大藏出版株式会社 1988 年版，第 1288 页。

② 《大正藏》（第 85 册），东京：大藏出版株式会社 1988 年版，第 1290 页。

直指人心的传教法门。从达摩到弘忍，这个特点在一步步地加强。弘忍传禅，就特别强调“不立文字”、“以心传心”，这被看作东山法门独拔于其他宗派的最大优越之处。因为有意识地不立文字，所以弘忍禅法的详细情形今天已经很难知道了。在敦煌本子中有一册《导凡趣圣悟解脱宗修心要论》，也叫作《最上乘论》，据说是弘忍所作。但是净觉在《楞伽师资记》里断然否认它是弘忍的作品。印顺将《楞伽师资记》里慧可说法的一部分与《修心要论》中相似的一部分进行对比，又根据《修心要论》附记中“忍师弟子取所闻传”之语，认为《修心要论》“全文明明不是弘忍说的，也不会是慧可……传为慧可所说的，倒可能是弘忍所说；再由弘忍后人扩充改编而成”。不过，虽然不是弘忍所说，但是这部《修心要论》，还是“东山门下观心的一流”[①]。也可以说表现了弘忍的思想。《修心要论》或《最上乘论》主张以一乘为宗，这一乘就是一心。它认为心是一切万法产生的根本，所以要成佛就要守自心。这个论点和《宗镜录》里所引弘忍“欲知心要，心是十二部之根本”的观点一致。

禅师在传法的时候，很重视学者悟解力的高低。用佛教的话说，就是慧根的浅深。慧根浅的人，也许要循循善诱，有时还不得不迁就学者的理解水平；慧根深的人，则常常采用使对方“顿入”的方式。达摩禅在传承的过程中，对两类根性不同的人就采取两种不同的方式。杜朏《传法宝纪》说：

> 及忍、如、大通之世，则法门大启，根机不择，齐速念佛名，令净心。密来自呈，当理与法。犹递为秘重。傥非其人，莫窥其奥。[②]

这是说弘忍、法如、大通在招收门徒的时候，并不择选弟子，凡是愿意来的人都让他们来。来了以后，就让这些人一遍遍大声齐念佛名，以便达到净心的目的。而对于那些慧根深的人，就让他们秘密地来表达自己的思想，并加以指点。如果不是其中之人，很难知道其中的奥秘。在禅宗的传说中，六祖惠能就是通过这种密选的方式脱颖而出的。

---

① 印顺：《中国禅宗史》，南昌：江西人民出版社 2007 年版，第 59 页。又，本节在叙述禅宗各祖事迹及思想时，多处参考了此书，其中尤以下文叙述有关惠能生平和《坛经》的部分为多，恕不一一标出。

② 转引自印顺：《中国禅宗史》，南昌：江西人民出版社 2007 年版，第 56 页。

二、惠能及惠能禅

（一）惠能行状

弘忍在东山广招门徒，远远近近的人都来跟他学禅，其中不乏特别优秀者。据《楞伽师资记》，弘忍在临终时，特别提到了神秀等十人，以为他们可以传扬自己的道法。惠能（或作慧能）就是其中之一。

惠能的身世，在不同的传说中有较大的出入。尤其是在荷泽神会一系崛起以后，因为要抬升惠能的地位，所以有许多附会和神化惠能的说法。从现有的资料来推断，惠能出生于贞观十二年（638 年），灭度于玄宗先天二年（713 年），世寿七十六岁。至于说他是否真的像法海所说生于二月八日子时[①]，就很难考辨了。二月八日子时是佛经中传说的佛陀诞生日（按中国历法换算，为四月八日）。说惠能此时出生，带有神化的意思。他的祖籍，都说在范阳；父亲姓卢，本来是一个官员，被贬到岭南新州，落户成为平民。惠能年轻时的生活很贫穷，靠卖柴为生。大约在二十四岁时，他到黄梅去参礼五祖弘忍，得到了弘忍的赏识和真传。离开黄梅后，他过了大约五年的隐遁生活，于乾封二年（667 年）在广州光孝寺出家。出家以后，他北上到了岭南与内陆城市的交界处，也是岭南最早开发的地区——韶州，在曹溪河边上的宝林寺（即今天的南华寺）做住持，行化四十余年。先天二年（713 年）八月，他在家乡坐化。人们把他的遗体处理后运回宝林寺，一直保存到了今天。

关于惠能一生的行状，有许多比较重要且值得注意的说法：

第一个是他求法的机缘。按《坛经》所说，他是在市场卖柴时，听到别人诵读《金刚经》，心中有所领悟，于是向诵者打听，才知道弘忍大师在蕲州黄梅县东禅寺开化，于是就想前往参拜。有客人给了

① 《大正藏》所录之法海《六祖大师缘记外记》（一般称作《六祖大师缘起外记》）云："大师名惠能。父卢氏，讳行瑫。唐武德三年九月，左官新州。母李氏先梦，庭前白华竞发，白鹤双飞，异香满室，觉而有娠。遂洁诚斋戒，怀妊六年，师乃生焉。唐贞观十二年戊戌岁二月八日子时也。时毫光腾空，香气芬馥。黎明，有二僧造谒，谓师之父曰：'夜来生儿，专为安名，可上惠下能也。'父曰：'何名惠能？'僧曰：'惠者以法惠济众生；能者能作佛事。'言毕而出，不知所之。师不饮母乳。遇夜神人灌以甘露。三岁父丧，葬于宅畔。母守志鞠养。既长，鬻薪供母。"见《大正藏》（第 48 册），东京：大藏出版株式会社 1988 年版，第 362 页。

保存在南华寺的惠能真身

他十两银子，他拿着银子安置了老母，就前往黄梅了。《坛经》的说法有两处关键，一是他“一闻经语，心即开悟”①，特别突出了他的慧根，或者说他的佛缘。一是他用客人给的银子安置了老母后才前往黄梅，突出了他的孝道，而这符合中国文化传统。和《坛经》一脉的说法不同，日本保存的《曹溪大师别传》说他“少失父母，三岁而孤”，又说他是在唐高宗咸亨元年（670 年）“游行至曹溪，与村人刘志略结义为兄弟。时春秋三十”。因为为刘志略的姑母无尽藏尼解释《大涅槃经》经义，引起了轰动，“众人闻之，皆嗟叹曰：‘见解如此，天机自悟，非人所及，堪可出家住此宝林寺。’”因此入住宝林寺，“修道经三年”。三年之后，惠能又到乐昌县西石窟投智远禅师门下学习坐禅。在乐昌时，听到惠纪禅师诵《头陀经》，对自己的修道方法产生了怀疑，因而在惠纪禅师的指点下，于咸亨五年（674 年，即唐高宗上元元年）正月三日往蕲州黄梅山弘忍禅师处学法。②《曹溪大师别传》的说法中，“少失父母”的可信度不高，因为一个三岁的孤儿，很难顺利长大成人。他在去黄梅以前在粤北各地学法的经历，虽没有《坛经》所记的那样带有神奇色彩，但似乎更接近于事实。在惠能的禅法里，《金刚经》占有极为重要的地位。《坛经》说他闻《金刚经》而开悟，大概是想特别突出他和此经的关系。

第二个是他不识字的传说。如果单从当时的社会背景看，说惠能不识字并不奇怪。那时穷苦人家的孩子，能上得起学的几乎没有。而惠能不识字却能深刻洞悟经文的意义，也不值得奇怪，因为当时佛教已经在群众中流行，惠能可能早就有所了解，且他有极为锋利的慧根，所以能一触即悟。在佛教史上，这样的例子也不止惠能一个。但是，

---

① 《大正藏》（第 48 册），东京：大藏出版株式会社 1988 年版，第 348 页。按，本书所引的《坛经》文字，均以《大正藏》所载宗宝之《六祖大师法宝坛经》为准。

② 《卍新纂大日本续藏经》（第 86 册），东京：株式会社国书刊行会 1975—1989 年版，第 49～50 页。

一开始不识字并不等于永远不识字，惠能在学禅的过程中，逐渐识字的可能性很大，否则他怎么能说出那么有哲理的偈子呢？真实的情况也许是：惠能的确识字不多，但为了突出他的佛缘和他与生俱来的佛性，所以特别强调了他不识字的一面。此外，还应注意到禅宗为了避免“文字相”对学佛者的束缚，特别推崇“如来拈花微笑而迦叶顿悟”的例子。惠能不识字而能顿悟的事迹，恰恰契合于禅宗“不立文字，直指人心”的主张。这样看起来，惠能的不识字，关键点也许不在于事实本身，而是这一说法所传达出来的对惠能神异形象的建构以及与禅宗的主张等之间的深层关系。

第三个是弘忍向他付法和传衣的传说。在佛教历史上，付法的事例并不始自中国，在古印度已经有了这样的传统，如《阿育王传》有五师相承的说法、《付法藏因缘传》有二十四世传承的说法。禅宗的付法制度也不起始于达摩，而是早已有之，《达摩多罗禅经》中已经说过佛灭度后各尊者应以所持法灯次第传授。达摩禅在中国的传授次第，从弘忍开始就已经明确化，而且得到了社会的认可。比如张说的《唐玉泉寺大通禅师碑铭》就说：“菩提达摩天竺东来，以法传慧可，慧可传僧璨，僧璨传道信，道信传弘忍。继明重迹，相承五光。”① 所以付法的事情并不值得怀疑。

弘忍的五祖地位是公认的，并没有异议。但是弘忍去世之后，关于谁继承了正法的问题却产生了极大的争论。问题的起因，在于当时已经出现了事实上的“多头并弘”——也就是不止一个人得到正法的真谛而担起传法的重任。净觉的《楞伽师资记》说弘忍临终时，付嘱以神秀为代表的十弟子分头弘法，并说：“此并堪为人师，但一方人物。”② 弘忍所言是多头弘法最好的写照。在《坛经》里，惠能临终时，也是将禅法传与十大弟子，并说：“汝等不同余人，吾灭度后各为一方师。”③ 同样是多头并弘的情况。

多头并弘一方面大大加快了佛法的传播速度，另一方面也形成了多个中心，原来的传法秩序也因之而解体。在惠能和神秀都还活着的时候，多头并弘正是当时禅宗传播的特色，所以才有了南宗和北宗的

① 《全唐文》（第231卷）。
② 《大正藏》（第85册），东京：大藏出版株式会社1988年版，第1289页。
③ 《大正藏》（第48册），东京：大藏出版株式会社1988年版，第360页。

分化。但是在惠能死后，他的弟子神会开始对多头并弘的情况提出反对，而要坚持恢复一代一人的传法制度。神会的《菩提达摩南宗定是非论》明确地说："又从上已来六代，一代只许一人，终无有二。纵有千万学徒，亦只许一人承后。"他还作了一个譬喻："譬如一国唯有一王；言有二王者，无有是处……譬如一世界唯有一佛出世；言有二佛出世者，无有是处。"他批评多头并弘的情况，说"从秀禅师已下出，将有廿余人说禅教人……从廿余人已下，近有数百人说禅教人"，因为太多的人说禅教化，结果导致了"并无大小，无师资情，共争名利，元无禀承，乱于正法，惑诸学道者，此灭佛相也"的局面。[①] 但是，因为弘忍在授法时带有私密性，究竟谁传承了正法就变得扑朔迷离了。神会坚持只有惠能得到了弘忍的真传，所以惠能应该是禅宗的六祖。神会的依据，就是所谓的传衣之说。

开元二十年（732 年），神会在滑台（今河南滑县东）的大云寺和当时很有名声的北宗禅师崇远展开了一场规模宏大的关于南北禅的大辩论，目的是要确定达摩禅的宗旨。神会在会上攻击了以神秀为代表的北宗，说他们"传承是傍，法门是渐"，而极力主张以惠能为代表的顿教才是达摩禅宗旨的体现。在会上，神会指出禅宗的传承是"内传法契，以印证心。外传袈裟，以定宗旨"。为了证明惠能才是禅宗六祖，神会宣称弘忍有袈裟传与惠能，并说"其袈裟今在韶州，更不与人，余物相传者，即是谬言"。而神秀因为没有得到传衣，"纵使后得道果，亦不许充为第六代"[②]。这是关于惠能得到传衣最重要的一次宣告。以后《坛经》中关于惠能得衣的说法以及惠能在离开黄梅后惠明夺衣的故事，都是为了突出、神化法衣作为一种象征性符号所具有的重要性。神会的传衣说是在和北宗争夺正统的辩论中作为证据提出来的，加之《坛经》中的夺衣故事又充满着神秘色彩，所以一些人认为传衣说实为神会所伪造。但是事实并不是这样，惠能得到弘忍衣钵的说法完全可能是真的：首先，早在惠能活着的时候，这种说法就已经得到了大家的认可。神龙二年（706 年），中宗征召惠能入京，《召曹溪惠能入京御札》中说："朕请安、秀二师宫中供养。万几之

---

① 转引自苏少瑞：《敦煌本神会语录〈菩提达摩南宗定是非论〉语言研究》，上海师范大学硕士学位论文，2010 年，第 18～19 页。

② 苏少瑞：《敦煌本神会语录〈菩提达摩南宗定是非论〉语言研究》，上海师范大学硕士学位论文，2010 年，第 18～19 页。

暇，每究一乘。二师并推让，云：南方有能禅师，密受忍大师衣法，可就彼问。”① 老安和神秀是佛教界的领袖，神秀还是惠能的同门，他们都对皇帝说惠能得到了弘忍的衣法，因此皇帝才专诏惠能进京，可见惠能得传衣法的事不是随便杜撰的。因为惠能没有进京，所以皇帝在次年诏修惠能所住的寺庙，赐名“法泉寺”。法泉之意，就是佛法之源泉，明显带有惠能为佛法传承者的意味。其次，在南北二宗激烈的竞争中，当神会提出传衣的事实时，北宗学者没有一个人否认，这说明神会所说是大家一致认可的。神会说“其袈裟今在韶州”，应该是有事实根据的。第三，惠能的传法袈裟，之后还被迎入大内供养七年，然后再被送回。《曹溪大师别传》云：“上元二年（应为乾元二年），广州节度韦利见奏：僧行滔及传袈裟入内。孝感皇帝依奏，敕书曰：敕曹溪山六祖传袈裟，及僧行滔并俗弟子韦利，见令水陆给公乘，随中使刘楚江赴上都。”又云：“乾元二年正月一日滔和上有表辞老疾。遣上足僧惠象及家人永和送传法袈裟入内，随中使刘楚江赴上都。”又云：“宝应元皇帝送传法袈裟归曹溪。敕书曰（文下小字：袈裟在京总持寺安置经七年）：敕杨鉴……朕感梦送能禅师传法袈裟归曹溪。寻遣中使镇国大将军杨崇景顶戴而送。传法袈裟是国之宝，卿可于能大师本寺如法安置。专遣众僧亲承宗旨者守护，勿令坠失，朕自存问。永泰元年五月七日下。”② 惠能的传法袈裟先是被迎请到京城的总持寺供养了七年，因为皇上梦见惠能索要袈裟，所以又遣使送还，并诏谕专门的僧徒守护。这是肃宗乾元二年（759 年）到代宗永泰元年（765 年）的事，离《曹溪大师别传》的撰写时间不过二十年左右，足以说明惠能传衣的说法不是杜撰。

第四个是关于他和神秀向弘忍作偈呈心的事情。据《坛经》所云，弘忍是通过让弟子作偈呈心来选择继承人的。当时上座教授师神秀先悄悄作了一首偈子：“身是菩提树，心如明镜台。时时勤拂拭，勿使惹尘埃。”弘忍看了，虽然肯定神秀的偈子有大利益，要门人持诵，但是不认为此偈已经得到禅法心要。惠能也作了一首偈子请人写于墙壁上：“菩提本无树，明镜亦非台。本来无一物，何处惹尘埃。”

---

① 《全唐文》（第 17 卷）。

② 《卍新纂大日本续藏经》（第 86 册），东京：株式会社国书刊行会 1975—1989 年版，第 53 页。

弘忍大为赏识，认为他已经得道，于是就在半夜悄悄向他传法付衣，并亲自送他至九江驿。这一段故事，近代以来怀疑的人不少。疑者的主要根据，是《神会语录》中没有记载这件事，而神会为了宣扬惠能的六祖地位是不遗余力的，这么重要的事情他怎么能不提呢？他们还指出，从弘忍所在的冯墓山（又作冯茂山）到大江边有一定的路程，步行很难一夜往返；而故事说弘忍从九江驿亲自摇橹送惠能过江，更是连地理都混淆了，因为九江驿本来就在江南。陈寅恪先生曾著《禅宗六祖传法偈之分析》一文，从菩提树的比喻出发，指出这两首偈子存在“譬喻不适当”和“意义未完备”的问题。其所以如此者，则在于此两首偈子“盖袭用前人之旧文，集合为一偈，而作者艺术未精，空疏不学，遂令传心之语，成为半通之文”①。这实际上是暗示这两首偈子并不是神秀和惠能所作，而是出于后人之手。

《坛经》在发展的过程中，经过了后人的不断增修。这个颇具传奇色彩的故事，经过了后来者的润色，亦在情理之中。但是润色归润色，惠能和神秀所作的偈子，我们并不能贸然以为就是伪造的。神会没有提到，也许是神会当时还没有看到过《坛经》，所以并不知道此事。在那个时代，一方面因为佛教历史上本来就有用偈子来表达佛法的传统，另一方面因为中国的诗歌艺术正在趋于成熟，用偈子来表达禅境和心得的做法已经变得普遍了。神秀是知识渊博、修为高深的上座师，他取用佛经中常有的菩提树和明镜台作譬，是极为正常的事。惠能虽然不识字或者识字不多，但是他根基聪慧，又有神秀的示范在前，他参考神秀的偈子写出自己的偈子，也是有可能的。此外，据张说的《唐玉泉寺大通禅师碑铭》记载，弘忍曾称赞神秀说：“东山之法，尽在秀矣！”且“命之洗足，引之并座”，这差不多是要将衣钵传与他的意思了。可结果却是神秀“涕辞而去，退藏于密”②。神秀青年出家，五十岁才不远万里追随弘忍，服勤六年，以期得到正法。如果弘忍认可他的理解，为什么会有这样的结果呢？总之，在没有确定的证据之前，我们可以讨论这两首偈子的文字是否就是原文，③ 但不能

---

① 陈寅恪：《金明馆丛稿二编》，北京：生活·读书·新知三联书店 2001 年版，第 187 ~ 191 页。

② 《全唐文》（第 231 卷）。

③ 敦煌本《坛经》所载神秀偈子的原文是：“身是菩提树，心如明镜台。时时勤拂拭，莫使有尘埃。”惠能的是：“菩提本无树，明镜亦非台。佛性常清静，何处有尘埃。”

轻易地否定神秀和惠能作偈呈心这件事的真实性。

第五个是关于惠能在得法后隐居民间的故事。隐居的原因，是预防奸人的祸害；隐居的时间有十五年、十六年、十七年和三年、五年的不同说法。出家人虽然以清净为本，但在现实生活中，并不能消除所有学徒的功利心，毕竟佛教也是一个非常有影响的社会组织，所以惠能被人追逐夺衣也不是不可能。在佛教史上，因为过于出众而被诬害的佛教领袖不止一位。远的不说，二祖慧可就因为对道恒禅师的地位构成了巨大的挑战而被构陷，差点丢掉了性命。惠能只是一个出身寒微、二十多岁的在家行者，突然之间得到五祖的衣钵而成为禅宗六祖，被人迫害的可能性并非没有！至于上述隐遁的时间，十余年和三五年的差别，据印顺《中国禅宗史》的考辨，应以五年法难为确当。十六年（或十五、十七年）之说，是为了迎合神会所说的一代一人主持佛法的观念，以弘忍去世之年（675 年）为基准而推定出来的。[1]

第六个是他在广、韶两州行化的地点。惠能正式剃度和受具足戒的地点，是广州的法性寺（即光孝寺）。虽然各种资料在记载惠能受戒的具体时间上有所不同，但地点却是一致的。受戒后，惠能即在广州开法，不久以后就北上韶州。惠能为什么要到韶州传法，没有直接的资料予以说明。合理的猜测有两种，一是惠能对韶州已经比较熟悉。韶州是岭南和湘赣两省联系的咽喉要道，惠能北上和南下都要经过此地。在北上求法以前，他可能还有在韶州学佛的经历，所以有一定的基础。二是韶州属于岭南开发最早的地区，有一定的人文基础，又扼守南北的交通，人口往来频繁，在此传法容易扩大影响。惠能在韶州行化四十余年，时间很久。传法的地点，普遍为公众所知的是宝林寺（今南华寺），但是事实上，除了宝林寺外，惠能还在多处行化。惠能演说《坛经》的地方，已经明白地说是在城中的大梵寺。另据《旧唐书·方伎传》说，“惠能住韶州广果寺”。日本僧人圆珍从大唐请去的经籍《智证大师将来目录》中，有《大唐韶州广果寺悟佛知见能禅师碑文》，也说明惠能确曾住过广果寺。诗人宋之问有《自衡阳至韶州谒能禅师》和《游韶州广界寺》诗，广界寺可能就是广果寺。法海《六祖大师缘记外记》说惠能“游境内山川盛处，辄憩止，遂成兰若

① 参阅印顺：《中国禅宗史》，南昌：江西人民出版社 2007 年版，第 143 ~ 150 页、第 171 ~ 172 页。

一十三所。今曰华果院，隶籍寺门”①。数字也许不尽准确，但是惠能在韶州行化的地方不止一处，却是事实。宝林寺不过是他住得较久的一间寺庙而已。

（二）《坛经》

在佛教史上，中国人说的佛法，被尊称为经典的，只有《坛经》这一部。《坛经》，又名《六祖法宝坛经》，全名《南宗顿教最上大乘摩诃般若波罗蜜经六祖惠能大师于韶州大梵寺施法坛经》。坛，是用以传法、受戒、忏悔的场所，有时也写为檀，称为法坛、坛场或者檀场。从今本内容来看，《坛经》其实包括了记和集两个部分。记，就是记录惠能在大梵寺说法的部分。这是《坛经》最原始的部分，可能在惠能入灭前就已经存在。集，是对惠能重要言行的追记，由惠能的弟子们在他入灭后根据记忆、记录追记而成。集的部分本来是附录在记的部分之后的，但是后来也逐渐变成了《坛经》的一部分。

《坛经》在流传的过程中，经过后人的润色，形成了多个版本。最早的版本，也就是《坛经》的祖本，或者叫法海原本，由惠能的弟子法海集记而成。法海原本的成书时间，应该在惠能去世的唐先天二年（713年）至神会在滑台与北宗僧人辩论禅门宗旨的开元二十年（732年）之间。但其中某些部分，也可能在惠能入灭以前就已经存在。在法海原本的基础上，形成了后来的敦煌本。② 和原始本相比，敦煌本的最大特色，是通过付衣传法说、惠能口述禅宗之传宗世系、惠能对自己死后二十年的预言等，突出了惠能作为禅宗六祖的合法性。现代学者普遍认为敦煌本是由神会的弟子们编定的，因为增加的内容，基本上都体现了神会的主张。

《坛经》的敦煌本是在20世纪初叶才被发现的，在敦煌本发现以

---

① 《大正藏》（第48册），东京：大藏出版株式会社1988年版，第363页。

② 敦煌本实际包括了敦煌原本、敦煌新本、旅博本、国图本数种：①敦煌原本指英国图书馆藏敦煌遗书S. 5475号，全名为《南宗顿教最上大乘摩诃般若波罗蜜经六祖惠能大师于韶州大梵寺施法坛经》，下署“兼受无相戒弘法弟子法海集记”，卷末题有“南宗顿教最上大乘坛经法一卷”。日本《大正藏》第48册全文收录了该本。②敦煌新本指敦煌市博物馆藏敦煌遗书077号，该本首尾完整，字迹清秀。③旅博本为原大谷探险队于20世纪初得自敦煌藏经洞，在旅顺博物馆收藏了近90年，直到2009年才被重新认定。据卷尾题记知该本抄写于“后周显德五年己未年”，是敦煌本《坛经》中唯一有抄写年代者。④国图本包括了两种，一种是国家图书馆藏敦煌遗书BD04548（冈48号），卷轴装，首残尾存。一种是国家图书馆藏敦煌遗书BD08958号（有79号），残片，仅存四行半。

前，流行的《坛经》版本主要有惠昕本和至元本两个系统。惠昕本分为二卷十一门，编定的时间为宋太祖乾德五年（967 年）五月，因前面有惠昕的序而得名。惠昕本的主体部分与敦煌本基本相同，但内容有所增加，语句也有相当一部分被修改了。惠昕本有三个不同的刊本：一是北宋大中祥符五年（1012 年）的周希古刊本（日本真福寺本），二是政和六年（1116 年）的存中再刊本（日本大乘寺本、金山天宁寺本），三是南宋绍兴二十三年（1154 年）的晁子健刊本（日本兴圣寺本）。这些刊本的内容大致相同。所不同者，前两种刊本惠能常自称“某甲”，且无大庾岭示惠明“本来面目”及风幡之议，也无谈及刘禹锡碑之事，而后一种已无“某甲”称呼，其他内容则有。另外，真福寺本、金山天宁寺本、兴圣寺本的祖统世系全同敦煌本，而大乘寺本的祖统世系已按《宝林传》被改过了。

至元本，一种是由德异于元至元二十七年（1290 年）在吴中刊行的本子。德异在前面有序言叙述自己刊刻的原因和过程：“《坛经》为后人节略太多，不见六祖大全之旨。德异幼年尝见古本。自后遍求三十余载，近得通上人寻到全文，遂刊于吴中休休禅庵。”[①] 德异所见的“节略太多”的本子，不知是否就是惠昕本。他所见到的古本，也不知是否为敦煌本。但是现在看到的德异本，文字比惠昕本还多，惠昕本没有的内容它反而有。至元本的另一种是流行最广的宗宝本，是由署名“南海释宗宝”的人刊刻的。宗宝本的前面录有德异的序，后面有宗宝自己的跋。跋文说自己曾陆续见到《坛经》的三个本子，三本各自不同而互有得失，因为其版已漫灭，所以自己就取了三个本子互相校雠，“讹者正之，略者详之。复增入弟子请益机缘”[②]。然后刊行于世。最后署明刊行的时间是至元辛卯夏（1291 年）。宗宝本和德异本基本一致，他所说的增加的“弟子机缘”部分德异本也有。宗宝本在明代本收入《大藏经》，所以流行甚广。

在惠昕本系统和至元本系统之间，还有一种成版于至和元年（1054 年），由宋僧契嵩应吏部侍郎郎简的请求而校编的版本，简称契嵩本。该本前有《六祖大师法宝坛经赞》一篇，署名“宋明教大师契嵩撰”。

---

① 《大正藏》（第 48 册），东京：大藏出版株式会社 1988 年版，第 346 页。
② 《大正藏》（第 48 册），东京：大藏出版株式会社 1988 年版，第 364 页。

（三）从《坛经》所见的惠能禅的要点

惠能的思想，一般都是根据《坛经》来加以讨论的。当然也有学者认为这种方法并不可靠，因为《坛经》已经经过了多次修订，其中究竟还保存着多少惠能的思想很难说。不过不管怎样，《坛经》还是研究惠能禅最重要的资料；后人重视惠能，也是因为《坛经》，而不仅仅因为他六祖的地位。所以这里仍然以《坛经》为依据，来简单地归纳惠能禅的特点。

《坛经》最突出的，首先是人人具有佛性、人人皆可成佛的观念。“一切众生皆有佛性”、众生“含生同一真性”的思想，惠能以前就有，但是直到惠能，才把这一点大讲特讲，从而成为南宗禅的一大特色。这种思想，破除了学佛者在阶级、种族、性别等方面的差异，是一种彻底的人人平等思想。在那个将人与人之间的差别作为社会基础规则的时代，这种思想所具有的冲击力和思想解放意义不言自明。惠能初到黄梅，弘忍是有点瞧不起他的，说你是个岭南人，又是獦獠，如何能成佛？惠能回答说，人有南北之分，佛性没有南北之分。我这獦獠虽然和和尚您不同，但是佛性有何差别？这段充满着智慧和勇气的回答，一下子就让弘忍对这个朴质的年轻人刮目相看。在大梵寺弘法时，惠能开宗明义就说：“当知愚人智人，佛性本无差别，只缘迷悟不同，所以有愚有智。”① 承认众生平等、人人皆可成佛，消除了佛教和普通大众，尤其是和贫苦大众之间的距离，不管你能不能读懂佛经，也不管你有没有钱布施，你都可以成佛。过去的佛教，从后汉一直到南北朝，主要是依靠统治者而发展。禅宗提倡“明心见性”，为了“明心”，又提倡远离宫廷，到丛林中去修行。这个理论及其实践，事实上是对统治者采取柔性的不合作主义。唐帝室曾征召道信、弘忍入京，两人都以种种原因拒绝了。惠能继承了这个传统，武后、中宗诏他入京，他也未应命。惠能的南宗弟子们，也都把自己的根基扎在中下层社会中。比如为惠能创宗的神会，虽因传法的需要不得不接近官僚，但看不起神秀做帝师，以为秀之所为有违宗风。

为什么人人皆可以成佛呢？因为佛只是觉悟了的人：“善知识，

---

① 《大正藏》（第48册），东京：大藏出版株式会社1988年版，第350页。

不悟即佛是众生；一念悟时，众生是佛。”[①] 而不是远在西天的神秘存在，“但心清净，即是自性西方”[②]。“其心净即佛土净。使君东方人，但心净即无罪。虽西方人，心不净亦有愆。东方人造罪，念佛求生西方。西方人造罪，念佛求生何国?”[③] 只要自净其心，人人都有佛种，处处皆可成佛。每日烧香磕头，以为厚施布施就能成佛，是一种误解。韦刺史不懂得为什么梁武帝一生造寺度僧、布施设斋，但是达摩却只说他有福德而没有功德。惠能解释说，这是因为梁武帝不知正法：“见性是功，平等是德。念念无滞常见本性真实妙用，名为功德。”[④]“善知识，功德须自性内见，不是布施供养之所求也。是以福德与功德别。”[⑤] 所谓“摩诃般若波罗蜜”，就是以大智慧到彼岸的意思，而大智慧就是认识到一切的一切尽在自性之中，能够识得自性，又能把这种认识落实到日常生活的一言一行、一举一动之中，就是成佛。

惠能说，认识自性的方法有顿和渐两种。顿和渐不是佛法，佛法只有一种，没有顿渐之分，因为人的根性有利钝之分，所以才区分了顿和渐两种领悟佛法的途径。自己的顿教法门，是专门为上根人所说。所谓顿，就是在某种机缘环境下突然领悟到本来清净的自性。这种机缘，虽然不排斥常规的学习、坐禅等途径，但更多地是散落于日常生活的每一处每一时。换言之，“烦恼即菩提”[⑥]，正是充满着烦恼的日常生活为人提供了了悟清净自性的契机。了悟的关键在于能不着于相、不住于心、不染于境，此即所谓“前念迷即凡夫，后念悟即佛；前念着境即烦恼，后念离境即菩提”[⑦]。在谈到证解的方法时，惠能特别批评了几种貌似正确实则错误的方法：一种是以追求“空”作为目的，“善知识，莫闻吾说空便即着空，第一莫着空”[⑧]。一门心思追求空，就是着空相，“又有迷人，空心静坐百无所思，自称为大。此一辈人不可与语，为邪见故”[⑨]。二是将定（定心）与慧（智慧）区别

① 《大正藏》（第48册），东京：大藏出版株式会社1988年版，第351页。
② 《大正藏》（第48册），东京：大藏出版株式会社1988年版，第352页。
③ 《大正藏》（第48册），东京：大藏出版株式会社1988年版，第352页。
④ 《大正藏》（第48册），东京：大藏出版株式会社1988年版，第352页。
⑤ 《大正藏》（第48册），东京：大藏出版株式会社1988年版，第352页。
⑥ 《大正藏》（第48册），东京：大藏出版株式会社1988年版，第350页。
⑦ 《大正藏》（第48册），东京：大藏出版株式会社1988年版，第350页。
⑧ 《大正藏》（第48册），东京：大藏出版株式会社1988年版，第350页。
⑨ 《大正藏》（第48册），东京：大藏出版株式会社1988年版，第350页。

对待，或说先定发慧，或说先慧发定，强调“定慧一体不是二。定是慧体慧是定用。即慧之时定在慧，即定之时慧在定”①。就像灯与光之间的关系，有灯即有光，无灯即黑暗。三是强调任何时候任何场所都可悟道，不一定非在寺庙修行，关键看你能否净心，“善知识，一行三昧者，于一切处行住坐卧，常行一直心是也”②。道流通不滞，“心不住法道即流通。心若住法名为自缚”③。住法，就是停留在法上。迷误之人着于法相，以为一行三昧就是坐着不动、不起任何心念，这就是住法、无情，而无情是悟道的障碍，“若只百物不思，念尽除却，一念绝即死别处受生，是为大错”④。

惠能所说的一切，都是要人了悟自性，所以自性也叫作真如本性、本心等——是惠能禅法的核心。自性有何特点？首先，自性和心不同。心是心念，是意识，是自性之用。自性在逻辑上是一种先于意识的存在，其特点是清净、虚空、不生不灭、自身圆满自足。其次，正因为自性清净虚空，所以能生万法。用现代科学的语言说，即自性是所有生理的、心理的、想象的、思维的现象产生的逻辑前提。再次，如同没有独立存在于具体的人之外的抽象的“人”一样，自性也不是“相”之外的独立存在，自性与相（法）的关系是体与用的关系，不能离开“相”去寻找“自性”。惠能说，发现、证解自性的方法，就是以“无念为宗，无相为体，无住为本”⑤，“无相”不是消灭相，而是于相而离相，不执着于相；无念不是消灭念，而是于念而离念，不执着于念；无住就是不住于任何念，不被前后连续不断的任何念所系缚。惠能自叙其半夜听弘忍密授《金刚经》，至“应无所住而生其心”，言下大悟，领会到了“一切万法不离自性”的真谛。⑥“应无所住”，就是无念、无相、无住；“生其心”，就是生清净智慧之心，以真如本性洞照一切。因为不住于一切法，不在一切现象上执着，所以才能领会到一切现象不过是自性之用，或者说是被建构起来的“相”。

---

① 《大正藏》（第48册），东京：大藏出版株式会社1988年版，第352页。
② 《大正藏》（第48册），东京：大藏出版株式会社1988年版，第352页。
③ 《大正藏》（第48册），东京：大藏出版株式会社1988年版，第353页。
④ 《大正藏》（第48册），东京：大藏出版株式会社1988年版，第353页。
⑤ 《大正藏》（第48册），东京：大藏出版株式会社1988年版，第353页。
⑥ 《大正藏》（第48册），东京：大藏出版株式会社1988年版，第349页。

三、从青原行思到雪峰义存

惠能入灭之后，他的禅法经过弟子们的不断阐扬而大大地发展起来，从黄河流域、长江流域到珠江流域，几乎遍及整个中华文化区的主体部分。其中，荷泽神会、南岳怀让、南阳慧忠、永嘉玄觉、青原行思五位弟子最为杰出。

神会在少年时即投入惠能门下。惠能入灭后，他离开韶州北上，到处宣扬惠能的禅法和正统地位。开元二十年（732 年），神会在洛阳滑台大云寺召开论定佛法宗旨的无遮大会。他在会上同北宗的代表展开辩论，尖锐地批评北宗禅“传承是傍，法门是渐”，说只有惠能的南宗顿教才继承了达摩禅的正法，只有惠能才是传承了弘忍衣钵的六祖（当时北宗认为神秀是六祖）。在神会的艰苦努力下，惠能的六祖地位和惠能禅的正统地位终于逐渐得到认可。神会的门下，也形成了南宗禅的第一个流派——荷泽宗。

怀让，俗姓杜，《五灯会元》说他是金州（在今陕西安康）人。怀让在惠能处大约十年，中宗景云二年（711 年）辞去，玄宗先天二年（713 年）到南岳衡山静修。怀让出名的原因主要在于他的弟子道一和道一的弟子怀海。道一，俗姓马，所以又称马祖道一。他在南岳跟随怀让学禅，后于大历中来到洪州（今江西南昌）的开元寺说法，学者云来而德音广披，是洪州禅的创始人。在道一之前，禅宗虽然已经有了农禅并重、聚徒修道的做法，比如道信和弘忍在黄梅的实践，但是还缺少严密的制度建设，因而不够规范。到了道一，则在前辈禅师实践的基础上，通过建章立制，使这种集体劳动、共同参修的做法变得规范化和制度化；而且因为他广建丛林，也使得这一做法大大地规模化，这就形成了所谓的“丛林制度”，并成为中国僧团百世不替的主 要禅修方式。道一门下极盛，号称有“八十八位善知识”，法嗣一百三十九人，怀海是其中最知名的一位。怀海先在怀让禅师的弟子西山慧照处出家，后于法朗律师处受具足戒，再后至马祖道一处参学开悟。道一过世后，怀海来到洪州新吴的大雄山住持。大雄山山势险峻，山岩兀立千尺，怀海常在岩上参禅，故又号百丈怀海。怀海的最大贡献，是对禅宗的教规进行了改革，制定了后世所称引的《百丈清规》。他极力倡导“一日不作，一日不食”，把佛教僧侣乞食的传统改为自食其力。马祖和怀海师徒二人，一创丛林，一立清规，对于汉传佛教的发展影响极为深远。怀海的门徒很多，其中又以黄檗希运、沩山灵祐最为闻名。黄檗希运的弟子临济义玄创立了临济宗，沩山灵祐和他的弟子仰山慧寂创立了沩仰宗。

慧忠受法曹溪之后，又在吴楚一带的四明山、天目山、武当山和罗浮山等地参学。武后天授元年（690 年），他来到淅川白崖山的党子谷，在此修炼四十余年，道誉甚高。唐玄宗钦其声名，将他迎往京城，敕住南阳龙兴寺。安史之乱，他离开长安，避居山野。战乱结束后，肃宗又将他请出，待之以国师之礼。肃宗之后，代宗继续以国师之礼待他。三代皇帝都尊其为国师，这使慧忠在禅林的地位远高于其他人。慧忠的禅法，主要是将禅与教融合，突显出禅教一致、顿渐并重的特色，这也是他不同于惠能其他弟子之处。

永嘉玄觉禅师在三十多岁时探访惠能，向惠能请益。两人言下契悟，玄觉一宿而去，人称“一宿觉”。玄觉是浙江温州人，受天台宗的影响很深，所以他的禅法既有天台的因素，也有惠能南宗禅的因素，是两者的融合。

这里重点要说到的是青原行思一系，因为云门宗正是从青原一系发展而来。行思，或作行司，俗姓刘，吉州（今江西吉安）人，因在吉州青原山静居寺修行，故号青原行思。行思的生年不详，《五灯会元》卷五说他于唐开元二十八年阴历十二月十三日（740 年 1 月）在净居寺“升堂告众，跏趺而逝”①。行思在惠能的座下，因为年龄较长，道行较深，且常沉默寡言，所以在众弟子中很突出，“会下学徒虽众，师居首焉”②。在惠能还活着的时候，行思就离开了曹溪，回到故乡弘法。《五灯会元》记载，惠能有一天对行思说：“从上衣法双行，师资递授，衣以表信，法乃印心。吾今得人，何患不信？吾受衣以来，遭此多难。况乎后代，争竞必多。衣即留镇山门，汝当分化一

① 《卍新纂大日本续藏经》（第 80 册），东京：株式会社国书刊行会 1975—1989 年版，第 108 页。近年有对行思生卒年感兴趣者，亲赴江西吉安青原故乡实地考察，并至吉安市图书馆查阅史籍，得出青原行思应生于唐高宗咸亨元年至咸亨四年（670—673 年）之间，卒于唐玄宗开元二十六年至二十九年（738—741 年）的意见，可备一说。http://baike.baidu.com/link? url = ci-wl0FifjoIoM_PncrLMV7Hy2GOIbdeyfkR_ExCAVEC2TJJ1hgkAAvyvKVa - 2jYM#refIndex_2_735826。

② 《卍新纂大日本续藏经》（第 80 册），东京：株式会社国书刊行会 1975—1989 年版，第 108 页。

方，无令断绝。”[1] 这是指示行思要到别处去传法的意思。但是事实上，青原和怀让在离开曹溪以后，都没有公开地、大规模地开门传法，而只是自己隐居静修。这一段话里关于曹溪受衣的说法和所谓“汝当分化一方，无令断绝”云云，明显是受敦煌本《坛经》的影响。

与怀让因为其弟子道一而出名类似，行思的出名也是因为他的弟子希迁。希迁，岭南端州高要（今广东高要市）人，俗姓陈，因在南岳衡山一块大石头上结庵修行，所以被称作石头希迁。他起初在曹溪门下做小沙弥，后来不断往来于川粤之间。开元十六年（728 年），希迁受具足戒。《五灯会元》说他在惠能快要入灭时询问自己以后要依附何人，惠能回答“寻思去”。惠能入灭后，他就辞别曹溪到江西依止青原行思。天宝初年，他又离开行思，来到南岳结庵修行并广招门徒。希迁弘禅的时间长达半个世纪，门下出了药山惟俨、丹霞天然、潭州大川、灵山大颠等名僧，由此形成了在禅宗史上影响极大的石头宗。

希迁的思想主要是融会南北二宗，比较深入地阐述了“理一事殊”的思想。《五灯会元》中收录他的五言小品偈颂《参同契》，[2] 比较集中地说明了希迁对理事关系的理解。偈子一开始就说：“竺土大仙心，东西密相付。人根有利钝，道无南北祖。”意思是佛（大仙）教产生于天竺，以秘密传付的方式（禅宗的以心传心）流传到了东土。因为人的根器有利有钝，所以有了顿悟和渐悟两种修道方式。虽修道的方式不同，但道却只有一种，法本身没有顿渐之别。接着又说：“灵源明皎洁，支派暗流注。执事元是迷，契理亦非悟。”“灵源”指自心、本性，自心明净而“皎洁”，是清净无染的。因心而生出万物，仿佛是由一源所生成的万千支脉，所以说“支派暗流注”。因为万物是心之所生，而心又寄寓于万物之中，心与物、事与理本为一体，所以不能将它们割裂对立起来。执着于事（物）也好，执着于理（心）也好，都是这种割裂对立的表现，所以都是迷，都没有开悟。“门门一切境，回互不回互。回而更相涉，不尔依位住”，这四句吸收了华严宗“十玄门”的思想，是希迁对理事关系的进一步解释。四句的大

① 《卍新纂大日本续藏经》（第 80 册），东京：株式会社国书刊行会 1975—1989 年版，第 108 页。

② 《卍新纂大日本续藏经》（第 80 册），东京：株式会社国书刊行会 1975—1989 年版，第 108 页。

意是说，所有的事物（一切境）都可以归结为“回互不回互”的关系。“回互”就是互相融合，彼此互相关涉；“不回互”就是虽彼此互相关涉，但又各有各的位置，各住本位而不杂乱。接下来说“色本殊质象，声元异乐苦。暗合上中言，明明清浊句”。这还是解释理事关系：理有明有暗，明的是物理，暗的是性理。事物因物理不同而在现象上千差万别，但就性理而言则遵循同样之理。性理以心性为标志，而心性表达有明暗两种。暗是隐晦的、间接的表达，明是明晰的、直接的表达。接下来以地、火、风、水四大性和眼、耳、鼻、舌为例作说明：“四大性自复，如子得其母。火热风动摇，水湿地坚固。眼色耳音声，鼻香舌咸醋。然依一一法，依根叶分布。”就是说造成事物的具体特质以及事物所呈现的现象虽然各不相同，但都是“心性”之根上衍生出来的叶子。接着又说“本末须归宗，尊卑用其语。当明中有暗，勿以暗相遇。当暗中有明，勿以明相睹。明暗各相对，比如前后步”。意思是心本物末，应该归于理事融会之宗；而禅宗各家的表达虽然有尊有卑（各有侧重的意思）、有明有暗，但是彼此关联、相辅相成，就如同人的前后步子一样。总而论之，“万物自有功，当言用及处。事存函盖合，理应箭锋拄。承言须会宗，勿自立规矩”。万事万物都各有其用处；事物虽然像是函器上的盖子一样，会随着器的不同而有万千差别，但是就理上而言却不应该执着于这些差别，如同人之以箭射空，箭箭相顶，一以贯之（此喻出自《大智度论》）。把理与事统一起来而不是割裂开来，就可以从语言上会归宗旨，而不是各立规矩，强为之解。偈子的最后说：“触目不会道，运足焉知路？进步非近远，迷隔山河固。谨白参玄人，光阴莫虚度。”大意是道处处皆在，触目即是，但是人们却并没有体悟到，就像人日常走路并不留意自己的脚步一样。一旦体悟到了，那么悟者之间就没有什么远近之分。而没有悟道，就像隔着大山大河一样。想要参道的人，应该努力下功夫而不要虚度光阴。

为了不落言筌，禅者推崇的是“以心传心”。如何“以心传心”呢？主要是根据当时的具体情况（机缘）而运用启示性的语言，或者是一些带有启示性的动作，让学人自己去领悟。《坛经》里面的“机缘品”部分，就已经开了这种“随机接引”的先河。惠能的弟子进一步发展了这种方法，从而形成了禅家传法最显著的特色。以与云门宗渊源较深的青原行思和石头希迁为主，以下从《五灯会元》卷五的记录里举几个例子：

他日，师（青原）复问迁："汝甚么处来？"曰："曹溪。"师乃举拂子曰："曹溪还有这个么？"曰："非但曹溪，西天亦无。"

僧问："如何是佛法大意？"师（青原）曰："庐陵米作么价？"

时门人道悟问："曹溪意旨谁人得？"师（希迁）曰："会佛法人得。"曰："师还得否？"师曰："不得。"曰："为甚么不得？"师曰："我不会佛法。"

僧问："如何是解脱？"师（希迁）曰："谁缚汝？"问："如何是净土？"师曰："谁垢汝？"问："如何是涅盘？"师曰："谁将生死与汝？"

大颠问："古人云：道有道无俱是谤。请师除。"师曰："一物亦无，除个甚么？！"

道悟问："如何是佛法大意？"师（希迁）曰："不得不知。"悟曰："向上更有转处也无？"师曰："长空不碍白云飞。"①

石头希迁之后，青原一系形成了三派：一是经天皇道悟—德山宣鉴—雪峰义存—云门文偃的发展，最后所建立的云门宗。二是经雪峰义存—玄沙师备—地藏桂琛—清凉文益的发展，最后形成的法眼宗。三是经由药山惟俨—云岩昙晟—洞山良价—曹山本寂的发展，最后建立的曹洞宗。

天皇道悟（748—807年），俗姓张，婺州东阳人（在今浙江境内）。赞宁《宋高僧传》说他"生而神俊，长而谨愿"，十四岁时不顾父母的意愿而往明州剃落为僧，二十五岁在杭州竹林寺具戒。他常"以勇猛力扶牢强心，于六度门修诸梵行"，后"蹶然振策，投径山国一禅师。（道）悟礼足始毕，密受宗要"。径山国一，或作径山道钦，是禅宗的大德。道悟在径山处五年，"直见佛性，中无缁磷"。代宗大

① 以上所引数例皆见《卍新纂大日本续藏经》（第80册），东京：株式会社国书刊行会1975—1989年版，第108~109页。

历十一年，他离开径山，遁入余姚大梅山潜修。在大梅山中，他住在“层崖绝壑，天籁萧瑟，夐无邻落”的地方，或者多日不食，或者像猿猴一样摘采野果度日，又时与猛兽为伍，过着十分原始的生活，却声名大振。为了验证自己的所得是否为正法，他离开了大梅山，在唐德宗建中初年参礼钟陵马大师，建中二年秋入衡山参礼石头希迁禅师，终于证得正法。此后，他在荆州重建了毁于火灾的天皇寺，并在此广开法门，“自是禅宗之盛，无如此者”，“世号天皇门风也”。道悟的禅学思想，和石头一样，涵融了诸家的学说，其中既有南禅顿教的特色，又有空山修定的头陀体验。他接引学人的方式，也秉承了石头一系的特点，“度人说法，雄健猛利”①，以凌厉为其特征。

德山宣鉴（782—865 年），是石头希迁的再传弟子，俗姓周，简州（今四川简阳市）人。宣鉴少年出家，初究律藏之学与性相之学，又常讲《金刚经》，时人谓之“周金刚”。在三十岁左右，他到澧州龙潭礼拜道悟的弟子崇信禅师，为崇信所折服，从此亲侍崇信达三十年之久。唐武宗法难，宣鉴一度返居深山。唐懿宗咸通初，宣鉴已近八十岁，在朗州刺史薛廷望的强行要求下，出山主持重修的德山精舍，一时从学者甚众，人称德山和尚。唐懿宗咸通六年（865 年），宣鉴病逝，懿宗赐谥“见性禅师”。

在接引学人的方式上，宣鉴的做法非常激烈，自成一家风格。他不但焚毁经书、呵佛骂祖，极力破除一切障道之相，更经常用当头棒喝的方式来猛地截断学人的情思理究。当时的人将他和临济义玄大师合在一起，称为“德山棒，临济喝”。宣鉴激烈的禅法，来源于他独特的禅学思想——“无心无事”，随缘任性，不着一念。在古德禅院开堂时，德山有如下一段宣示：

> 于己无事则勿妄求，妄求而得亦非得也。汝但无事于心，无心于事，则虚而灵、空而妙。若毛端许，言之本末者皆为自欺。毫牦系念，三涂业因。瞥尔生情，万劫羁锁。圣名凡号，尽是虚声。殊相劣形，皆为幻色。汝欲求之，得无累乎？及其厌之，又成大患，终而无益。②

---

① 《大正藏》（第 50 册），东京：大藏出版株式会社 1988 年版，第 769 ~ 770 页。

② （宋）道原：《景德传灯录》，见《大正藏》（第 51 册），东京：大藏出版株式会社 1988 年版，第 317 页。

这段话的意思是说，和自己本性不相关的物事，都不要妄自追求（只有自性为真，自性以外的事物都是虚幻不实的名相）。靠“妄求”虽然有所得，但不是真得。正确的方法是“无事于心，无心于事”，不要起任何情感与思维。不起心则虚，虚则空，空则妙。如果有了哪怕是像毫毛那样纤细的心念，有了一丝丝的分别心，就会住心，而住心正是造成三世轮回的业因。情也好，名号也好，经书也好，成佛做祖的念头也好，只要有执念，放不下，就是著相，就会陷入名色的蛛网之中。一心追求名色让人感到累，一心厌弃名色还是落入了名色的羁縻之中，只有“无心无事”，才能超凡脱圣，识得自家清净本性。因为主张“与己无事，则勿妄求”，所以对于一般的持经颂论等，宣鉴都表示反对。他要求学者要自己做自己的主人，相信自身是佛，不迷信一切形式的权威。他不主张离开日常生活去寻什么西天之道，而强调道在日用常行之中，学人应通过对日常生活的切身体验来开悟。宣鉴的禅法和禅学思想，对云门宗的创始人文偃禅师影响很大。

雪峰义存（822—908 年），本姓曾，讳勉，泉州南安人氏。据《五灯会元》载，曾家世代奉佛，雪峰生来即不喜荤腥，在襁褓之间听到寺庙的钟鼓之声就非常欢喜。十二岁时，雪峰跟着父亲游览莆田的玉涧寺，见到了庆玄律师，马上倒地参拜，说：“这是我的老师呀！”从此留在了寺里做童子。十七岁时，雪峰正式落发，改名义存。二十四岁时，雪峰到福州芙蓉山参礼常照法师，常照很器重他。二十八岁时，雪峰在幽州宝刹寺行具足戒。在接下来的几十年中，雪峰四处游方，遍寻名师，先后参礼过大慈寰中、投子大同、洞山良价等人，并留下了“三到投子，九上洞山”的禅门佳话。投子即住在舒州投子山（今安徽潜山县境内）的大同禅师（819—914 年），禅风高古。洞山即住在江西洞山（今江西宜丰县境内）的良价禅师，禅风阔大细密，是曹洞宗的开山祖师。在数十年的游方寻师中，他还与岩头全豁、钦山文邃（大慈寰中禅师的弟子）等人伴游，最后投到了德山宣鉴的门下悟道。据说雪峰和洞山之间，曾经有这么一段对话：

> 师（雪峰）在洞山作饭头，淘米次。山问：“淘沙去米？淘米去沙？”师曰：“沙米一时去。”山曰：“大众吃个什么？”师遂覆却米盆。山曰：“据子因缘，合在德山。”①

---

① 《雪峰义存禅师语录》，见《卍新纂大日本续藏经》（第 69 册），东京：株式会社国书刊行会 1975—1989 年版，第 71 页。

这里的米喻菩提，沙喻烦恼。雪峰回答洞山的问话，说“沙米一时去”，意谓抛却一切名相（将烦恼与菩提相对，则二者俱为名相）。冯学成居士《云门宗史话》引了这一段故事，并认为这应是雪峰参德山见道后再上洞山的一则公案。冯居士说，雪峰以覆却米盆回答“大众吃个什么”，已是德山的禅风，故洞山才称赞说“据子因缘，合在德山”①。

雪峰投到德山的门下以前，已经四处游方问道，但总是不能得到最后的证解，以至于自己的信心都有了动摇。所以他一见到德山就问他：

> 问：“从上宗乘，学人还有分也无？”山打一棒，曰：“道甚么？”师曰：“不会。”至明日请益，山曰：“我宗无语句，实无一法与人。”师（雪峰）有省。②

雪峰问德山，最上乘的法门，他究竟还有没有缘分得到？德山打了他一棒，喝道：“你在说什么？”又说：“我也不会。”雪峰想寻找最上乘的法门，说明他心里还有“法门”的概念存在，还是落入以法门为有的境界。所以德山打他一棒说：“你说什么呀！”又说：“我也不会什么最上法门。”这是启示雪峰不要起念，因为起了“法门”之念也是起念，而起念即迷。雪峰虽说得了启示，却还是参不透，第二天又来问，德山就说：“我信奉的佛法没有语言，所以没法说给你听。”德山的意思是一切语言情思都是相，而佛法就是破一切相，所以不能言说。雪峰听了这句话，虽有所醒悟，但还没有完全明白。

雪峰的彻悟，与他的师兄岩头全豁禅师的帮助是分不开的。这就是禅宗内著名的“鳌山悟道”公案。

> 后与岩头至澧州鳌山镇，阻雪。头每日只是打睡。师一向坐禅，一日，唤曰：“师兄！师兄！且起来。”头曰：“作甚么？”师曰：“今生不著便，共文邃个汉行脚，到处被他带累。今日到此又只管打睡！”头喝曰：“噇！眠去。每日床上坐，恰似七村里土地，他时后日魔魅人家男女去在。”师自

---

① 冯学成：《云门宗史话》，广州：南方日报出版社 2008 年版，第 11 页。

② 《卍新纂大日本续藏经》（第 69 册），东京：株式会社国书刊行会 1975—1989 年版，第 71 页。

点胸曰：“我这里未稳在，不敢自谩。”头曰：“我将谓你他日向孤峰顶上盘结草庵，播扬大教，犹作这个语话？”师曰：“我实未稳在。”头曰：“你若实如此，据你见处，一一通来。是处与你证明，不是处与你铲却。”师曰：“我初到盐官，见上堂，举色空义，得个入处。”头曰：“此去三十年，初忌举著。”又见洞山过水偈曰：“切忌从他觅，迢迢与我疏。渠今正是我，我今不是渠。”头曰：“若与么，自救也未彻在。”师又曰：“后问德山：‘从上宗乘中事，学人还有分也无？’德山打一棒曰：‘道甚么！’我当时如桶底脱相似。”头喝曰：“你不闻道：从门入者，不是家珍。”师曰：“他后如何即是？”头曰：“他后若欲播扬大教，一一从自己胸襟流出，将来与我盖天盖地去。”师于言下大悟，便作礼起，连声叫曰：“师兄，今日始是鳌山成道。”①

故事的大意是说，雪峰和岩头两人出门，到了澧州鳌山镇时，碰到大雪，走不了。岩头每天就是睡觉，而雪峰则勤着打坐。一天，雪峰实在忍不住了，就把岩头叫醒。岩头说：“把我叫醒干什么？”雪峰发牢骚说：“这一辈子命不好，和你这个家伙在一起，处处被你拖累。今天到了这里，你又只管睡觉！”岩头大喝一声，说：“丢！（“噇”是吃喝无度的意思，这里是意译）你快点睡觉去吧！整天坐在床上打坐，好像七里村的泥塑土地爷一样，难不成将来还要去祸害人家男女。”雪峰指着自己的胸前说：“我这里还没有稳住，所以不敢懈怠。”岩头说：“我说你将来有一日会到孤峰顶上结草为庵，弘扬大教，结果你现在还说这种话！”雪峰说：“可我实在是没有稳住呀。”岩头说：“既然如此，那就把你的看法一一说来，说对的地方我证明给你，不对的地方替你铲除掉。”雪峰说：“我初到盐官，听上堂和尚讲色空之辩，有了一点头绪。”岩头说：“从此以后三十年，切忌不要有任何执着。”雪峰又说他还见到洞山和尚的《过水偈》，里面说什么“切忌从他觅，迢迢与我疏。渠今正是我，我今不是渠。”岩头说：“如果是这样，那么就是自救也还没有彻底呢。”雪峰又说：“后来我问德山和尚‘我还有没有缘分证得无上智慧’，和尚却打了我一棒，说：‘你胡说

① 《卍新纂大日本续藏经》（第69册），东京：株式会社国书刊行会1975—1989年版，第71页。

什么!’我当时好像桶子底掉了一样，突然有所感悟。”岩头大喝一声，说：“你没有听说过吗，从大门口进去的都不是家里的宝贝。”雪峰问：“那将来应该如何?”岩头说：“今后你如果想弘扬大法，一切都要从自己的胸襟中流出，将来才能有大成就。”雪峰听完以后，言下大悟，马上起来向岩头行礼，说：“师兄，我今天在鳌山才算是悟道了。”

雪峰得道，正是唐末混乱之时。中原已经骚乱，只有江南的一些地方还算安宁。在四十九岁的时候，他到了福州的象骨山雪峰，在当地士庶的帮助下，建立了一座规模宏大的广福禅院，开始传播禅法。到了文偃向他求法的时候，雪峰义存禅师的名声早已响彻大江南北了。

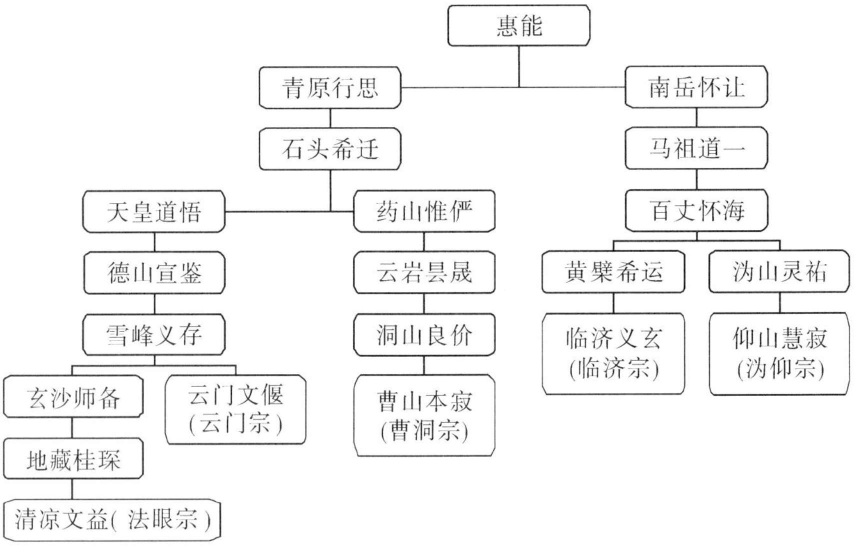

禅宗“一花五叶”图

第二章　文偃与云门宗之成立

第一节　文偃的求法历程

一、初师志澄

三国末期，孙吴有一个著名的文人，名叫张俨，字子节。据晋张勃所撰的《吴录》说，张俨博闻多识，在青年时就已经很出名了，之后历仕显位，被拜为大鸿胪。咸熙二年（265 年）八月，主掌曹魏国政的司马昭死了。不久，晋武帝受禅，追尊司马昭为文皇帝。吴末帝孙皓于宝鼎元年（266 年）正月，派大鸿胪张俨和五官中郎将丁忠出使江北，吊祭晋文帝。临行前，孙皓对张俨说："现在我很想将长江南北两边的关系搞好。我认为你有外交才能，能够完成任务，所以请你担任使节出使晋国。"张俨回答说："我现在之所以像盛开的鲜花一样引人注目，是因为得到了陛下您赐给的诸多荣耀。我虽没有古人所称赏的才能，但是愿意磨砺自己的锋锷，一定不会有辱君命。"张俨到了西晋以后，西晋的车骑将军贾充、尚书令裴秀、侍中荀勖等想通过考察他的知识来压制他，但是考来考去，都难不住张俨。尚书仆射羊祜、尚书何祯很欣赏张俨，主动和他结为好友。[①]

张俨的儿子，名叫张翰，字季鹰，也是一个著名的文学家。张翰性格放纵，不拘礼法，被当时的人看作狂士阮籍一样的人，给了他一

① （晋）陈寿著，裴松之注：《三国志·吴书·三嗣主传第三》，北京：中华书局 1999 年版，第 861 页。

个外号叫“江东步兵”。有人对他说：“你现在放纵一时，难道不为身后的名声考虑吗？”他回答说：“让我考虑在死后有什么名声，还不如让我现在能尽情喝一杯酒。”永宁元年（301 年），齐王司马冏执政，征召张翰为大司马东曹掾。据说张翰预知司马冏将会失败，有一天见到秋风乍起，就说：“人生最难得的是可以按自己的意志生活，怎么能为了做官求名爵而离家数千里呢？”于是作歌曰：“秋风起兮佳景时，吴江水兮鲈正肥。三千里兮家未归，恨难得兮仰天悲。”歌毕即弃官归乡。这就是成语“鲈脍莼羹”的典故。

张翰的后人，在此后几百年的时间里，一直生活在吴郡。唐懿宗咸通五年（864 年），在浙江嘉兴，张家的后人诞下一名男婴，起名文偃。这个男婴是张翰的第十三代孙，也就是以后创立云门宗的文偃大师。

《大汉韶州云门山光泰禅院故匡真大师实性碑铭》

文偃的儿时生活，已经完全不可考了。雷岳《大汉韶州云门山光泰禅院故匡真大师实性碑铭》（简称《实性碑》）说他：

> 幼慕出尘，乃棲于嘉兴空王寺志澄律师下为童。凡读诸经，无烦再阅。及长落彩，具足于常州坛。后侍澄公讲数年，

倾穷四分指归。

嘉兴空王寺最早建于何时，现在还不甚明了。据宋代赞宁（919—1001年）的《宋高僧传》卷第二十三《唐吴郡嘉兴法空王寺元慧传》载，唐代名僧元慧在唐文宗开成二年（837年）辞亲，于空王寺依清进和尚为弟子，可见此时空王寺已经建立。唐武宗会昌法难，空王寺被拆毁。唐宣宗大中七年（853年），元慧重建空王寺。元慧曾经在唐懿宗咸通年间护送佛中指舍利前往凤翔重真寺（即今陕西扶风法门寺）。据说他曾经用火煅烧左拇指，然后不断地诵读《法华经》，结果其手指不到一个月就复生如故。元慧卒于唐昭宗乾宁三年（896年）九月二十八日，时年七十八，僧腊五十八。他的弟子端肃等将他葬在吴会之间，称之为三白和尚。[1]

雷岳的碑文说文偃“幼慕出尘”，可能是溢美之词，是为了突出他的佛缘。实际上，唐代佛教昌盛，许多人家都会出于各种原因将孩子送到寺庙里去。文偃到空王寺的时间，从他的年龄来推断，应该在元慧重建寺院不久。文偃到了空王寺之后，并非马上剃度受戒，而是先在寺里做童子，干些洒扫的杂活，同时跟着读经书。因为聪明颖俊，他对读过的经书记得快，理解也透彻，所以“凡读诸经，无烦再阅”。随着年龄渐长，就在常州开法坛行具足戒。具足戒，是佛教信众在出家加入僧团后，想要再进一步成为比丘或比丘尼时所必须接受与遵行的戒律。梵语音译为邬波三钵那，又称近具戒、大戒、具戒、近圆戒，意思是近于圆满、亲近涅槃。因为与沙弥（尼）所受的十戒对比，戒品具足，故称具足戒。出家者只有受过此戒，才能被称为比丘、比丘尼。具足戒的内容，南北传佛教所传的戒本各异。唐代流行的“四分律”中，比丘戒有二百五十条，比丘尼戒有三百四十八条。文偃在嘉兴空王寺学习，而在常州行具足戒，可见他当时并没有固定地居于一地。

文偃到空王寺做童子的时间，《祖堂集》卷十一《云门》说是十七岁。新中国成立初期虚云老和尚主持云门寺时，委托岑学吕居士编有《云门山志》一书，其中有《偃祖传略》一篇，推测文偃出家及受沙弥戒的年龄为十五岁。[2] 至于文偃在常州行具足戒的时间，岑学吕

---

① 《大正藏》（第50册），东京：大藏出版株式会社1988年版，第857页。

② 岑学吕：《云门山志》，第17页。

说是二十一岁，而《祖堂集》说是“年登己卯，得居尸罗”。冯学成居士《云门宗史话》则指出己卯应为癸卯之误，因为前一己卯年文偃尚未出生，而后一己卯年文偃已经五十五岁，只有癸卯年刚好二十岁（佛教规定二十岁后方可行具足戒）。[①]

文偃行具足戒后，就正式成为比丘。他跟随志澄律师所习的，是“四分律”。志澄律师的情况，没有其他典籍可以查考。律宗着重研习及传持戒律，主要经典有《十诵律》、《四分律》、《摩诃僧祇律》、《五分律》和《毗尼母论》、《摩得勒伽论》、《善见律毗婆沙》、《萨婆多论》、《明了论》，通称“四律五论”。四分律是律宗的一支，是依《四分律》而立其宗旨的佛教宗派。唐代研习《四分律》的风气极盛，据说有相部、南山、东塔三宗。相部宗的代表是法砺律师，南山宗的代表是终南山道宣律师，东塔宗的代表是西太原寺东塔的怀素律师。相部与东塔二宗在唐武宗会昌法难后逐渐没落废绝，只有道宣的南山一宗流传，所以南山宗就逐渐成为律宗的代称了。道宣所著的关于四分律的作品，有《四分律比丘含注戒本》、《四分律删补随机羯磨》、《四分律删繁补阙行事钞》、《四分律拾毗尼义钞》、《四分比丘尼钞》，合称为“南山五大部”。法砺曾和慧休合撰《四分律疏》、《羯磨疏》等。怀素曾入法砺、玄奘门下，撰有《四分律开宗记》、《新疏拾遗钞》、《四分僧尼羯磨文》等，又校对过法砺的《四分律疏》。文偃随志澄学习《四分律》，“倾穷四分指归”，所习之经典大概就是以上诸书，但应该以道宣的学说为主。

在空王寺学律是文偃学习佛法的第一个阶段。在学习了四分律以后，大约在唐昭宗龙纪元年（889 年），也就是二十六岁时，文偃就离开了空王寺到别处学习。首先去拜访的，是睦州道踪禅师。

二、再师睦州

睦州道踪禅师，俗姓陈，时人尊为尊宿，故又称陈尊宿。道踪禅师的生平，可见的记载很少。南宋禅僧赜藏主持编辑的《古尊宿语录》卷六《睦州和尚语录（南岳下五世嗣黄檗）》中有关于他的语录，后面附有一则小序，其文曰：“师法嗣黄檗，初住睦州观音院，常余百众。得数十载后，舍众住开元寺房。织蒲鞋鬻养母亲，时人号为陈

---

① 冯学成：《云门宗史话》，广州：南方日报出版社 2008 年版，第 19 页。

蒲鞋。其机锋语句，今集之二三焉。睦州和尚，名道晨，严州人，姓陈氏，受业不载，得法于黄檗希运和尚，马祖第四世。唐宣宗懿宗时人。”① 从这个记载来看，道踪是大鉴禅师六祖惠能以下第六世的传人，属于南岳怀让—马祖道一—百丈怀海—黄檗希运一系的传人。他在黄檗希运处得法后，先住在家乡的观音院，有许多人慕名前来学习。之后他又迁到了开元寺，靠着织草鞋养母亲，可见生活很贫困。关于道踪的其他记载，《五灯会元》和《释氏通鉴》里还有一点，但称他为道明。宋僧普济所集的《五灯会元》卷四说他“持戒精严，学通三藏”，又说他禅风机敏，“学者叩激，随问遽答。词语峻险，既非循辙，故浅机之流，往往嗤之，唯玄学性敏者钦伏。由是诸方归慕，咸以尊宿称”②。险峻而不循故辙的禅风，往往为根基浅显者所不能接受，却能发现机敏之人。这种作风，对文偃禅风的形成有很大的影响。

道踪禅师的禅风，可以从他的语录看出。这里从《五灯会元》中选录一些：

一日晚参，谓众曰：“汝等诸人还得个入头处也未？若未得个入头处，须觅个入头处。若得个入头处，已后不得孤负老僧。”

师问一长老：“‘了即毛端吞巨海，始知大地一微尘’，长老作么生？”曰：“问阿谁？”师曰：“问长老。”曰：“何不领话？”师曰：“汝不领话，我不领话。”

师曰：“三门头金刚为甚么举拳？”曰：“金刚尚乃如是。”师便打。

问：“如何是向上一路？”师曰：“要道有甚么难？”曰：“请师道。”师曰：“初三十一，中九下七。”

上堂：“裂开也在我，捏聚也在我。”时有僧问：“如何是裂开？”师曰：“三九二十七，菩提涅盘，真如解脱，即心即佛。我且与么道，你又作么生？”曰：“某甲不与么道。”师曰：“盏子扑落地，碟子成七片。”曰：“如何是捏聚？”师

---

① 《古尊宿语录》，见《卍新纂大日本续藏经》（第68册），东京：株式会社国书刊行会1975—1989年版，第41页。

② 《卍新纂大日本续藏经》（第80册），东京：株式会社国书刊行会1975—1989年版，第101页。

乃敛手而坐。

问："如何是禅？"师曰："猛火着油煎。"①

参禅的目的，是明心见性，也就是"得个入头处"。自性就是如来智慧德性，因此能见着自性就是成佛。"了即毛端吞巨海，始知大地一微尘"，就是对明心见性之后境界的描绘。要见自性，则需破除一切妄想执着，因为诸佛与众生本来无二，只因妄想执着，不辨"凡所有相，皆是虚空"的道理，才以为金刚"尚乃如是"。而明心见性的契机，就藏在普普通通的生活之中，此即所谓"一草一木，皆是菩提"。故学人问"如何是向上一路"，道踪回答有什么难的，就像"初三十一，中九下七"一样简单自然。从惠能以来，南方禅接引学人的风格，都是以种种方法，让学人当下顿悟这一至理。陈尊宿接引学人的风格，如此高险峭捷，不容伫思，就是为了启示学人要在片刻之间顿见自身中佛。"猛火着油煎"，就是对这种情况的形象比拟。

文偃参礼道踪禅师的公案，有人怀疑乃是后人伪造，因为《祖堂集》没有记载这件事，且传统的说法是陈尊宿卒于唐僖宗乾符四年（877年），而当时文偃才十三岁。冯学成《云门宗史话》对此作了专门的考辨。冯居士以为《祖堂集》所未载之事，并不能说就一定没有。关键是道踪禅师的卒年，并不是乾符四年，而是昭宗乾宁二年（895年），世寿长达九十八岁（《五灯会元》说陈尊宿世寿九十八，僧腊七十六）。这样，文偃在889年时参礼道踪禅师也就是可信的了。②

文偃参礼道踪禅师，还有一段著名的公案，记载在《五灯会元》卷十五《韶州云门山光泰院文偃禅师》中：

（文偃）以己事未明，往参睦州。州才见来，便闭却门。师乃扣门，州曰："谁？"师曰："某甲。"州曰："作甚么？"师曰："己事未明，乞师指示。"州开门，一见便闭却。师如是连三日扣门。至第三日，州开门，师乃拶入。州便擒住曰："道！道！"师拟议，州便推出曰："秦时𨍏轹钻。"遂掩门，

---

① 《卍新纂大日本续藏经》（第80册），东京：株式会社国书刊行会1975—1989年版，第101～102页。

② 冯学成：《云门宗史话》，广州：南方日报出版社2008年版，第4～5页。

损师一足。师从此悟入。[1]

这段公案，除了《五灯会元》外，宋人守坚的《云门匡真禅师广录》（简称《云门广录》）也有记载，此外雷岳的《实性碑》和南汉西院使集贤殿学士陈守中所撰的《大汉韶州云门山大觉禅寺大慈云匡圣弘明大师碑铭并序》（南汉大宝七年，公元964年撰，简称《碑铭》）也都说到，可见并非虚构。唯一不同的是《五灯会元》中有“损师一足”语，而其余没有。

公案中说文偃参礼道踪禅师的原因，是“己事未明”，也就是还没有真正发现自性之所在。而道踪禅师见到文偃，只是闭门不见，到了第三日才将门打开一条缝。文偃见门开了，就赶紧挤进去，却被道踪禅师一把拉住，连说道：“快说！快说！”文偃刚想说话，道踪禅师又一把将他推了出去，只说了一句“秦时镀轹钻”，就把门关上了。因为太急，文偃的一只脚被门夹伤了。但恰恰是这突如其来的一句和道踪禅师拒其于门外的生硬举动，给了文偃当下悟入的契机。

文偃为什么会因这一契机而悟入？公案没有说明，历来引用此公案的人也没有详细的解释。或许禅门公案本来就出语险峻，不能凭日常的逻辑思维理解。依笔者的愚见，“识得自性”是一切禅门法要的目的，而文偃正是因“己事未明”，尚未识得自性而造访道踪禅师。所以道踪禅师的所言所行，都是引导文偃去发现、体认藏在自身中的“自性”。自性在自己身上，只能靠自己去识得，旁人可以指点，但是不能替代。文偃说“己事未明，乞师指示”，那是把“识得自性”这一最关键的事寄托在别人身上，而别人又如何能指示你“识得自性”？道踪禅师所做的，就是创造一种契机，使文偃真正体悟到“自身是佛”的道理。他一连三日闭门不见，意思是说我无法指示你识得“己事”，“己事”要靠你自己明了。他对文偃大喝一声“秦时镀轹钻”，就把文偃推出去并关上门，还是这个道理。镀轹钻，就是车辙印迹。秦时的车辙印迹，现在还能找到吗？将“识得自性”的希望寄托在别人身上，不是和希望找到秦时的车辙印一样荒谬吗？文偃听了这一句，理应有所感悟。当道踪禅师推他出门并重新关上门时，他又被夹伤了脚。脚是自家身上的，脚伤了，感到痛的人是自己而不是别人。这直

---

① 《卍新纂大日本续藏经》（第80册），东京：株式会社国书刊行会1975—1989年版，第303页。

指自身的切身感受，不正启示文偃要将寻到的目标由外在转向“自己”吗？文偃的悟入，笔者以为是道踪禅师的一句话和一关门同时造就的。

据《雪峰语录》，文偃在睦州陈尊宿处悟入后，又去了一位名叫陈操的侍郎家里，住了三年，然后又回到了陈尊宿处。这位陈操侍郎，据《景德传灯录》所载，也是陈尊宿的弟子，当时正任睦州刺史。崇佛是魏晋以来上流社会的流行风气，陈侍郎虽然是官员，也颇好禅风。他跟从陈尊宿学禅，也有了一些陈氏的禅风。《五灯会元》卷四将陈操放在“南岳下五世·睦州陈尊宿法嗣”之下，并简单录了几则他的故事。其中最出名的，是他关于胡饼的问答。胡饼就是今天北方流行的圆饼，用面粉焙烤而成。因为自西域传入，所以当时称为胡饼。

> 斋次，拈起胡饼，问僧：“江西、湖南还有遮个么？”曰：“尚书适来吃什么？”陈曰：“敲钟谢响。”
>
> 又斋僧次，躬自行饼。一僧展手接，陈乃缩手，僧无语。公曰：“果然，果然。”①

陈操和僧人吃饭，席间拿起一块胡饼，问僧人道：“江西、湖南还有这个吗？”僧人反问：“陈尚书刚才吃的是什么？”陈操说：“敲钟谢响。”这里的江西、湖南，不是今天的江西省和湖南省，而是唐代的两个方镇：江南西道观察使（唐代宗广德二年置，唐昭宗龙纪元年升为镇南节度使，治所洪州）和湖南观察使（唐代宗广德二年置，治所衡州，后移潭州）。敲钟谢响，和僧人所问在逻辑上毫无关系。陈操的这个回答，大概是为了不住于相的意思，或者说是要从日常的种种相（胡饼为一相，逻辑关系亦为一相）中跳出来。僧人回答陈操的问话，显然还没有悟解到陈操是以胡饼为喻。至于第二则问答，意思大概同第一则类似，只是僧人已经有所悟解，所以当陈操缩手时，没有接到胡饼的僧人只是以沉默应对。

文偃在陈侍郎的家里住了三年，三年之间，应该有许多的切磋琢磨。三年后，他又回到了陈尊宿处，陈尊宿此时已经是九十多岁的老人了。他知道文偃已是一位杰出的禅者，自己不能再助他更进一步，

① 《卍新纂大日本续藏经》（第80册），东京：株式会社国书刊行会1975—1989年版，第107页。

于是说：“南方有一位雪峰禅师，是一位得道的高僧。你为什么不去向他学习呢？”文偃听闻之后，就动身去拜访雪峰了。

三、参礼雪峰

文偃参学于雪峰义存之事，《五灯会元》卷十五是这样记载的：

师到雪峰庄，见一僧乃问：“上座今日上山去那？”僧曰：“是。”“寄一则因缘，问堂头和尚，只是不得道是别人语。”僧曰：“得。”师曰：“上座到山中见和尚上堂，众才集便出，握腕立地曰：‘这老汉项上铁枷，何不脱却？’”其僧一依师教。雪峰见这僧与么道，便下座拦胸把住曰：“速道！速道！”僧无对。峰拓开曰：“不是汝语。”僧曰：“是某甲语。”峰曰：“侍者将绳棒来。”僧曰：“不是某语，是庄上一浙中上座教某甲来道。”峰曰：“大众去庄上迎取五百人善知识来。”师次日上雪峰，峰才见便曰：“因甚么得到与么地！”师乃低首，从兹契合。温研积稔，密以宗印授焉。①

文偃参礼雪峰的时间，是唐昭宗乾宁元年（894 年）。其时文偃三十一岁，而雪峰已经七十三岁了，两人年纪相差一倍不止。文偃对于雪峰，无论从哪个方面而言，都应该执弟子礼。但是文偃却先来考诘雪峰，看雪峰是否真如传说中那样已经悟道。如果依据儒家的传统，这样做是万万不可的，但是佛教并没有这样严格的等级规范。准确地说，佛教强调的是得道的先后，对于师生之间的等级关系并不特别强调。在中国佛教史上，学生在入师门以前先考查老师修行深浅的事例并不止这一起。

文偃在拜见前先问一个也要去参礼雪峰的僧人：“上座今天也要上山参礼雪峰大师吗？”那僧人回答：“是的。”文偃就说：“能不能请您替我代问堂头和尚（指雪峰禅师）一件事情，只是不要对他说是别人请您代劳的。”那僧人说：“可以。”文偃就说：“上座您到了山上，见到了堂头和尚，看众人聚集齐了，就走出来，把住自己的手腕，站在地上，说：‘这老汉脖子上的铁枷，为什么还不脱下来？’”这僧人

① 《卍新纂大日本续藏经》（第 80 册），东京：株式会社国书刊行会 1975—1989 年版，第 303 页。

就照着文偃的话，一一做来。雪峰一见这僧人如此这般作为，马上走下座来，劈手一把当胸抓住僧人，连声说："快说！快说！"僧人一句话也说不出。雪峰一把推开他，说："原来刚才的话不是你自己说的。"僧人撒谎说："是我说的。"雪峰就叫旁边服侍的人："快点拿绳子棍棒来，捆了这个家伙。"僧人害怕了，说："的确不是我说的，是庄上来的一位浙江的和尚教我这么做的。"雪峰说："各位善知识，大家快去迎接可以做五百人之首的高僧来。"文偃第二天上了山，雪峰一见面就问："你为什么到这里来？"文偃只是低下头，一言不发。从此以后，雪峰和文偃两相契合。

《大正藏》第 47 册所收《云门匡真禅师广录》一页

为什么雪峰从文偃的问话和回答中，就知道文偃是一位不俗的高僧呢？因为高僧之间的问答行为，都是大有深意的，其中蕴含着自己对佛法的了悟。"这老汉脖子上的铁枷，为什么还不脱下来？"铁枷是比喻，用来比喻种种障道的物。文偃此问，当然是指雪峰还未完全悟道，尚有名相存留。那位不知名的僧人并不了解这句话的含义，所以雪峰一问，当下就无言以对。文偃上山后，雪峰问他为什么到这里来，是设的一个逻辑陷阱：如果文偃回答是来求道，那么道在自身，此处无道可求（正如德山大师对雪峰说：“我宗无语言，实无一法与人。”）；如果文偃回答是不求道，那你千里迢迢跑来作甚？甚至，不管文偃回答的情况如何，只要他一开口，就落入了言语相之中。可是文偃已经在陈尊宿处对南方禅的旨意和接引方式有了深入的了解，所以他一言不发，只是低下头来。这一低头，包含着两重意蕴：一是尊敬，二是不落入名相之中（类似于灵山法会上世尊拈花而迦叶微笑的经典事例）。文偃如此聪慧，雪峰当然欢喜。

文偃在雪峰处，还有另一些故事流传下来。这里从《云门广录》和《雪峰语录》中列举几则：

> 师（云门）在雪峰，与长庆西院商量。雪峰上堂云：“尽大地撮来，如粟米粒大。抛向面前，漆桶不会，打鼓普请看。”西院问师：“雪峰与么道，还有出头不得处么？”师云：“有。”院云：“作么生是出头不得处？”师云：“不可总作野狐精见解也。”又云：“狼藉不少。”又云：“七曜丽天。”又云：“南阎浮提，北郁单越。”①

长庆西院就是长庆慧棱，是雪峰门下嫡传弟子。他和文偃在一起论道，拿了雪峰曾经说过的一句话来讨论。雪峰曾经说过：“把整个世界撮起来，好像粟米般大小，可惜就是放在你们面前，你们也好像在漆桶里一样，黑乎乎什么也看不见。”慧棱问文偃：“雪峰这样说，是不是有不得出头之处？”文偃说：“是！”慧棱接着问：“哪里是不得出头之处呢？”文偃回答：“不要总是作野狐禅之见。”接着说：“狼藉不少（意思是太过凌乱麻烦了）。”又接着说：“七曜丽天（七曜指金木水火土日月七星。这句的意思是说七星在天上如此耀目，可惜有人看不见）。”又说：“南阎浮提，北郁单越（佛家认为须弥山周围有四大部洲，其中南部名叫阎浮提，北部名叫郁单越。这句话的意思是，整个世界都在自己的脚下）。”

禅宗千言万语，左说右说，都是要人识得自性。《坛经》说得好：“何期自性本自清净。何期自性本不生灭。何期自性本自具足。何期自性本无动摇。何期自性能生万法。”② 识得自性，既最易又最难。易

---

① 《云门匡真禅师广录》，见《大正藏》（第47册），东京：大藏出版株式会社1988年版，第573页。

② 《大正藏》（第48册），东京：大藏出版株式会社1988年版，第349页。

在自性本我所自有，不假外求，只需向自身中发现即可。难在人们只要动心起念，想要求取什么或者思考什么、表达什么，就会马上堕入知见、言语的魔障之中。能证解“于相而离相，于念而无念”者，方能证得清净自性。雪峰说世界只如粟米近在眼前，只是人们看不见，即谓自性能含万法，然而人却不识自性，因此如在漆桶里一般。云门回答长庆所问，是说若不做正解，就不能识得自性；犹如七星在天，明明白白，但有人就是看不见；又如四大部洲，就在脚下，有人就是不知道。

识得自性既难义易，还有下面一则公案：

> 举雪峰云：“饭箩边坐饿死人，临河渴死人。”玄沙（师备）云：“饭箩里坐饿死汉，水里没头浸渴死汉。”师门云：“通身是饭，通身是水。”①

一念悟众生即佛，一念迷佛即众生。众生只缘心迷，不能自悟。所以雪峰禅师说“饭箩边坐饿死人，临河渴死汉”，佛法就在眼前，但是自己却浑然不知不解。玄沙认为雪峰的譬喻还不够彻底，因为还没有把人人都是佛的道理说彻底，所以进一步说那些迷误的人，是“饭箩里坐饿死汉，水里没头浸渴死汉”。当雪峰禅师将此公案举与文偃，文偃说：“通身是饭，通身是水。”那就更进一步了：人人通身是饭，通身是水，有人饭饱水足，有人渴死饿死。烦恼就是菩提，菩提就是烦恼，是顿悟成佛还是堕入迷途，全在乎个人一念之间。

> 师（雪峰）示众云：“南山有一条鳖鼻蛇，汝等诸人切须好看。”长庆（慧棱）出云：“今日堂中大有人丧身失命。”……云门以拄杖攛向师面前，作怕势，开口吐舌。②

鳖鼻蛇是障道之魔，可以使人丧身失命。有一知见起，即自障自性，落入蛇口。试举一例：昔日印宗法师问六祖惠能：“黄梅付嘱，如何指授？”惠能曰：“指授即无，唯论见性，不论禅定解脱。”宗曰：“何不论禅定解脱？”能曰：“是为二法，不是佛法。佛法是不二之

---

① （宋）师明：《续古尊宿语要录》，见《卍新纂大日本续藏经》（第68册），东京：株式会社国书刊行会1975—1989年版，第370页。

② 《雪峰义存禅师语录》，见《卍新纂大日本续藏经》（第69册），东京：株式会社国书刊行会1975—1989年版，第82～83页。

法。”宗又问：“如何是佛法不二之法？”惠能曰：“佛言：善根有二：一者常，二者无常，佛性非常非无常，是故不断，名为不二；一者善，二者不善，佛性非善非不善，是名不二。蕴之与界，凡夫见二。智者了达其性无二，无二之性即是佛性。”① 禅宗强调见性成佛，直指根本，而禅定解脱虽有功用，但容易使学者死在坐禅和章句之下，反而误入迷途。有鉴于此，故黄檗大师曰：“我此禅宗从上相承已来，不曾教人求知求解，只云学道，早是接引之词。然道亦不可学。情存学解，却成迷道。道无方所，名大乘心。此心不在内外中间，实无方所。第一不得作知解，只是说汝如今情量处。情量若尽，心无方所。此道天真，本无名字。”② 雪峰警示众人“南山有一条鳖鼻蛇”，即是警惕大众不要失足迷道。长庆会得雪峰之意，所以说“大有人丧身失命”，但长庆出之于言意，仍然不算通达，而文偃以动作回应，不唯情思道断，且言语道断，悟解之深可见一斑。

> （僧）问：“如何是学人自己？”师（雪峰）云：“筑着你鼻孔。”僧举似云门，门云：“你于么生会？”其僧再三思惟。门乃有颂云：“举不顾，即差互。拟思量，何劫悟。”③

成佛千难万难，都是由于不识自己的本来面目。所以有僧问雪峰：“如何是学人自己的本来面目？”雪峰回答说：“就像你鼻子一样。”鼻子长在自己的脸上，生来如此，你思与不思、念与不念、摸与不摸，它都在那里。僧人对雪峰的话不甚理解，又求教于文偃。文偃反问他，他又反复思量。文偃感慨地说：“如果禅师示机于你而你不回应，就无法产生互相碰撞的契机。但是如果稍一思量，就会落入无边的劫海之中。”因为禅师之间的问答，如同电光火石一般，句句带玄，丝丝入扣，既来不得半点随意怠慢，又不容丝毫思量的余地。

本来面目这件事，在禅宗里是有来历的。《坛经》里就有一段著名的公案，说六祖在五祖弘忍处得法后，发足南行，到大庾岭时，有数百人追上来抢夺衣钵。有一僧名惠明，以前是四品将军，性行粗糙，

---

① 《大正藏》（第 48 册），东京：大藏出版株式会社 1988 年版，第 349 页。

② 《黄檗山断际禅师传心法要》，见《大正藏》（第 48 册），东京：大藏出版株式会社 1988 年版，第 382 页。

③ 《雪峰义存禅师语录》，见《卍新纂大日本续藏经》（第 69 册），东京：株式会社国书刊行会 1975—1989 年版，第 77 页。

极力要参寻佛法。这僧抢在众人前面，马上就要赶上惠能，惠能将衣钵掷在地上，说：“这衣钵便是佛法传承的信物，难道可以凭着勇力拿去吗？”说完之后，惠能就隐伏在草莽之中。惠明赶到，见了地上的衣钵，想拿起来，那衣钵却如生了根似的，怎么也提不动。惠明就说：“行者行者，我是为求法而来，不是为夺衣而来。”惠能就走出来，盘腿坐在石头上。惠明向他行礼，说：“请行者为我说法。”惠能说：“你既然是为法而来，那就熄灭一切妄念，我为你说法。”惠明站立了很久之后，惠能只说了一句：“不思善，不思恶，正当此时，哪个是明上座的本来面目？”惠明言下大悟，说：“我虽在黄梅学法，但实在未能识得自己面目。今蒙指示，如人饮水，冷暖自知。从现在起，行者您就是惠明的师傅了。”不思善、不思恶，就是说不起一切分别心，因为善与恶实际上概括了一切思维活动中的相对观念，如空与色、有与无、前与后、远与近、中与边、真与假等，一切总不思量的时候，你的本来面目何在呢？禅师随处设机，不就是为了让学人从各种迷思中解脱出来，证得自己本来就圆满具足的清净自性——“本来面目”吗？

> 师在雪峰时，有僧问雪峰：“如何是触目不会道，运足焉知路？”峰云：“苍天！苍天！”僧不明，遂问师：“苍天意旨如何？”师云：“三斤麻，一匹布。”僧云：“不会。”师云：“更奉三尺竹。”后雪峰闻，喜云：“我常疑个布衲。”①

“触目不会道，运足焉知路”，是石头希迁大师在其《参同契》里的表述。而一些祖师又常以“触目是道，运足知路”来开导学人。这僧不明白这两者间的“回互”关系，故以“触目不会道，运足焉知路”之疑来请教雪峰禅师。雪峰禅师却连说两声“苍天”，可谓文不对题。这僧实在不明白，又跑来请教文偃，结果文偃却说了更加文不对题的两句话“三斤麻，一匹布”。这僧仍然不解，文偃又接着说“再加上三尺竹”。雪峰听了以后，知道文偃已经开悟，所以高兴地说：“我常常猜想这个人能够悟得大道，果不其然。”

雪峰的“苍天”和文偃的“三斤麻，一匹布”的回答，究竟有何

---

① 《云门匡真禅师广录》，见《大正藏》（第 47 册），东京：大藏出版株式会社 1988 年版，第 573 页。

深意呢？答曰：什么深意也没有，但又极其有深意。说是没有深意，因为这两句是随意回答，和所问没有任何逻辑关系。说是有深意，因为两位大师就是用这没有逻辑关系、仿佛是天外飞来的两句突兀之语，来截断那僧人的情思，把他从苦苦思维的迷途中一把拽回。学佛者的迷思，在于常起执心。他觉得自己是来学佛法、成佛的，所以就把此悬为目标，不知佛法万语千言，都是为了破这个执字。执有是执，执空也是执，执非空非有还是执。只要你悬着一个目标，无论这目标你是否明确地意识到，都是执。凡执即迷，所以要放下，放下才能成佛。但是不执，也不是一念不起，否则活人与死人木石何异？禅宗所讲的，是要人在活泼泼的生活中悟道，既不离亦不执，叫作“于相而离相”。那僧不明白这个道理，只是苦苦思索，早已堕入知见之中，越走越远了，所以两位大师以匪夷所思的回答来打断他的思维，示机于他，可惜他仍不明白。

禅宗的公案，往往无法解说，越解说越离题万里。所以这里再举出两个例子，来作上面公案的参照，请读者自己悟解。一个例子是龙潭崇信的。龙潭崇信跟着天皇道悟学佛，可是道悟总不教他。有一天，他就问道悟：“我出家这么久了，您怎么不给我指示心要呢？”道悟说：“我天天都在指示你呀！你端菜来，我就接过来；你送饭来，我就吃了；你顶礼时，我就给你还礼。处处都在指示，怎么说没有指示呢？”龙潭崇信听了，言下大悟，原来法就在活泼泼的生活中，不是在理论、概念、言语中钻牛角尖。再如石霜禅师初参道吾时，有一次他问道吾：“什么是触目菩提？”道吾没有理他，却叫一个小沙弥去给净瓶添水。过了一会儿，道吾问石霜：“刚才你问什么呢？”石霜刚要说，道吾却起身走了。石霜豁然开朗——自性本来就圆满自足，何劳外力来添添减减呢？

雷岳的《实性碑》说，文偃在雪峰处，“昏旭参问，寒燠屡迁，抠衣惟切于虚心，得果莫输于实服”。好像是住了很久。但是按照岑学吕居士制作的文偃大事年表，文偃在唐昭宗乾宁元年（894 年）往参雪峰，第二年即乾宁二年（895 年）就开始四处游方，在雪峰处住的时间前后仅一年而已。[①] 文偃在参谒诸方的时候，是否还经常回到雪峰处，已经不得而知了。

① 岑学吕：《云门山志》，第 25 页。

四、遍谒诸方

从离开雪峰的广福禅院到后梁朱温乾化元年（911 年），中间一十七年的时间内，文偃到处游方，参谒了许多有名的禅师，使自己的禅学修为更为炉火纯青。现以《云门广录》卷三“游方语录”所记语录为据，将文偃大师离开雪峰后的游方情况按照浙江—江西—湖南—广东的次序作一简单介绍。因为文偃从福建出发，这个路线图可能比较符合实际。

> 师行脚时见一座主，举在天台国清寺斋时：雪峰拈钵盂问某：“道得即与你钵。”某云：“此是化佛边事。”峰云：“你作座主奴也未得。”某云：“不会。”峰云：“你问我，与你道。”某始礼拜，峰便踢倒，某得七年方见。师云：“是你得七年方见。”主云：“是。”师云：“更与七年始得。”①

天台国清寺始建于隋文帝开皇十八年（598 年），位于浙江天台城北三公里的地方，是依据天台宗创始人智𫖮亲手所画的样式而建。文偃在行脚时见到的这位座主，说自己在天台国清寺斋戒时，雪峰禅师手持钵盂问他：“你能说得出来就将钵盂给你。”结果这位座主说不出，就向雪峰礼拜，请求指点，却被雪峰一脚踏倒。过了七年，这位座主才对雪峰的举动有所领会。他有些得意，把这件事告诉文偃，结果文偃却并不肯定他，还说：“你还要再过七年才能证得。”在文偃看来，这位座主虽然已有所见，但还停留在知见之上。知见上所得，只是悟解，而要破了知见，才能说得上是证解。

从天台寺往东北方向走，越过天台山，就到了今天的宁波一带。始建于晋代的天童寺，就位于东钱湖附近。

> 师到天童。童云：“你还定当得么？”师云：“和尚道什么？”童云：“不会即目前包裹。”师云：“会即目前包裹。”②

天童禅师，是指天童咸启。《景德传灯录》将他归入“吉州青原山行思禅师法嗣”第五世“袁州洞山良价禅师法嗣”的二十六位传人之中。他先住在苏州宝华山，后来才迁到天童寺。天童禅师考问文偃

① 《大正藏》（第 47 册），东京：大藏出版株式会社 1988 年版，第 573 页。
② 《大正藏》（第 47 册），东京：大藏出版株式会社 1988 年版，第 574 页。

“还定当得么”一句，大意是还懂不懂、能做到还是不能做到。冯学成居士的《云门宗史话》认为，这句问话是禅师勘验“本来面目”的利刃，因为无论你回答“会”还是“不会”，都落在意识情解之中——“不会”是意识情解，“会”也是意识情解。落入意识情解，就与禅没有任何关系，[①] 因为禅是破一切相。“目前包裹”，是禅家对“三界唯心，万法唯识”的一种特有的表述方式。文偃答天童之考诘，第一句避开了“会”与“不会”的回答，而是反问“你说什么呢”，既表明自己了悟禅法的真谛，同时又将球踢回给了天童。第二句用曹洞宗“回互”的方式，当然也是六祖惠能大师在临终时嘱咐门人“出没即离两边。说一切法，莫离自性。忽有人问汝法，出语尽双，皆取对法，来去相因”的办法，仍然是不落一切名相——“究竟二法尽除，更无去处”[②]。

从天童寺再向西北而行，便是越州（今浙江绍兴）。唐代的越州，是江南最大的中心城市，也是隋唐的文化中心之一。洞岩可休禅师就住在这里的洞岩。

> 师到洞岩。岩问：“作什么来?”师云：“亲近来。”岩云：“乱走作什么?”师云：“暂时不在。”岩云：“知过即得。”师云：“和尚乱走作什么。”[③]

《景德传灯录》将洞岩可休和云门文偃同时归入福州雪峰义存禅师法嗣之列，可见两人本是师兄弟。同门师兄弟见面，洞岩没有寒暄，反而劈头一句：“你干什么来了?”文偃回答：“前来和你亲近。”洞岩接着问：“乱走做什么?”如果说洞岩的第一句还可以从日常生活的角度理解，所以文偃从人情角度给了他一个回答，那么洞岩的第二句就暗藏机锋：“乱走”意味着你的修为不足，没法安放自己，需要“觅个住处”，收拾自己的心。文偃回答他：“暂时不在”，意谓我已经悟道而有了“住处”，现在只是暂时出来走走；且住与不住，全在自己，这也是禅家的精神，要从自己身上觅佛，如六祖所言：“若识自本心，见自本性，即名丈夫、天人师、佛。”[④] 洞岩接着说：“知过即得。”这

---

① 冯学成：《云门宗史话》，广州：南方日报出版社 2008 年版，第 36 页。
② 《大正藏》（第 48 册），东京：大藏出版株式会社 1988 年版，第 360 页。
③ 《大正藏》（第 47 册），东京：大藏出版株式会社 1988 年版，第 574 页。
④ 《大正藏》（第 48 册），东京：大藏出版株式会社 1988 年版，第 349 页。

一句是欲擒故纵，顺着“住处”的意思继续追问，意即你既然已经知道了“住处”，那就算是有所得了。如果文偃顺着这个逻辑继续回答，无论肯定与否，都会落入以“住处”为名相的陷阱之中。以文偃的修为，当然不会落此陷阱之中。他马上截断了洞岩所设的逻辑链条，反问一句“和尚乱走作什么”，以截断众流的气势，从洞岩设的局中解脱了出来，同时表明了自己“心行处灭，言语道断”的修为。

从越州往西南，经富春江，越千里岗、仙霞岭，可以进入江西境内。《游方遗录》中所记的一段发生在浙中的公案，可能就是发生在文偃前往江西的路上。

> 师在浙中蕴和尚会里。一日因吃茶次举，蕴和尚垂语云：“见闻觉知是法，法离见闻觉知。作么生？”有傍僧云：“见定如今目前一切见闻觉知是法，法亦不可得。”师拍手一下，蕴乃举头。师云：“犹欠一著在。”蕴云：“我到这里却不会。”①

这位蕴和尚的具体情况不明，想必也是一位有些修为的高僧。蕴和尚问文偃：“见闻觉知是法，法离见闻觉知。这怎么解释？”旁边的僧人接口说：“认为此刻目前的一切见闻觉知就是法，也不能得法。”文偃听了，拍一下手，蕴和尚抬起头来。文偃说：“还欠那么一点点。”蕴和尚说：“我在这里就无法深入了。”文偃对于禅的理解（一切见闻觉知是法，法离一切见闻觉知），要比蕴和尚深刻。

从浙江进入江西的第一站是信州（今江西上饶市）。文偃在这里参礼了另一位同门鹅湖智孚禅师。《景德传灯录》说，信州鹅湖智孚禅师，福州人，本在长安求儒学，后被佛教所吸引，故南造雪峰禅师而师事之，数年之后，既领心诀，随缘而止鹅湖，大张法席。宋代沙门契嵩编修的《传法正宗记》卷八，将韶州云门山文偃禅师和信州鹅湖智孚禅师并列，作为六祖大鉴禅师以下第八世传人。

> 因见信州鹅湖上堂云：“莫道未了底人长时浮逼逼地，设使了得底人明得知有去处，尚乃浮逼逼地。”师下来，举此语问首座：“适来和尚示众云：未了底人浮逼逼地，了得底人浮逼逼地。意作么生？”首座云：“浮逼逼地。”师云：

---

① 《大正藏》（第47册），东京：大藏出版株式会社1988年版，第573页。

“首座在此久住，头白齿黄，作这个语话？”首座云：“未审。上座又作么生？”师云：“要道即得，见即便见。若不见，莫乱道。”首座云：“秖如堂头道浮逼逼地，又作么生？”师云：“头上著枷，脚下著杻。”座云：“与么则无佛法也。”师云：“此是文殊普贤大人境界。”[1]

这则公案，不是文偃与鹅湖之间的机语往还，而是文偃和众僧一起听了鹅湖的讲说后，对尚未开悟的僧人的点化，目的还是要悟到“一切法空”，不能有任何意义上的执着。为什么要这么彻底呢？因为许多人还停留在小乘“我空法有”的二元论境界，也就是对佛法迷信，执佛法为有。《金刚般若波罗蜜经》云：“须菩提！所谓佛法者，即非佛法。”[2] 又云：“如来说第一波罗蜜，非第一波罗蜜，是名第一波罗蜜”[3]，都是要破以佛法为实有的教条主义思想。鹅湖的点拨，就是这个意思，叫大家要破一切相。“浮逼逼地”，就是漂浮无依的意思，这里指没有明心见性，所以不得所依。“未了底人”就是对禅尚未入门的人。这些人不知什么才是真佛，自然是“浮逼逼地”。但是“了得底人”为什么也是“浮逼逼地”？文偃以此语问鹅湖门下的首座，首座头白齿黄，年纪已经老大不小了，可是仍然没有悟解到鹅湖的意思，所以云门启示他说：“头上著枷，脚下著杻。”就是要破一切相，那么两边都要顾着，不能只顾上头不顾下头，或者只顾下头不顾上头。首座言下终于有所感悟，说“那不就没有佛法了吗”，云门以“这是文殊普贤大人境界”的“活人之剑”回应他，则是对这位首座的肯定。

从信州再向西，就到了抚州地界。洞山良价禅师的法嗣匡仁禅师就住在抚州的疏山。匡仁，字圆照，号白云，吉州新淦（今江西新干县）人，生卒年及俗姓不详（一说卒于870年）。他少年时投本州元证禅师落发出家，后投洞山良价禅师座下。良价圆寂后，他便游大沩、福州、婺州、夹山，遍参高德，最后在金溪疏山建白云禅院（疏山寺）。

师到疏山。疏山问：“得力处道将一句来。”师云：“请

① 《大正藏》（第47册），东京：大藏出版株式会社1988年版，第574页。
② 《大正藏》（第8册），东京：大藏出版株式会社1988年版，第749页。
③ 《大正藏》（第8册），东京：大藏出版株式会社1988年版，第750页。

和尚高声问。”山便高声问。师云：“和尚早朝吃粥么？”山云：“作么生不吃粥？”师云：“乱叫唤作么？”①

疏山要文偃“得力处道将一句来”，就是说一两句开示人的话。这是陷阱，与前文天童禅师考问文偃的“还定当得么”一句类似，因为文偃说与不说，都会陷入意识情解之中。文偃的做法，类似于前面回答天童，说：“请您再高声说一遍。”等疏山大声再问过，文偃却又转了话题，问他早上吃粥没有。疏山也许是一时疏忽，就反问“为什么不吃粥呢”。文偃马上紧逼一句：“乱叫唤做什么？”这一次机锋往返，本是疏山考验文偃。文偃避过了疏山的陷阱，却反过来逼拶疏山，最后更是反将疏山一军。

又因疏山示众云：“老僧咸通年已前，会得法身边事。咸通年已后，会得法身向上事。”师问：“承闻和尚咸通年已前会得法身边事，咸通年已后会得法身向上事。是不？”山云：“是。”师云：“如何是法身边事？”山云：“枯椿。”师云：“如何是法身向上事？”山云：“非枯椿。”师云：“还许学人说道理也无？”山云：“许你说。”师云：“枯椿岂不是明法身边事？非枯椿岂不是明法身向上事？”山云：“是。”师云：“法身还该一切不？”山云：“作么生不该？”师指净瓶云：“法身还该这个么？”山云：“阇梨莫向净瓶边会。”师便礼拜。②

法身，梵语为 dharma - ka^ya，巴利语为 dhamma - ka^ya。又名法佛、理佛、法身佛、自性身、法性身、如如佛、实佛、第一身。本指佛所说之正法、佛所得之无漏法。大乘则除此之外，别以佛之自性真如净法界称为法身，谓法身即无漏无为、无生无灭。疏山在早年参礼福州大沩安和尚时，就有过一段关于法身的著名公案。据说大沩安和尚上堂开法时，疏山从大众中走出，问道：“法身之理，理绝玄微，不夺是非之境，犹是法身边事。如何是法身向上事？”大沩安和尚没有吭声，却举起拂子。疏山说：“此犹是法身边事。”大沩安和尚反问道：“如何是法身向上事？”疏山便从大沩安和尚手中一把夺过拂子，

---

① 《大正藏》（第 47 册），东京：大藏出版株式会社 1988 年版，第 574 页。
② 《大正藏》（第 47 册），东京：大藏出版株式会社 1988 年版，第 574 页。

折断扔在地上，然后回到大众中。大沩安和尚叹息道：“龙蛇易辨，衲子难瞒。”[1]

冯学成居士说：“在禅宗内明‘法身边事’指的是‘破本参’。明‘法身向上事’，指的是‘透重关’乃至‘砸牢关’。前者因明心见心而得体，后者则在‘体’上起‘用’。得‘体’而不能起‘用’，则禅内称之为‘死’，得‘体’而能起‘用’，则称之为‘活’。”[2] 按这种解释，“法身边事”和“法身向上事”的关系，就是体与用的关系。体用两隔固然不对，体用不异还是存了体用之别在里头。禅家讲的，是即体即用、即用即体的体用不二。疏山对体用关系的理解，可以说得到了大沩安和尚的肯定。现在，当文偃问他如何是“法身边事”和“法身向上事”时，他以“枯椿”和“非枯椿”回应，这是以“回互”的方式来启示文偃。但是文偃还是有所不解，又以净瓶作例来问，疏山告诉他“莫向净瓶边会”，意即不要还有相（分别心）在心里存留，文偃终于解悟。

在抚州，还有另一位著名的禅师曹山本寂（840—901 年），文偃也参访了他。本寂，俗姓黄，泉州莆田县延寿里黄巷村人（今莆田市涵江区国欢镇黄霞村黄巷自然村），字崇精，唐宣宗大中十二年（858 年）弃家人至福州灵石山翠石院（一说云名山）学禅，法名耽章，法号本寂。后居江西曹山弘法，世称曹山和尚、曹山禅师。本寂于懿宗咸通年间（860—873 年）谒洞山良价学禅，后在曹山大扬宗风，详说洞山五位旨诀，为曹洞宗的第二代祖师。

> 师到曹山。山示众云：“诸方尽把格则，何不与他道一转语，教伊莫疑去。”师便问：“密密处为什么不知有？”山云：“秖为密密，所以不知有。”师云：“此人作么生亲近？”山云：“不向密密处。”师云：“不向密密处，还得亲近也无？”山云：“始得亲近。”师应喏喏。[3]

“格则”，就是准则、手段、方法的意思，这里指那些禅师接引学人的常用手法。因为这些手法经常被使用，已经变得教条化了，所以

---

① 《五灯会元》卷第十三，见《卍新纂大日本续藏经》（第 80 册），东京：株式会社国书刊行会 1975—1989 年版，第 268 页。

② 冯学成：《云门宗史话》，广州：南方日报出版社 2008 年版，第 34 页。

③ 《大正藏》（第 47 册），东京：大藏出版株式会社 1988 年版，第 574 页。

本寂禅师说："为什么不说一句转语，让人一下子疑虑顿消呢？"于是文偃就提出了"密密处为什么不知有"这个问题。这个问题提得很尖锐，因为它直指曹洞宗纲领的核心。密密处，指曹洞宗所理解的悟境的最高阶段。曹山本寂的一首颂扬"兼中到"的偈子，就是对这种状态的描述。其辞云："浑然藏事理，朕兆卒难明。威音王未晓，弥勒岂惺惺。""知有"，则来源于洞山良价的一段公案。良价曾问其师云岩昙晟禅师说："若不知有，争解恁么道？若知有，争肯恁么道？"意即如果不知有，怎么知道那么说呢？如果知有，又怎么肯那么说呢？为了更好地说明这个问题，有必要简单介绍一下曹洞宗的禅法纲领。

曹洞宗的创始人是洞山良价。从惠能开始算起到良价，曹洞宗的世系是：曹溪惠能—青原行思—石头希迁—药山惟俨—云岩昙晟—洞山良价。良价的禅法，继承了以上诸祖禅法的特点，尤其是石头禅法的特点。前文说到石头的《参同契》，里面提到了"回互"和"不回互"的问题。所谓"回互"，就是指万事万物是互相融会贯通的，虽然万物的界限脉络分明，但此中有彼，彼中有此，互相涉入，不再区别彼此。所谓"不回互"，就是说万物各有自己的位次，各住本位而不杂乱。洞山良价和曹山本寂就在石头思想的基础上，发展出了所谓的"五位说"，用来阐释真如与现象世界的关系。五位，包括了正偏、功勋、君臣、王子四种，其中正偏五位、功勋五位是良价的创说，君臣五位、王子五位，则是曹山本寂所立。正偏五位是五位说的基本理论，而君臣五位则在五位说中最具特色。

"五位"分别以"偏"和"正"来表示，"偏"代表现象世界，"正"代表真如本体。正位即属空界，本来无物；偏位即属色界，有万千形象。偏与正相互配合，互相回复，构成了五种关系。在正偏五位中，这五种关系名为正中偏、偏中正、正中来、偏中至、兼中到。五位的次序，是评量悟境高低的五个阶段。第一阶段：正中偏，是说证道者对真理的把握是从现象界中去寻找自我的本来面目（佛性或自性），反而忘了自我便是本体（真理），从而滞于外物，于理事关系上背理就事，从体起用，无语中有语也。第二阶段：偏中正，在这一阶段里，学人不再强烈呈现分别见解，现象界的一切逐渐隐退，即是舍事入理，摄用归体。第三阶段：正中来，在这一阶段里，不偏袒于任何一边，无所谓相对情况出现，也即修行者在这一阶段里已不再感受

身心的存在，二者皆泯灭无余，本体已达无念的境界，须从本体界走向现象界，不居尊贵位，无化而无所不化，应万象之差别，变现出没自在的妙用，但还不圆满。第四阶段：偏中至，在这一阶段，从现象界差别之妙用，体悟到现象与本体的冥合，而达到无念无想的境界，因此，此一阶段超越了前一阶段。第五阶段：兼中到，这是圆满总收前四位而归正位，也应冥应众缘，动静施为，平常自在，这样正偏兼带，理事圆融，内外和合，非染非净，非正非偏，乃最上至极之位。

君臣五位是曹山本寂对良价思想的发展，包括了君、臣、臣向君、君视臣、君臣道合五种关系。其中，君是正位，臣是偏位，臣向君相当于偏正五位的偏中正，君视臣相当于偏正五位的正中偏，君臣道合则相当于偏正五位的偏正兼带。君之德是至尊，超越于众机之上，象征空界本来无物，是超越层，无任何差别相，这是正位。臣则受君之命，阐扬君之圣道，象征森罗万象的个别物，是现象层、经验层，这是偏位。所以，君可看作是普遍原则（真如），而臣则是具体现象（色相）。臣向君，即一切在现象界有差别的事物，都归于无差别的理的平等，亦即舍事入理。君视臣，即超越的作为万法之本体的性（理），泯入千差万别的具体现象之中，亦即背理就事。君臣道合，就是理与事、本体与现象、真如与诸色混然圆融而自由无碍，或者说普遍与个别相统一而成一特殊的具体。《抚州曹山元证禅师语录》说："正位即空界，本来无物；偏位即色界，有万象形。正中偏者背理就事，偏中正者舍事入理，兼带者冥应众缘。不堕诸有，非染非净，非正非偏，故曰虚玄大道无著真宗。"[①] 不论是"背理就事"，还是"舍事入理"，都是片面的。唯有理应众缘，众缘应理，达到所谓"兼带"的状态才是合乎"大道"的"真宗"。

文偃和本寂的问答，不但涉及了曹洞宗的基本纲领问题，而且也涉及禅宗顿教的一些核心问题，亦即人如何才能悟得真如本性的问题。"不向密密处"、"始得亲近"，就是要返回自身，在生动而具体的生活中求得悟道的契机，而不能教条地理解君臣五位关系，乃至将其执为有意追求的目标，进而堕入名相之中。

师问曹山："如何是沙门行？"山云："吃常住苗稼者。"

① 《大正藏》（第47册），东京：大藏出版株式会社1988年版，第527页。

师云：“便与么去时如何？”山云：“你还畜得么？”师云：“学人畜得。”山云：“你作么生畜？”师云：“著衣吃饭有什么难？”山云：“何不道披毛戴角？”师便礼拜。①

沙门是音译，梵文本意为勤息、息心、净志。因佛曾对比丘们说：“汝等各各异姓异家信家非家舍家出家，皆同一姓沙门释子……比丘：譬如恒河遥扶那萨罗摩酰，流入大海，皆失本名合为一味，名为大海。汝等如是，各舍本姓皆同一姓沙门释子。”② 故佛教将一切出家修行的佛弟子统称为沙门。文偃所问的沙门行，不是指一般僧人的行持，而是指已经开悟者的行持。佛教的一个中心思想，是认为色空不二，亦即平常所言“色即是空，空即是色”。用通俗的话来说，就是诸色（指所有的存在者）虽然千差万别，但就其存在本身而言，却共同享有一个规定性，那就是所有存在者的存在都是被建构起来的（万法因缘生，万法因缘灭），因而就其本性而言，都是不真实的（空）。在这里，“空”并不是一个特殊的存在者，而仅仅是存在者在存在时的一种基础规定性。也正是因为这样，所以不能在存在者之外（色）去寻找存在的这种基础规定性（空），而只能在存在者的存在中去领会这种规定性。这也就是六祖教导弟子时所说的：“佛法在世间，不离世间觉。离世觅菩提，恰如求兔角。”

不过，对禅宗来说，存在者对存在之基础规定性的领会，不能仅仅停留在思维的层次，而是要付诸实践，贯彻在自己的日常生活中，乃至成为一种无意识的自觉行为。换言之，对于修行而言，得道之后的实践应该是自然而然的，不能带有任何主观能动性。如果修道者是有意识地追求此目标，则心中早已存在着“空”之概念，那么就会堕入“执空”的状态，而“执空”仍然是没有悟道的表现。曹山本寂回答文偃说“吃常住苗稼者”，就是这个意思。曹山本寂问文偃“你作么生畜”，文偃回答“著衣吃饭有什么难”，也是这个意思。但曹山却又于此处紧拶一句“何不道披毛戴角”，这是为什么呢？原来这是曹洞宗“回互”的紧要处，也是本寂思想的又一表现。“披毛戴角”一语，属于本寂提出的“三种堕”中的“类堕”。曹山本寂发挥洞山良价“即事而真”的思想，在修持方法上，提出了“三种堕”的思想。

① 《大正藏》（第47册），东京：大藏出版株式会社1988年版，第574页。

② 《摩诃僧祇律》，见《大正藏》（第22册），东京：大藏出版株式会社1988年版，第455页。

何谓“三种堕”？即类堕、随堕、尊贵堕。《五灯会元》卷十三云：

稠布衲问：“披毛带角是什么堕？”师曰：“是类堕。”问：“不断声色是什么堕？”师曰：“是随堕。”问：“不受食是什么堕？”师曰：“是尊贵堕。”

乃曰：“食者即是本分事，知有不取，故曰尊贵堕；若执初心，知有自己及圣位，故曰类堕；若初心知有己事，回光之时，摈却色声香味触法，得宁谧即成功勋，后却不执六尘等事。随分而昧，任之则碍，所以外道六师是汝之师，彼师所堕，汝亦随堕。乃可取食，食者即是正命食也。亦是就六根门头，见闻觉知，只是不被他染污将为堕。且不是同向前均他，本分事尚不取，岂况其余事邪？师凡言堕，谓混不得，类不齐；凡言初心者，所谓悟了同未悟耳。”①

所谓类堕，即堕于类见、分别见。具体而言，指初发心以求佛者，方才发心求佛，心中常存凡圣之别，常起厌凡期圣之念，由此则凡圣二见炽盛，以至莲台宝座，反成披毛带角，落入畜生一道，故谓之类堕。

所谓随堕，即随六尘（色、声、香、味、触、法）而堕。具体而言，指得始觉之后，虽然了悟自性（知有己事），于回光返照之时，可以摈却六尘外境而得宁谧，然而既悟之后，却唯知净法而不解染法（不执六尘等事），也就是只知体而不解用，于是一味以摈弃六尘为念，结果反为六尘所牵引，以至于随之则昧理，任之则碍物，彼有所堕，汝亦随之而堕。

所谓尊贵堕，指明了自性，悟得自己才是法王，于是自尊自贵，不出门户，不涉外境，不受食，不取物，以见闻觉知为堕。却不知此食其实是正命之食，只要己事分明，则万法皆从，山河大地总成净境，见闻觉知无非妙用。故尊贵堕者，欲免染堕，反生净障。

此三种堕，在修行的境界上虽然高低有异，然而都重体轻用，有本无末，不能体用合一，即体即用。究其缘由，是修行者的心中，不管是有意还是无意，总是存在着凡与圣、净与染的分别，总是存着弃凡而趣圣、去染而求净的心念。正因为存在这种分别心，所以反被其

---

① 《卍新纂大日本续藏经》（第 80 册），东京：株式会社国书刊行会 1975—1989 年版，第 264 页。

累，不能彻底觉悟。只有二见不存，心无分别，才能真正证得无上菩提。因此，欲免类堕，须不以披毛带角为耻；不以披毛带角为耻，则无类之高低。欲免随堕，须不断声色、不除生死（生死本无何必除，声色虚妄何须断），只要知道自家就是主人公，则不断声色而声色自断，不除生死而生死自灭，入于六尘而不为六尘所累。欲免尊贵堕，须不受供养，不自尊贵；不生自贵之心才是真尊贵，不受人天供养才可得禅悦之食。

文偃虽然了悟即体即用、体用无二的道理，但是其理解较本寂浅显。故本寂一句“何不道披毛戴角”，文偃便言下大悟，立刻礼拜于他。

参礼了曹山禅师之后，文偃继续向前而行。他沿着鄱阳湖一路向北，就到了江州（今江西省九江市）地界。在这里，他看望了陈尚书。这位陈尚书，冯学成居士认为就是当年睦州的陈操侍郎。

> 师到江州，有陈尚书请师斋。相见便问：“儒书中即不问，三乘十二分教自有座主，作么生是衲僧行脚事？”师云：“僧问几人来？”书云：“即今同上座。”师云：“即今且置，作么生是教意？”书云：“黄卷赤轴。”师云：“这个是文字语言，作么生是教意？”书云：“口欲谈而辞丧，心欲缘而虑忘。”师云：“口欲谈而辞丧，为对有言。心欲缘而虑忘，为对忘想。作么生是教意？”尚书无语。师云：“见说尚书看《法华经》，是不？”书云：“是。”师云：“经中道：一切治生产业，皆与实相不相违背。且道，非非想天有几人退位？”书无语。师云：“尚书且莫草草，十经五论师僧，抛却却特入丛林，十年二十年尚不奈何，尚书又争得会！”尚书礼拜，云：“某甲罪过。”①

陈尚书请文偃吃斋，席间考问文偃，反被文偃所考，最终服于文偃的禅修之精深。文偃所问，核心是对宗（禅）与教（经论）关系的理解。前文谈到达摩时曾经说过，禅宗所标榜的，是“教外别传，直指人心”，也就是不以熟习经论为成佛的法门，而是直接抵达目的地。禅宗所以有如此思想，是对可能落入言语相、思维相的高度警惕，因为语言文字本身就是思维的产物，只有思维道和言语道断，才能触及

---

① 《大正藏》（第47册），东京：大藏出版株式会社1988年版，第574页。

禅的妙处。我们看到，文偃对陈尚书的考问，正是一层层表达了这样的思想：陈尚书首先说“黄卷赤轴”是教意，将教理解为语言文字，被文偃所否定；接着又说“口欲谈而辞丧，心欲缘而虑忘”，虽然进了一步，注意到了辞（语言）、心（思维）的局限性，但还是在有言与无言、妄想与虑忘二元对立的关系上理解，也就是说还存在着二见之分，没有彻悟一即一切、一切即一的禅境，所以文偃以《法华经》“一切治生产业，皆与实相不相违背”来启迪他，又以自己的参禅经历来鼓励他，使得陈尚书大为触动。

从江州再往西行，就会进入潭州（包括今长沙、湘潭、株洲等地）境内。在潭州灌溪，文偃拜会了著名的志闲禅师。

> 师到灌溪。时有僧举灌溪语云：“十方无壁落，四面亦无门。净裸裸赤洒洒没可把。”问师：“作么生?”师云：“与么道即易，也大难出。”僧云：“上座不肯，和尚与么道那。”师云：“你适来与么举那?”僧云：“是。”师云：“你驴年梦见灌溪么?”僧云：“某甲话在。”师云：“我问你，十方无壁落，四面亦无门，净裸裸赤洒洒没可把。你道大梵天王与帝释商量个什么事?”僧云：“岂干他事。”师喝云：“逐队吃饭汉。”①

《景德传灯录》说，灌溪志闲禅师是魏府馆陶（今河北馆陶县）人，姓史，幼年时跟随柏岩禅师披剃，二十岁受具足戒。文偃参礼灌溪志闲的这则公案，记在《云门广录·游方遗录》的后面，但冯学成居士认为灌溪志闲禅师应该是文偃离开雪峰后游方参礼的第一人。因为志闲禅师圆寂于乾宁二年（895 年），而从文中僧人称志闲“和尚”而不是“先师”，说明志闲当时尚在人世，所以应该是文偃离开雪峰的当年就去参礼的。② 不过文偃从福建出发，越过了浙江、江西而先去参礼远在湖南的志闲禅师，似乎在道理上有些牵强。当然，真实的情况如何，因为记录得简单，今天已经不得而知了。

灌溪禅师这则著名的话头，是对明心见性的现量表述，大意是说能见自本性是佛，而见自本性须依靠顿悟的力量，没有其他任何的捷

---

① 《大正藏》（第 47 册），东京：大藏出版株式会社 1988 年版，第 574 页。

② 冯学成：《云门宗史话》，广州：南方日报出版社 2008 年版，第 29 页。

径可循。《楞伽经》云：“佛语心为宗，无门为法门。”无门，是要断了学者的一切迷思妄想，因为只要一言著相，就会立刻堕入迷途。故佛言：“止，止，不须说，我法妙难思。”① 又曰：“奇哉！一切众生，皆具如来智慧德相，只因妄想执著，不能证得。”② 既不可说，又不可妄想执着，当然处处无门可入，譬如一个铁馒头，教人无处下嘴。然即此无门，是为法门。有慧根者于此壁立万仞无可攀缘之处，一念开悟，则可顿见真如本性，证得无上菩提。文偃深明此理，故云：“与么道即易，也大难出。”（意即这么说很容易，但很难做到）又因那僧参不透，所以斥之云“逐队吃饭汉”—— 只配排着队吃饭的蠢汉。

从湖南、江西到岭南，都要翻越五岭。其中江西和广东之间隔着大庾岭，而湖南和广东之间隔着骑田岭。《云门广录·游方遗录》中有两段文偃在岭中的公案。

> 师在岭中时，问卧龙和尚：“明己底人还见有己么？”龙云：“不见有己始明得己。”又问：“长连床上学得底是第几机？”龙云：“第二机。”师云：“作么生是第一机？”龙云：“紧悄草鞋。”③
>
> 师在岭中时，有僧问：“如何是法身向上事？”师云：“向上与你道即不难。汝唤什么作法身？”僧云：“请和尚鉴。”师云：“鉴即且置。作么生说法身？”僧云：“与么与么。”师云：“此是长连床上学得底。我且问你，法身还解吃饭么？”僧无语。④

这里的岭中，不知究竟是何处。卧龙和尚的情况也不详。现在假定岭中是在五岭，对这两则公案稍作解说。

文偃问卧龙和尚：“对自己已经悟解的人还有没有己见？”己见，用今天的话来说，就是自我意识。有自我意识，是人和动物的根本区别。在自然界中，只有人才发展出了明确的自我意识。但是佛教教人要空一切相，这一切相中就包含着自我意识。为什么这样说呢？因为

---

① 《妙法莲华经》，见《大正藏》（第9册），东京：大藏出版株式会社1988年版，第6页。

② 《金刚经法眼悬判疏钞》，见《卍新纂大日本续藏经》（第25册），东京：株式会社国书刊行会1975—1989年版，第645页。

③ 《大正藏》（第47册），东京：大藏出版株式会社1988年版，第573页。

④ 《大正藏》（第47册），东京：大藏出版株式会社1988年版，第573页。

按照佛教的理论，之所以有种种似真实幻的假相，皆源于名色与识的互相攀附，此即所谓“识缘名色，名色缘识”。

名色，指色、受、想、行、识五蕴。色蕴谓之“色”，受、想、行、识四蕴谓之“名”，合称名色。色蕴，指四大种（地、火、风、水）及四大种所造色，简单说就是各种物质或者非物质性的存在。受蕴，为领纳之义，相当于心理学所谓的情绪作用。想蕴，为取象之义，指心摄取境象而现为心相，相当于心理学所谓的形成意象的作用。行蕴，为造作之义，指经心思而发出行为，相当于心理学所谓的意志作用。识蕴，为分别之义，相当于心理学上所谓的认识作用。

识，就是主观的能认识的识体。它包括了八种，即眼识、耳识、鼻识、舌识、身识、意识、末那识、阿赖耶识。其中，前六识依眼耳鼻舌身意六根而发生。眼耳鼻舌身五识的作用，是了知自己界限以内的事物，相当于现代心理学所谓的感觉，可以对外界的刺激作出反应但不会作出判断；而意识的作用是比量计度，也就是分别、判断、综合、推理等各种思维作用。意识由前五识所引起，又对前五识的结果加以比量计度，如眼识依赖于眼睛而发生，但只能识别色，而要依赖于意识才能判断这色究竟是黑是白；又如耳识依赖于耳朵而发生，但只能识别音，要依赖于意识才能识别其是何种音。此外，意识还对内外之境，不分有形无形，及过去现在未来三世，有比知、推测的作用。总之，我们所谓的种种思维活动，都是意识的活动。现代心理学只研究到前六识为止，但在佛法上，还有第七末那识和第八阿赖耶识的存在。末那识大致属于潜意识更上一层次，其作用是执定阿赖耶识中的见分为“我”，使意识生起自我意识，所以又称为“我识”。末那识所执之我，就是阿赖耶识。阿赖耶识，又名藏识，它是清净自性与妄心的和合体，有能藏、所藏、执藏三义（一切众生，每一个起心动念，或发为语言行为，都会造成一个业种，这种子在未受报前都藏在阿赖耶识中，所以此识有能藏的含义。前七识的作用是能熏能缘，第八识是前七识所熏所缘，所以有所藏义。第七识恒定执此识中的见分为我，而为它所爱，所以有我爱执藏义）。阿赖耶识是自性与妄心的和合，所以既含有生灭，又含有不生不灭，不生不灭是觉、真如，生灭是不觉、妄心。就本末而言，阿赖耶识位于最根本处，但是就发生的顺序而言，阿赖耶识则位于最开始处。佛教认为，我们本来清净明澈的自

性，自无始以来，因为被妄心（无明）所扰，两者相续相牵，熏习不已，导致了阿赖耶识的产生。阿赖耶识使我们本来清净的自性，变成了染净交参的识。此识中又含有两种分别，一种是见分，即由无明而起的妄想概念；一种是相分，即因这妄想概念而幻现的一种对象的境界。有了见分和相分的幻觉后，又因之而兴起末那识。末那识不知见分、相分乃是由妄想而成，反而以假为真，执着于见分（潜意识的思维活动）为“我”（我之能见），相分为“我所”（我之所见）。如此执着不已，由这个错觉的“我”不断攀附，遂生出一种虚妄不实的想象——意识。意识出现之后，喧宾夺主，不但代替了本性的位置，而且把阿赖耶识和末那识也置之脑后，使自己成为主宰，再加之以眼耳鼻舌身五识的推波助澜，从而有贪、嗔、痴、慢、疑种种烦恼，造成无边苦海。

识与名色，虽然是形成幻相的内在和外在条件，但两者又各自包含，互相依赖，识同时还包含在名色之中，名色也是识中的名色，两者之间是“此生则彼生，此灭则彼灭”的关系。

知道了名色与识的关系，再来看文偃和卧龙和尚的对话，实际上已经深入到了对识的领悟之中。明己的人，是了悟本性的人，这样的人还有“我”吗？须知“我执”是末那识执定阿赖耶识中的见分而成。所以卧龙和尚答曰：“不见有己始明得己。”意谓只有破除我执才能见自本性。可是文偃接着问：“长连床上学得底是第几机？”意谓其在禅床学得的东西是第几层次。因为禅宗讲烦恼即是菩提，“佛法在世间，不离世间觉”，所以卧龙和尚说禅床上得到的东西只是“第二机”，“第一机”在“紧帩草鞋”的日常生活中。

法身，指佛所说之正法、佛所得之无漏法，及佛之自性真如如来藏。第二则公案中，僧人问文偃如何是“法身向上事”，显然对于“法身”还没有理解，因此当文偃问他“作么生说法身”时，他只能这么将听来的理论说一遍，所以文偃批评他“此是长连床上学得底”。为了启示他，文偃又问他：“法身还解吃饭么？”一下子把这僧人问住了，因为法身即是自性真如，无漏无为、无生无灭，不是任何意义上的物，如何吃饭？文偃之问，其实是对六祖“菩提本非树，明镜亦非台。本来无一物，何处染尘埃”思想的灵活运用，目的是破这僧人对于“法身”的执见。

越过五岭，就到了岭南韶州地界。正是在这里，文偃最终开创了独树一帜的云门禅。

第二节　文偃与云门寺

唐朝末年，天下扰乱，各地军阀纷纷称王称帝。当时的岭南地区，包括今天中国的广东、广西壮族自治区及越南北部，都控制在南汉政权（917—971年）的手中。南汉帝室姓刘，代祖名谦，又名知谦，原籍河南上蔡。刘谦的父亲刘安仁从河南迁居福建，以经商为生。刘谦在唐末从军，以军功任为广州牙将。唐丞相韦宙出镇南海，见刘谦气宇非凡，就把侄女嫁给了他。当时黄巢率部转战南方，刘谦因邀击黄巢有功，于882年被任命为封州（今广东省封开县）刺史、贺江镇遏使，拥兵万余人，战舰百余艘，成为岭南的一个大军阀。公元894年冬12月，刘谦死，他的儿子刘隐继承父职。刘隐不断扩张自己的势力范围，控制了整个岭南，影响日大。开平元年（907年），篡唐自立的后梁皇帝朱温封刘隐为彭郡王，909年改封为南平王，911年又改封为南海王。911年，刘隐死，他的弟弟刘龑袭封南海王。刘龑凭借父兄在岭南的基业，于后梁贞明三年（917年）在番禺（今广州）称帝，称兴王府，国号“大越”。次年，刘龑以汉朝刘氏后裔的身份改国号为“大汉”，史称南汉。971年，后主刘鋹投降北宋，南汉政权在经历四主后灭亡。

刘氏的南汉政权和其他中原政权一样，非常崇奉佛教。文偃得以创建云门寺并弘传佛法，和刘氏政权的支撑密不可分。

一、灵树如敏禅师

文偃尚未到达韶州以前，和南汉政权关系密切而影响最大的岭南禅师，要算灵树如敏了。

灵树如敏禅师是福建人，早年踪迹不详。他出自长庆大安禅师的门下，而大安禅师是百丈怀海的弟子。灵树禅师曾经协助沩山灵祐禅师开创了沩山派，在灵祐禅师灭度后又接任住持，在禅林中有崇高的威望。灵树禅师南下韶州的时间，可能是在公元878年前后，他在岭

南行化大约四十年。赞宁《宋高僧传》说他为人“宽绰纯笃，无故寡言。深悯迷愚，率行激劝”[1]。用今天的话来说，就是敦厚良善，一般不怎么说话，对于陷入迷途之中的愚夫愚妇非常怜悯同情，经常用行为来感化他们。总之，他是一个以行动而不是言辞来行化的禅者。

灵树如敏在南汉之所以能得到刘氏王室的尊崇，和他的“神异”有很大的关系。本来佛教并不是一个迷信的宗教，而是一个哲学的宗教，是以其关于世界人生的深邃领悟而立基的宗教。但是，既然是宗教，就不可避免地带有神秘性。事实上，在佛教传播的过程中，“神秘”曾经起到很大的作用，许多人正是出于对“神秘”的敬畏才信仰了佛教。科学越不发达，“神秘”的影响力和蛊惑力就越大。岭南在宋代以前，整体上属于经济文化比较落后的地区，人们本来就非常迷信，而灵树禅师也许真的会一些卜算之类的东西，所以很快就获得了刘氏政权的青睐。据《宋高僧传》，每当刘氏碰上了疑而难决的大事，都会请灵树如敏南下番禺垂问，有时还会亲自北上询问，而灵树如敏竟然每次都能提前预知皇帝要找自己，“多逆知其来，验同合契”，十分准确。因为灵树如敏起到了国师的作用，所以刘氏“奕世奉以周旋，时时礼见”，且“私署为知圣大师”。[2]

灵树如敏的禅法，道原的《景德传灯录》中有一些记载。这里试举几例：

> 问：“如何是和尚家风？”师云：“千年田八百主。”僧云：“如何是千年田八百主？”师云：“郎当屋舍没人修。”[3]

“千年田八百主”、“郎当屋舍没人修”大概有两层意思：一层意思是回答问题，寓意自己的禅风以遵循自然为主，也就是自然而然，不刻意寻求。千年田地一定多次易主，屋舍破烂定因无人维修，一切俱在情理之中。还有一层意思是启示对方要在日用常行中悟解佛法，正所谓“离世觅菩提，恰如求兔角”，佛法就在世间。“千年田八百主”、“郎当屋舍没人修”，是世间的变化无常，而这无常不恰恰证实了“色即是空，空即是色”的至理么？

---

① 《大正藏》（第 50 册），东京：大藏出版株式会社 1988 年版，第 849 页。
② 《大正藏》（第 50 册），东京：大藏出版株式会社 1988 年版，第 849 页。
③ 《大正藏》（第 51 册），东京：大藏出版株式会社 1988 年版，第 286 页。

有僧问："佛法至理如何？"师展手而已。①

佛法是什么？《金刚经》里，世尊问须菩提曰："须菩提，于意云何？如来得阿耨多罗三藐三菩提耶？如来有所说法耶？"须菩提言："如我解佛所说义，无有定法名阿耨多罗三藐三菩提，亦无有定法如来可说。何以故？如来所说法，皆不可取、不可说，非法非非法。所以者何？一切圣贤皆以无为法而有差别。"②佛法是绝对的真理，包容一切却又无可言说，有所说就是有所分别、有所执着而不能称其为法。故《金刚经》又云："凡所有相，皆是虚妄。若见诸相非相，即见如来。"③六祖大师亦言："世人妙性本空，无有一法可得。自性真空，亦复如是。"④前文说到雪峰参礼德山，德山亦云："我宗无语言，实无一法与人。"既然佛法就是无法，那么灵树大师也只有"展手而已"。

问："如何是祖师西来意？"师曰："童子莫傜儿。"曰："乞师指示。"师曰："汝从虔州来。"⑤

"如何是祖师西来意"的问话，在禅宗公案里常常出现。仅《五灯会元》所载禅师问答语录中，类似的问答就有133处。问者如此相问的原因，大概都是想了解禅宗的"本意"究竟是什么，可是这种问法本身就违反了禅宗的宗旨，所以禅师们在回答的时候，常常会结合问者迷失的具体缘由，以出人意料的方式来启示问者，甚至"逼迫"问者开悟。灵树禅师的回答就是要问者舍除偏执而回归自身，不再执着于所谓的"佛法"，而是悟解到自身就是佛。如六祖大师所言："一切般若智，皆从自性而生，不从外入，莫错用意。"⑥若识得自身本来面目，即可得无上智慧。而这本来面目，又蕴藏在触目可见、极普通极平常的日常生活中，就如同"汝从虔州来"的不言自明一样。

有尼送瓷钵与师，师托起问云："这个出在甚处？"尼

---

① 《大正藏》（第51册），东京：大藏出版株式会社1988年版，第286页。

② 《大正藏》（第8册），东京：大藏出版株式会社1988年版，第749页。

③ 《大正藏》（第8册），东京：大藏出版株式会社1988年版，第749页。

④ 《六祖大师法宝坛经》，见《大正藏》（第48册），东京：大藏出版株式会社1988年版，第350页。

⑤ 《大正藏》（第51册），东京：大藏出版株式会社1988年版，第286页。

⑥ 《六祖大师法宝坛经》，见《大正藏》（第48册），东京：大藏出版株式会社1988年版，第350页。

云："出在定州。"师乃扑破，尼无对。[1]

《金刚经》云："世尊说我见、人见、众生见、寿者见，即非我见、人见、众生见、寿者见，是名我见、人见、众生见、寿者见……所言法相者，如来说即非法相，是名法相。"[2] 六祖大师在临终时嘱咐弟子，亦云："吾今教汝说法，不失本宗。先须举三科法门，动用三十六对，出没即离两边，说一切法莫离自性。忽有人问汝法，出语尽双，皆取对法，来去相因。究竟二法尽除，更无去处。"[3] 一切思维活动都建立在分别的基础上，有分别就有相——"这个"——的生成。譬如心中存了一个我，那就一定会有一个非我同时存在。所以佛祖和六祖大师都教人不要陷在这个陷阱里，"言语道断，心行处灭"，就是为了彻底防止陷入"两边"的分别之中。为了达到这个目的，禅者在接引学人的时候，常常会以突兀的方式，将提问者的思维堵住，让他走入绝境，进不得亦退不得，仿佛四周突然出现万丈绝壁，没有一丝出路。其目的，当然是以激烈的手段，逼迫学者从语言和思维的牢笼中脱身而出，回到自己清净无染的"本来面目"。这个尼姑显然没有明了灵树禅师问话的深意，不知道禅师的意思其实是问"一切相从何而来"，所以只是照着字面意思回答。我们看灵树禅师，为了使尼姑从惯性思维中跳出来，在突然间出手将瓷钵打碎，此时此刻，尼姑口中的"这个"又在哪里？难怪她一时无语了。

雷岳《实性碑》说，文偃"辛未礼于曹溪，旋谒灵树，故知圣大师以心机相露，胶漆契情"。辛未年是后梁乾化元年，也就是公元911年。文偃于这一年到曹溪，礼拜了六祖大师的故庭，随即又去参礼灵树。灵树禅师所在的灵树禅院，也位于韶州曲江（据中山大学古文献研究所仇江先生考证，灵树禅院即宋代以后的建封寺，位于今天韶关市仁化县周田村建峰山），和曹溪相距只有三四十公里，大约是一天的脚程。据《五灯会元》卷十五所载，文偃参礼灵树，还有一段故事：

初，知圣住灵树二十年，不请首座。常云："我首座生

① 《大正藏》（第51册），东京：大藏出版株式会社1988年版，第286页。

② 《大正藏》（第8册），东京：大藏出版株式会社1988年版，第752页。

③ 《六祖大师法宝坛经》，见《大正藏》（第48册），东京：大藏出版株式会社1988年版，第360页。

也，我首座牧牛也，我首座行脚也。”一日，令击钟三门外接首座。众出迓，师果至。直请入首座寮。①

灵树如敏禅师在灵树禅院主持二十年，竟然一直不请首座，而是说“我的首座才出生，我的首座正在牧牛，我的首座正在到处游方”。直到有一天，灵树禅师突然令手下的人击钟三下，都到门外去迎接首座。大家出来等候，果然文偃就到了，于是直接将文偃请上首座的位置。

这则故事很有神秘性，似乎是灵树禅师善于预知未来的又一力证，也是他和文偃前世有缘的证据。但是故事毕竟只是故事，并不可完全当真。文偃出生于唐懿宗咸通五年（864 年），他在 911 年时见到灵树禅师，时年四十八岁。如果按故事所说，灵树禅师主持灵树禅院二十年，二十年内预知了首座的出生、牧牛、游方，那么这个首座最多也不过二十岁，怎么可能是文偃？灵树禅师主持灵树禅院四十余年，而文偃只跟随他八年，也就是说文偃是在灵树禅师主持灵树禅院至少三十二年以后才见到灵树，这和二十年之说相差甚远。不过，虽然故事细节不可靠，但是灵树禅师在遇到文偃以前一直没有请首座可能是真的，他预知到文偃会来拜访自己也可能是真的。文偃在游方的时候，因为“核穷殊轨，锋辩险绝”，已经“世所盛闻”，② 有了很大的影响，灵树禅师在见到文偃本人以前应该就听说过他的名字了。灵树禅师是一个非常善于推理的人（否则刘氏帝室也不会有了大事就请他来卜算），他知道文偃作为禅师，肯定会到曹溪参礼六祖大师；既然来了曹溪，那么也一定会顺道来寻访自己。他一直在等待一个杰出的高僧来做自己的接班人，文偃就是他一直在等待的人。他们在一起非常投缘，胶漆契情，以至于有了这样一个带有神秘色彩的故事。

南汉刘龑（刘龑在 917 年称帝时国号“大越”，918 年改为“大汉”）在乾亨元年（917 年，其年岁在丁丑）的一天，灵树禅师召集众人到了自己的屋中，说：“我不久就会灭度。我灭度以后，一定会有一个地位至高无上的人为我荼毗。”荼毗是梵语，意为燃烧、焚烧，

---

① 《卍新纂大日本续藏经》（第 80 册），东京：株式会社国书刊行会 1975—1989 年版，第 303 页。

② 《卍新纂大日本续藏经》（第 80 册），东京：株式会社国书刊行会 1975—1989 年版，第 303 页。

即所谓火葬。不久以后灵树禅师果然迁化而去。到了第二年即公元918年（戊寅年），南汉高祖皇帝刘龑北上巡狩韶石山，到了灵树禅院，果然降旨为灵树禅师举行了荼毗。大师荼毗之后，获得舍利子数枚，又塑灵树禅师像于方丈之中。

从辛未到丁丑，文偃在灵树禅师那里做了近八年的首座。八年的时间不算短，但是文偃在灵树禅院的事迹，只有《云门广录·游方语录》中有一条记载。这也许是因为禅者本身默默静修，所以没有多少“宏伟”的事迹可记。可是默默地静修，也正是禅者的伟大之处。这唯一的一条记载是这样的：

> 师在灵树知圣大师会中为首座。时僧问知圣：“如何是祖师西来意？”圣云：“老僧无语。”却问僧：“忽然上碑，合著得什么语？”时有数僧下语，皆不契。圣云：“汝去请首座来。”洎师至，圣乃举前话问师，师云：“也不难。”圣云：“着得什么语？”师云：“有人问‘如何是祖师西来意’，但云‘师’。”知圣深肯。①

有僧人问灵树禅师：“如何是祖师西来意？”灵树说：“老僧没话可说。”灵树接着反问那僧人：“要是忽然要把这句问话刻在碑上，应该怎么写？”底下有几个僧人如此这般说了一些，可是都不合适。灵树说：“去把首座请来吧。”等文偃到了以后，灵树就把前面的话拿来问文偃。文偃说：“也不难。”灵树说：“那究竟该写什么话？”文偃说：“如果有人问‘如何是祖师西来意’，只要回答一个字‘师’就可以了。”灵树深表赞同。

前文说过，“如何是祖师西来意”是禅门最常见的问话，根据情况的不同，禅师门也会有不同的回答。但是言而总之，都是要启示学者认识到禅的本来面目。文偃的一个字“师”，寓意非常丰富：其或如前文所讲的那样，是要以突兀峻峭的方式，在一字之间截断人们的惯性思维；又或者是要以答非所问的方式，启示学者不要去钻牛角尖，执意寻求什么深意，因为西来意就是寻常事、常见事，只有转向自身，自己去体会、去感悟，才知祖师西来意。区区一字之下，参者正可以各取所需，随缘开悟。

---

① 《大正藏》（第47册），东京：大藏出版株式会社1988年版，第575页。

灵树禅师既已迁去，文偃自然是最合适的方丈继任人。关于文偃继任方丈一事，《景德传灯录》卷十一中有这样一段故事：

> 师（灵树禅师）四十余年化被岭表，颇有异迹。广主将兴兵，躬入院请师决臧否。师已先知，怡然坐化。主怒知事云："和尚何时得疾？"对曰："师不曾有疾。适封一函子，令俟王来呈之。"主开函得一帖子，书云："人天眼目，堂中上座。"主悟师旨，遂寝兵。乃召第一坐开堂说法。师全不身散。①

灵树禅师无疾而终，临终之前，已经备下了一封书信，令人呈送给要来请他卜算是否出兵的南汉皇帝刘龑。刘龑到了灵树禅院，禅师已经迁化。刘龑很生气，质问知事说："和尚什么时候生了病？我怎么不知道？"知事说："和尚是无疾而终。他临终前留下一个小匣子，要我呈献给大王。"刘龑打开匣子，里面放着一张纸，上面写着八个字："人天眼目，堂中上座。"这是说首座文偃是人天眼目，也就是得悟的活佛。刘龑明白灵树禅师的意思，于是罢兵，召文偃禅师开堂说法。

雷岳的《云门山光泰禅院匡真大师行录》中关于此事的叙述略同，只是细节更加详细一些：

> 洎知圣将示灭，欲师踵其席，乃潜书秘函中，谓门弟子曰："吾灭后，上或幸此，请以遗。"上果会驾幸山。知圣预测上至，乃升堂加趺而终。及帝至，已灭矣。帝询师遗示，门人出函奉之。上启函得书，云："人天眼目，堂中上座。"帝乃敕刺史何希范，具礼命师，以袭法会。②

雷岳的《实性碑》也记载了此事：

> 至戊寅，高祖天皇大帝巡狩韶石，至于灵树，知圣迁化，果契前约。敕为爇之，获舍利，塑形于方丈。于时诏师入见，特恩赐紫。次年敕师于本州厅开堂。师于是踞知圣筵，说雪峰法，实谓禅河汹涌，佛日辉华，道俗数千，问答响应。

---

① 《大正藏》（第51册），东京：大藏出版株式会社1988年版，第286页。
② 《大正藏》（第47册），东京：大藏出版株式会社1988年版，第575页。

陈守中《碑铭》对于这一事件的描述是：

> 及戊寅岁，知圣大师顺寂，恰遇高祖天皇大帝驾幸韶阳，至于灵树，敕为焚爇，果契前言也。师是时奉诏对，便令说法，授以章服。次年又赐于本州军民开堂。师踞知圣筵，说雪峰法。

综合以上材料来看，可以得出几个结论：第一，灵树禅师知道自己将要迁化，也预测到刘龑将要北上，所以提前做好了准备，将推荐文偃的条子放在了书函之中。第二，刘龑为灵树禅师举行了火葬礼，又为他塑像于方丈中。第三，安顿完灵树禅师的后事，刘龑又召见文偃，赐服于他，同时还命他说法。第四，刘龑命令韶州防御使何希范具礼，请文偃正式开堂说法不是这次北巡的事，而是第二年的事。

何希范所上的请疏如下：

> 弟子韶州防御使，兼防遏指挥使、权知军州事、银青光禄大夫、检校兵部尚书、御史大夫、上柱国何希范，洎阖郡官僚等，请灵树禅院第一座偃和尚，恭为皇帝陛下开堂说法。上资圣寿者，窃以伽跋西来，克兴大乘之教；达磨东至，乃传心印之宗；然法炬以烛幽，运慈舟而济溺。伏惟和尚，慧珠奋彩，心镜发辉；性海深沉，不可以识识；言泉玄奥，不可以智知；能造一相之门，回出六尘之境。灵树禅院者，敻古灵踪，最上胜概。自知圣大师顺世，密授付嘱之词；皇帝巡狩，荣加宠光之命，足可以为祇园柱础，梵苑梯航。缁徒虔心以归依，仕庶精诚而信仰。希范叨权使命，谬治名藩，幸逢法匠之风，请踞方丈之室。愿以广济为益，无将自利处怀，少徇披綦之徒，伫集如云之众。俯从所请，即具奏闻。①

文偃正式“踞知圣筵，说雪峰法”的这一年，已经五十六岁了。

文偃开堂说法，何希范向他行礼，说：“弟子请益。”意思是请给我一些教导。文偃回答说：“目前无异草。”这是说学佛并没有什么特别的捷径，“道不远人”，烦恼即是菩提，禅就在我们最普通的日常生活之中，关键是我们能否从中觉悟到。

---

① 《云门匡真禅师广录》，见《大正藏》（第47册），东京：大藏出版株式会社1988年版，第576页。

又有学人问道："如何是本来心？"文偃回答说："举起分明。"本来心，就是清净无染的本心、自性。此心历历分明，就在学人自己的举手投足之间。"但用此心，直了成佛"①，若能于一举一动间，真正认识、感受、领会到自己的本心，就是佛了。

文偃继承了灵树如敏大师的法席，其高深的修为和别出一格的接引方式，吸引了许许多多的学人。无论是出家的，还是在俗的，都接踵而至听他说法。一时之间，"禅河汹涌，佛日辉华，道俗数千，问答响应"，影响已经超过了灵树如敏禅师主持禅院的时候。

二、主持云门

南汉刘龚乾亨七年，也就是公元 923 年，文偃已经在灵树禅院主持法席四年了。这一年，他上书刘龚，要求移庵于云门山。文偃想离开灵树禅院的原因，雷岳《实性碑》很简单地说是"心唯恬默"；陈守中《碑铭》稍详细，说是"倦于延接，志在幽清"。文偃在当时的影响很大，许多人都来拜见他是一定的。这影响了他的清修，所以他决定要另外建一处寺庙。

文偃的请求得到了刘龚的批准。他就在这年率领着禅院的弟子，开始在云门山修筑新的禅院。

云门山位于韶州西部（在今韶关市乳源瑶族自治县城北六公里处），这里是岭南最主要的石灰岩地区，境内万山罗列，峰峦环峙，海拔千米以上的山峰有上百座，南水、杨溪、武水等纵横其间。云门山东起龙王宫岭，西迄云门坳，南自雷公岭，北至大慈悲峰，主峰海拔 1 215 米，山势险峻，高峰直入云天，云雾常罩峰顶。文偃选中的建院地址，就位于山之东南麓，后枕云门峰，前临云门洞，左靠和尚岭，右扼云门坳，龙王宫岭、鱼兰山、司大岭、四土埂、燕子岩、牛新岭、雁神咀山、雷公岭、松毛岭环列于外，观音岭及大小旗山远拱于正前方。山间修竹成林，处处高树参天，一挂飞瀑从天而降，正是修心养心的世外桃源。

已经六十岁的文偃，领着众多弟子，开始在这里一砖一瓦地干了起来。这一干，就是五年。

---

① 《六祖大师法宝坛经》，见《大正藏》（第 48 册），东京：大藏出版株式会社 1988 年版，第 347 页。

南汉刘䶮白龙三年，也就是公元927年，新的寺庙终于落成。寺庙的情况，雷岳《实性碑》说：

> 殿宇之檐楹翼翥，房廊之高下鳞差。邃壑幽泉，挫暑月而寒生户牖；乔松修竹，冒香风而韵杂宫商。近于三十来秋，不减半千之众，岁纳他方之供，日丰香积之厨，有殊舍卫之城，何异灵山之会。

陈守中《碑铭》说：

> 构创梵宫，数载而毕。莫不因高就远，审地为基。层轩邃宇而涌成，花界金绳而化出。晓霞低覆，绛帷微衬于雕楹；夕露散垂，珠网轻笼于碧瓦。匼匝尽奇峰秀岭，逶迤皆泼黛堆蓝。泉幽而声激珠玑，松老而势拏空碧。由是庄严宝相，合杂香厨，抠衣者岁溢千人，拥锡者云来四表。庵罗卫之林畔，景象无殊；耆阇崛之山中，规模匪异。

文偃所建的光泰禅院，现在早已经看不到了。从当时的描述来看，禅院的规模不算小。整个禅院因山而建，审地为基，参差错落。殿宇檐楹翼翥，房廊高下鳞差，青砖碧瓦掩映于乔松修竹之间，奇峰秀岭逶迤于层楼殿阁之侧，很是有一番气象。禅院的弟子，“近于三十来秋，不减半千之众”，近三十年间，人数总是保持在五百左右的规模，算是相当可观了。至于佛徒香客，更是闻声而至，出没频繁，“抠衣者岁溢千人，拥锡者云来四表”，可谓声名远播。其法门之盛，除当年雪峰义存的禅院外，无处可以比拟。

禅院竣工之日，广王刘䶮亲赐“光泰禅院”匾额，后又敕改为“证真禅寺”。因寺坐落于云门山下，故世人习惯称之为“云门寺”。文偃也被人称为云门大师。

从南汉刘䶮白龙三年（927年）禅院建成，到南汉刘晟乾和七年（949年）辞世，文偃在云门寺主持弘法接近二十二年，四方之徒纷至沓来，终使云门禅法播扬海内，云门宗成为当时影响最大的禅宗流派之一。如雷岳《云门山光泰禅院匡真大师行录》所言：“师自衡踞祖域，凡二纪有半。风流四表，大弘法化，禅徒凑集。登门入室者，莫

可胜纪。”[①] 云门宗的成立，为汉传佛教的发展作出了巨大的贡献，也为中华文化增添了一笔绚丽的光彩。

云门文偃大师在主持云门寺期间的活动，见诸记载的并不多。现在能够见到的，只是雷岳和陈守中的碑记中的只言片语，且都是和南汉王室的交往。现将这几则材料简介于下：

雷岳《实性碑》云：

> 至戊戌岁，高祖天皇大帝诏师入阙，帝亲问：“如何是禅？”师云：“圣人有问，臣僧有对。”帝曰：“作么生对？”师云：“请陛下鉴臣前前语。”帝悦云：“知师孤介，朕早钦敬。”宣下授师左右街僧录，师默而不对。复宣下左右曰：“此师修行已知蹊径，应不乐荣禄。”乃诏曰：“放师归山可乎？”师欣然三呼：“万岁！”翌日赐内帑、香药、施利、埔货等回山，并加师号曰“匡真”。厥后每年频降频宣，繁不胜纪。

这里记载的是刘龑和文偃禅师的一段问答。戊戌岁，即公元938年，南汉皇帝刘龑在这一年诏文偃禅师入阙。刘龑问文偃：“如何是禅？”文偃回答说：“圣人有问，臣僧有对。”文偃明明没有说什么，却说自己已经回答了。刘龑不解，就问“作么生对”，意思是你是怎么对的呀？文偃说：“请陛下鉴臣前前语。”意思是请陛下想想我刚才说的话以前的话。刚才说的话以前说了什么？什么也没有说呀！——什么也没有说以前的那个状态就是禅。文偃究竟是什么意思呢？我们知道，禅是要我们回到那个本来清净的自性、本性之中，这个自性、本性，就逻辑而言，是任何思维、心理未发生之前的状态。我们还知道，语言和思维是互相联系在一起的，你说话正表明你在思维之中。换句话说，因为你起心动念，有了思维，所以才有了话。那么在念头之前呢？在你起心动念说话之前的那个原初的清净空明状态，不就是禅吗？刘龑听了文偃的回答，非常钦敬，马上下旨授予文偃“左右街僧录”（可能是管理僧人的一个高级职位），而文偃默不作声，用沉默表明自己不愿意接受的态度。刘龑见了，也不勉强，就说：“我知道大师修行精深，已经发现了成佛之路，应该对人间的荣禄不在意了。

---

① 《大正藏》（第47册），东京：大藏出版株式会社1988年版，第576页。

我让你回归山林可以吗?”文偃马上三呼“万岁”，表示自己的感谢。第二天，刘龑赐予文偃很多东西，并且加封文偃为“匡真禅师”。从此以后，刘龑每年都经常宣召文偃入见，以至于“繁不胜纪”。

《实性碑》又云:

> 恭惟我当今大圣文武玄德大明至道大广孝皇帝，岁在单阏，运圣谟而手平内难，奋神武而力建中兴，恩拯八纮，道弘三教。乃诏师入内，经月供养，赐六珠衣一袭及香药、施利等而回，并御制塔额，赐为“宝光之塔，瑞云之院”。

大圣文武玄德大明至道大广孝皇帝，指的是南汉中宗刘晟(943—958 年在位)。《尔雅·释天》曰:“岁在卯曰单阏。”所以单阏指的是癸卯年（943 年）。942 年刘龑死，儿子刘玢即位。第二年，刘玢的弟弟刘晟杀玢自立，改元乾和。文中的“运圣谟而手平内难，奋神武而力建中兴，恩拯八纮，道弘三教”说得好像刘晟很了不起的样子，但其实只是对当时南汉内部权力争夺的粉饰而已。刘晟新即位，为了表明自己的正统性，也为了获得人心，下诏文偃入宫，并且在宫里供养了一月有余。当文偃回云门寺时，还赐给他缀着六颗宝珠的僧衣，以及供佛的香药、施利等，又亲自写了“宝光之塔，瑞云之院”的塔额给云门寺。

陈守中《碑铭》所记，与雷岳《实性碑》并无大的差别，只是细节上略有出入。如《碑铭》所记的刘龑与文偃的问答，不是“如何是禅”，而是“作么生是本来心”，文偃的回答是:“举起分明。”前文说过，在《实性碑》中，这一段对话被放在文偃刚刚继承了灵树法席的时候，问者也只是“学人”而不是皇帝。此外，《实性碑》说当刘龑封文偃为“左右街僧录时”，“师默而不对”，而陈守中《碑铭》却说是“逊让再三而免”。在记载文偃的行为上不一致。《实性碑》又说刘龑“翌日赐内帑、香药、施利、埔货等回山，并加师号曰‘匡真’”。说明文偃第二天就回了云门寺。但是《碑铭》说“翌日赐师号曰‘匡真大师’。延驻浃旬，赐内帑、银绢、香药遣回本院”。意思是第二天只是赐予文偃“匡真大师”的称号，又留他住了半个月，然后才赐予内帑等物遣回。两者所记文偃在南汉帝阙的时间长短显然不同。

南汉刘晟乾和七年（949 年），云门文偃大师已届八十六岁高龄。刚交四月，正是每一年的梅雨时节，云门山云遮雾罩，时大时小的雨

淅淅沥沥下个不停，本来就郁郁葱葱的山林更加染上了一层暗绿。年迈的文偃，不幸在这雨水绵绵的季节里染了病。一天，躺在病榻上的文偃忽然对学徒们说：“我就要走了。”他让侍者端上一碗汤，喝完后将汤碗交回给侍者，对他说：“第一是我方便，第二是你方便。”说完之后，就修表一封给南汉王刘晟，以示告别之意。遗表如下：

伏闻：有限色身，讵免荣枯之叹；无形实相，孰云迁变之期。既风灯炬焰难留，在水月空华何适。罔避典彝之咎，将陈委蜕之词。

臣中谢伏念：臣迹本寒微，生从草莽，爰自髫龀，切慕空门。洁诚誓屏于他缘，锐志唯探于内典。其或忘餐待问，立雪求知，困风霜于十七年间，涉南北于数千里外，始见心猿罢跳，意马休驰。身隈韶石之云，头变楚山之雪，以至荣逢景运，屡沐天波。诘道谈空，誓答乾坤之德；开蒙发滞，星驰云水之徒。获扬利益之因，回自圣明之泽。加以联叨凤诏，累对龙庭；继奉颁宣，重叠庆赐，抚躬惆怅，殒命何酬，不谓臣驽马年衰，难胜眘渥，遽萦沦于疲瘵，唯待尽于朝昏。星汉程遥，遐眄而才瞻北极；波涛去速，回眸而已逐东流。伏愿：凤历长春，扇皇风于拂石之劫；龙图永固，齐寿考于芥子之城。臣限余景无时，微躬将谢，不获奔辞丹阙，祝别彤庭，臣无任瞻天恋圣，激切屏营之至。谨奉表以闻。[1]

遗表的第一部分，从佛教的角度简单地谈了自己对生命去留的认识。佛教以肉身为色身，色身由因缘而成，是可以坏灭的“皮囊”，故云“有限色身，讵免荣枯之叹”，意思是色身是有限的存在者，怎么可能避免荣枯生死的规律呢？只有自性本不动摇，是绝对永恒的存在，不会在时间中变化消歇，故云：“无形实相，孰云迁变之期。”生命既然像风中摇曳的灯光，随时都会熄灭，又像水中的明月，虽然华美靓丽但是空幻不实，那就不要为了它的逝去而悲伤。在生命之烛将要熄灭的时候，自己不惜像个喜欢“掉书袋”的书生一样，用陈腐的言辞向皇上告别。

---

① 《云门匡真禅师广录》，见《大正藏》（第47册），东京：大藏出版株式会社1988年版，第575页。

遗表的第二部分，主要是回顾自己求佛的经历，同时也对南汉朝廷对自己的特别看待表示感念。文偃说，自己出生于寒微之家，从髫龄之时起就很仰慕佛法，于是发誓摒除一切外缘，将一生都贡献给佛教。他特别谈到了自己在求佛时的种种艰辛经历，其中有参睦州道踪禅师和雪峰禅师时“忘餐待问”与“立雪求知”的执着；也有在离开雪峰后，“困风霜于十七年间，涉南北于数千里外”的游方之辛劳。而且，从大师的遗表中，我们也可以确切地知道，大师在离开雪峰之后和到韶州之前，游方的时间一共是十七年，在大江南北各地奔走了数千里！几十年的不懈追求，数千里的来回奔波，终于了悟佛旨，可以做到“心猿罢跳，意马休驰”，证得了无上菩提。在“头变楚山之雪”的时候，终于来到了六祖大师弘法的韶州，可以“身隈韶石之云”，在灿若明霞的韶石山下传承和弘扬禅法。在韶州，自己又受到了南汉王室的器重，“联叨凤诏，累对龙庭；继奉颁宣，重叠庆赐”，所以不胜感激。自己虽然疾病缠身，不能亲自到京城告别，但是祝愿“凤历长春，扇皇风于拂石之劫；龙图永固，齐寿考于芥子之城”，如此云云。

写完给皇上的遗表，他又写了一道遗诫给众弟子。其文云：

> 夫先德顺化，未有不留遗诫。至若世尊，将般涅槃，亦遗教敕。吾虽无先圣人之德，既忝育众一方，殆尽，不可默而无示。吾自居灵树，及徙当山，凡三十余载。每以祖道，寅夕激励汝等，或有言句布在耳目，具眼者知，切须保任。吾今已衰迈，大数将绝，刹那迁易，顷息待尽。然沦溺生死，几经如是，非独于今矣。吾自住持已来，甚烦汝等辅赞之劳，但自知愧耳。吾灭后，置吾于方丈中。上或赐塔额，秖悬于方丈，勿别营作。不得哭泣孝服、广备祭祀等，是吾切意。盖出家者，本务超越，毋得同俗。其住持等事，皆仍旧贯。接诸来者无失常则。诸徒弟等仰从长行训诲，凡系山门庄业什物等，并尽充本院支用，勿互移属他寺。教有明旨，东西廊物，尚不应以互用，汝当知矣。或能遵行吾诫，则可使佛法流通，天神摄卫，不负四恩，有益于世。或违此者，非吾眷属。勉旃勉旃。大期将迫，临行略示遗诫。努力努力，好

住。还会么？若不会，佛有明教，依而行之。[1]

遗戒有六层意思：第一层先说大德先圣们在临终时，没有不留下遗诫的。就是世尊释迦牟尼，在将入涅槃的时候，也有遗教留给弟子。自己虽然没有先圣之德，但总算是教化一方，现在即将入灭，不可以默而无示。第二层回忆自己主持灵树禅院及开建云门寺以来，在三十余年之间，日日以祖师之道来激励大家努力精进。有一些话或者大家已经熟知，或者已经写了下来，只要有耳目的人就能听见看到，大家一定要照着实行。第三层说自己已经衰迈，随时都可能去世，生老病死自古如此，并不是现在才这样。自从自己主持禅院以来，得到了大家的许多辅助，劳烦了大家，自己清楚自己的德行浅薄，对不起大家的辛劳辅弼。第四层是交代自己的身后事如何处理：将自己的遗体处理后放在方丈之内即可，皇上如果赐了塔额，就悬挂在方丈，不要再另外建设什么建筑。切切记住，出家的目的就是要超脱于凡俗之外，所以不要像凡俗之人那样穿着孝服哭泣不停，也不得准备很多祭祀的东西。第五层是交代禅院内的一些具体事务如何处理：无论是院内事务，还是接待来访者，一切都遵照原来所立的规则，不要随意作出变动。凡属于禅院的产业财物等，全部归本禅院使用，千万不要和其他的寺院交换互用。最后再次告诫大众，如果遵从自己的遗戒，就可以使佛法流通，获得天神摄卫，不负父母恩、众生恩、国王恩、三宝恩，有益于世。如果违背遗戒，就不是自己的弟子，希望大家能互相勉励。

从遗表和遗戒来看，云门文偃禅师虽然是得道高僧，但是并不是不通人间事务，反而对世间法有深刻的了悟。所谓“佛法在世间，不离世间觉”，也包括了对世间人情世故的洞悟。

除了上述诸事，还有一件最要紧的事需要安排，那就是传法给新的住持，以使自己的禅法能够流传下去。这个新的住持，文偃已经观察了好久，就是韶州另一处道场白云山的实性志庠禅师。未几，病危中的文偃就正式向志庠禅师付法。

四月十日，当最后的大限到来的时候，文偃大师将遗戒出示给众人看，并再三嘱咐，要大家努力再努力。最后说：“你们还会不会？如果还不会，佛有明教，只要依而行之就行了。”这是他最后的嘱咐。

---

① 《云门匡真禅师广录》，见《大正藏》（第47册），东京：大藏出版株式会社1988年版，第575页。

当夜子时，大师坐化而去。

四月二十五日，诸山尊宿和闻讯从四方赶来的道俗信徒上千人，为大师举行了隆重的入塔仪式。大师虽已去十五日，但容颜宛如在世模样。众人依照大师临终训诫，将大师真身塔置于当山方丈之内。雷岳《实性碑》描述法师入塔之日，“行云敛态，陇树无春。觑岳狐猿，啼带助哀之苦；穿林幽鸟，声添惜别之愁。吊客掩襟，伫立以泣”。陈守中《碑铭》则云：“香飘数里，地振一隅。护法龙神，出虚空而闪烁；受戒阴骘，现仿佛之形容。”两人所述虽为文学夸饰之辞，但亦可让人依稀想见当日情形。

云门文偃祖师真像

云门文偃大师世寿八十六岁，僧腊六十六岁（雷岳《实性碑》云“法龄七纪二，僧腊六旬六”），坐道场凡三十余年，其禅风流行于四表，高名远播于宇内，天下学者，莫不望风而至，道俗徒众不可胜数，而得其法旨者，凡七十六人。

大师入灭之后，其余诸国侯王，以及天下僧众，听到大师圆寂的消息，争相遣人到韶州，为大师敬献斋馐。

据陈守中《碑铭》所记，南汉后主刘𬬮大宝六年（963年）八月，当文偃大师入灭已十五年后，南汉雄武节度推官阮绍庄忽然做了一个梦，梦见文偃大师在佛殿之上，用拂子招他近前，说：“我在塔里已经多年了，你可言于李特进，请他奏闻圣上，为我开塔。”阮绍庄梦中惊觉，大师的话犹在耳际。李特进名托，乃秀华宫使，当时正奉敕在韶州各山门寺院修建道场。阮绍庄于是将梦讲给李托听。李托修斋事毕，回到京城番禺（即今广州）向刘𬬮奏闻。刘𬬮对大臣们说：“云门大师道果圆满，已经坐化多年，现在托梦来奏，一定会有所显现。应该降下敕命，委派韶州都监军府事梁延鄂同本府官吏往云门山开塔。如果大师法身没有损坏，就奏闻迎取入京。”梁延鄂接到敕命，就斋戒沐浴，准备好敬献的斋饭，然后恭恭敬敬地打开了大师的茔塔。开塔之前，众人已经闻到了浓郁的莲花香气。等到宝塔开启，只见大师法身依然如故，“眼半合而珠光欲转，口微启而珂雪密排，髭发复生，手足犹软”。不但肉身仍栩栩如生，而且髭发复生，仿佛在世之时。当时在旁边围观的僧俗人众数以千计，大家看见大师法身如此，无不惊异。

梁延鄂随即具表奏闻，刘䶮于是下旨，着李托部署人船，即日往云门寺修斋，迎请大师法身到番禺。从韶州到番禺要走北江水道，大师法身南下的这一天，江面风平浪静，船行如飞，很快就到达了目的地。刘䶮下旨，船先在崐崃步码头驻泊。第二日，在东西教坊之四部伶人的歌舞鼓乐声中，由左右两街诸寺僧众迎引大师灵龛进入大内。彼时彼刻，整个宫廷之内，幡旗罗列，锣钹铿锵。刘䶮亲自恭迎，送大师法身入于秘殿。安置既毕，刘䶮即大陈供养，多次摆设斋筵，“排内帑之瑰珍，馔天厨之蕴藻，列砌之骊珠斛满，盈盘之虹玉花明”，可谓极尽可能。刘䶮又亲临大师法座，为大师重换法衣，对侍臣说：“我听说的所谓金刚不坏之身，大概就是指这样子吧。”于是又下令，准许官员及士庶人等以及四海蕃商，俱入内庭瞻礼。一时之间，参礼者前后相踵，夜以继日，所施利是钱银不可殚纪。十月十六日，刘䶮又下制云：“定水澄源，火莲发艳，夙悟无生之理，永留不朽之名。万象都捐，但秘西干之印；一真不动，惟传南祖之灯。韶州云门山证真禅寺匡真大师，早契宗乘，洞超真觉，虽双林示灭，十七年靡易金躯，只履遗踪，数万里应回葱岭。朕显膺历数，缵嗣丕图，洎三朝而并切皈依，乃一心而不忘回向。仰我师而独登果位，在冲人而良所叹嘉。宜行封赏之文，用示褒崇之典，可赠‘大慈云匡圣弘明大师’，‘证真禅寺’宜升为‘大觉禅寺’。”封赏的制令下达，诸大臣随即按照制度举办了盛大的典礼。云门大师的法身在大内供养一月有余，当月二十九日宣下，由李托部署送回云门寺。

云门寺内刻写着“大觉禅寺”字样的铜香炉

刘𬬮为什么要在文偃大师去世十七年之后，破开茔塔，将大师法身迎请到大内供奉，并加以封号呢?《碑铭》说是文偃大师托梦所致，说法很神秘，但不可信。如果联系当时的政治和文化背景来看，倒很有可能是刘𬬮有意设计的。刘𬬮是一个荒淫无道的昏君，在他的治理下，南汉王国已经千疮百孔。佛教是当时上下各阶层普遍的信仰，从南北朝时期开始，统治阶层就已经开始借助于佛教来强化自己政权的合法性和稳定性，而佛教徒也依靠统治阶层来扩大佛教的影响。刘氏政权对佛教的特别尊崇，在当时的历史语境中其实并不特别。云门大师名贯宇内，其事迹在当时已经逐渐神秘化，被人视为肉身菩萨。在大师尚住人世的时候，刘晟就多次迎请他到京城，甚至想把他留在京城。刘𬬮即位之时，云门大师已经迁化，当时在南粤再也没有出现像大师那样深入人心的高僧。为了刘氏政权的稳固和绵延，刘𬬮完全有理由借助云门大师的影响。以大师托梦的方式命人启塔，迎请大师法身到大内供养，加封大师法号以及将证真禅寺升格为大觉禅寺，可能都是出于这一目的。《碑铭》在记述了刘𬬮迎请法师法身之事后，说希望已经迁化的云门大师可以“冥垂慈覫，密运神通。资圣寿于延长，保皇基于广大”，说的就是这个意思。

不从自心中，顿见真如本性。”[①] 文偃在开示众人之时，同样强调自身才是成佛的依据。如：

> 师有时云：“灯笼是尔自己。把钵盂噇饭饭，不是尔自己。”有僧便问：“饭是自己时如何?”师云：“者野狐精，三家村里汉。”[②]

灯笼自己就是发光体，其光明不假外求。但是拿着个钵盂讨饭，是乞求别人的施舍。僧人对禅宗自己就是三身佛的道理体会不深，所以才会问出“饭是自己时如何”这样的问题，文偃于是斥责他是不修正道的野狐精、没见识的三家村里的粗野汉子。

除了以饭为喻，文偃还以光明为喻来告诫弟子。他对弟子们说：

> 人人尽有光明在，看时不见暗昏昏。[③]

这里所说的“光明”，就是所谓人人生来具有的清净佛性或本心。每人都有清净本心，要达到觉悟就应当从这里着眼下功夫，而不是向外追求。但人们对此不觉悟，不知道自己本有成佛的内在依据，不知道即心是佛，所以文偃才感叹说“看时不见暗昏昏”。

因为人人都是潜在的佛，所以成佛不假外求，只要能反求诸己，发现、证解自己的真如本性即可。有鉴于此，对于那些过分看重所谓祖师话语的僧人，文偃一再强调他们应该从“自己脚下”而不是别人的话里参悟：

> 举一则语，教汝直下承当，早是撒屎着尔头上也。直饶拈一毛头，尽大地一时明得，也是剜肉作疮。虽然如此，也须是实到者个田地始得。若未，且不得掠虚，却须退步向自己根脚下推寻看。是什么道理？实无丝发许与汝作解会，与汝作疑惑。况汝等且各各当人，有一段事，大用现前，更不烦汝一毫头气力，便与祖佛无别。[④]

---

① 《六祖大师法宝坛经》，见《大正藏》（第48册），东京：大藏出版株式会社1988年版，第351页。

② 《云门匡真禅师广录》，见《大正藏》（第47册），东京：大藏出版株式会社1988年版，第554页。

③ 《云门匡真禅师广录》，见《大正藏》（第47册），东京：大藏出版株式会社1988年版，第563页。

④ 《云门匡真禅师广录》，见《大正藏》（第47册），东京：大藏出版株式会社1988年版，第546页。

这一段话的大意，是说即使把师傅所举的公案语录（一则语）完全领会（直下承当），也不过如同满头着粪；如果通过参究一根毫毛进而晓悟山河大地，也如同是剜肉补疮。这些都不能从根本上解决问题。然而即便如此，也许要真正修行到一定的层次才能达到这个境界。假若连这一点也做不到，那就不应当以虚为实（掠虚），而应切切实实地从自己的立足之处下功夫，体会究竟包含着什么道理。实际上前人、今人的话语，没有一丝一毫可以帮助、代替你自己的领悟，也不应该给你带来什么疑惑。每个人自己都具有佛性（“有一段事”），在它自然显发（“大用现前”）之时，不要费什么功夫，这人便与佛祖等同。

佛性人人有，但有悟与不悟的区别。悟是自己觉悟。自己觉悟虽然需要一定的机缘，但归根结底是自己的事。用西方哲学的术语说，自己才是自己的主体。如果将觉悟的力量寄托在别人或者别的任何其他事物身上，哪怕所寄托的对象是佛祖，都是将自己客体化而不是主体化。文偃生活的时代，佛教传入中国已经一千年左右，除了西域传来的经文，中国本土高僧大德参究佛法的公案、语录等等，已经汗牛充栋。文献积累丰富本是好事，但是也导致了一个结果，那就是许多僧人终日陷入对各种文献的记诵和考察之中，以为有了“知识”就可以成佛。这种情况，甚至在以“不立文字，教外别传”为旗帜的禅宗中，也已经开始普遍化。这个不良趋势，已经偏离了“直指人心，见性成佛”的禅宗宗风。文偃对此非常警惕，《云门广录》记载了他批评那些只知道记诵的学人的话：

> 若是一般掠虚汉，食人脓唾，记得一堆一担搕𢶍，到处驰骋驴唇马嘴，夸我解问十转五转话，饶尔朝问至夜答到夜论劫（《景德传灯录》作“从朝问到夜论劫”，“论劫”意为长时），还梦见么？什么处是与人着力处？似这般底有人，屈衲僧斋也，道得饭吃，堪什么共语处！①
>
> 我事不获已，向尔诸人道，直下无事，早是相埋没也。更欲踏步向前寻言逐句求觅解会，千差万别广设问难，赢得一场，口滑，去道转远，有什么歇时？秖此个事，若在言、

① 《云门匡真禅师广录》，见《大正藏》（第47册），东京：大藏出版株式会社1988年版，第547页。

语上，三乘十二分教岂是无言语？因什么道教外别传？若从学解机智，秖如十地圣人说法如云如雨，犹被诃责见性如隔罗縠。以此故知，一切有心天地悬殊。[1]

他说那些僧人是“掠虚汉”、“食人脓唾”，到处炫耀自己的学问大，讲起来可以从早到晚，天花乱坠，“寻言逐句求觅解会，千差万别广设问难，赢得一场，口滑”，似乎头头是道，殊不知早已陷入言语相、思维相之中，不但不能见性，反而离道转远。见性不在学问知识，假如要论学问知识，十地圣人说法如云如雨，谁也比不上，可是还是要被呵责，原因就是知识再多也不等于见性。

再如：

诸方老秃奴，曲木禅床上座地，求名求利，问佛答佛，问祖答祖，屙屎送尿也。三家村里老婆传口令相似，识个什么好恶！[2]

这是说有些和尚，每天坐在禅床上高谈阔论，问佛则答佛，问祖则答祖，看似无所不通，实际上只是为了求名求利，仿佛是乡村里整日话人长短的老太婆，哪里知道什么才是真正的佛法。

若言即心即佛，权且认奴作郎。生死涅槃恰似斩头觅活。若说佛说祖、佛意祖意，大似将木槵子换却尔眼睛相似。[3]

此谓佛法难以用语言、概念来表达。即使丛林中常说的即心即佛、生死即涅槃，以及所谓佛法祖意的言谈，都只是强为之说，就好像将奴才认作郎君、通过斩头求活命、用木槵子（可能是指木头做的类似眼睛的东西）代替真的眼睛一样。

当然，不强调和迷信文字，和有意识地完全否定文字的作用是不同的。惠能说得好：

若全著相，即长邪见；若全执空，即长无明。执空之人有谤经，直言不用文字。既云不用文字，人亦不合语言。只

---

① 《云门匡真禅师广录》，见《大正藏》（第47册），东京：大藏出版株式会社1988年版，第545页。

② 《云门匡真禅师广录》，见《大正藏》（第47册），东京：大藏出版株式会社1988年版，第553页。

③ 《云门匡真禅师广录》，见《大正藏》（第47册），东京：大藏出版株式会社1988年版，第554页。

此语言，便是文字之相。又云：直道不立文字。即此不立两字，亦是文字。见人所说便即谤他言著文字。汝等须知：自迷犹可，又谤佛经；不要谤经，罪障无数。①

因此，对于前人的参禅名句，如果可以启发自己见性，就要不断地参究下去，直到悟出个究竟来。

古人大有葛藤相为处。只如雪峰和尚道："尽大地是尔。"夹山和尚道："百草头上荐取老僧，闹市里识取天子。"洛浦和尚云："一尘才起，大地全收。一毛头师子全身，总是尔把取。"翻覆思量看，日久岁深，自然有个入路。此个事无尔替代处，莫非各在当人分上。②

老和尚出世只是为尔证明……若有个入头处，遇着一个咬猪狗脚手，不惜性命，入泥入水相为。有可咬嚼，札上眉毛，高挂钵囊，拗折拄杖，十年二十年，拟取彻头，莫愁不成办。直是今生未得彻头，来生亦不失人身，向此个门中亦乃省力。不虚孤负平生，亦不孤负师僧父母十方施主。③

所以，不盲目地提倡文字，并不是绝对地反对和排斥文字，只是说不要迷信文字，不要把悟解的功夫用在咬文嚼字上。把悟解的功夫花在咬文嚼字上，就会像文偃所批评的那样，"句里呈机，徒劳伫思，直饶一句下承担得，犹是瞌睡汉"。"徒劳伫思"，可以反过来说是"伫思即徒劳"，即六祖"思量即不中用"的意思。但如果已经悟道，则情况又完全不同：

若是得底人，道火不能烧口。终日说事，未尝挂著唇齿，未曾道著一字；终日著衣吃饭，未曾触著一粒米挂一缕丝。虽然如此，犹是门庭之说，须是实得与么始得。④

既要人离开语言文字，又说得道的人可以"终日说事，未尝挂著

① 《六祖大师法宝坛经》，见《大正藏》（第48册），东京：大藏出版株式会社1988年版，第360页。

② 《云门匡真禅师广录》，见《大正藏》（第47册），东京：大藏出版株式会社1988年版，第547页。

③ （宋）道原：《景德传灯录》，见《大正藏》（第51册），东京：大藏出版株式会社1988年版，第357页。

④ 《云门匡真禅师广录》，见《大正藏》（第47册），东京：大藏出版株式会社1988年版，第545~546页。

唇齿”，其间的关键点何在呢？一言以蔽之，在于六祖所说的“外于相而离相，内于空而离空”、“若著相于外，而作法求真，或广立道场，说有无之过患，如是之人，累劫不可见性。但听依法修行。又莫百物不思，而于道性窒碍”。[①] 对于禅宗来说，读经也罢，参公案语录也罢，都是为了悟道。这里的“悟”，不是在理性的、概念的层次上把握事物，而是越过概念思维对事物的本质进行一种直接的、直观的把握，类似于现象学所谓的“本质直观”的方法。这种直接把握，有时甚至和是否识字也没有关系。比如六祖惠能不识字，但是在闹市中听人诵读《金刚经》，至“应无所住而生其心”一句即言下大悟，就是活生生的例子。

（二）道不远人

佛法是最高的智慧。人们千辛万苦要求取佛法，可是佛法究竟在哪里？世俗的人以为是在“西天”。在他们的想象中，那里是享用不尽的极乐世界，如来佛就是极乐世界的教主。他们不知道，在佛经里，所谓“极乐世界”和“西天”，只是一个象征，一个绝对自由状态的象征性符号。六祖说得好：

> 佛法在世间，不离世间觉。离世觅菩提，恰如求兔角。正见名出世，邪见名世间。邪正尽打却，菩提性宛然。[②]
>
> 迷人念佛求生于彼，悟人自净其心。所以佛言：随其心净即佛土净。使君东方人，但心净即无罪。虽西方人，心不净亦有愆。东方人造罪，念佛求生西方；西方人造罪，念佛求生何国？凡愚不了自性，不识身中净土，愿东愿西；悟人在处一般。所以佛言：随所住处恒安乐……念念见性，常行平直，到如弹指，便睹弥陀。[③]

从所谓真谛的空义来说，佛教认为心性空无形相，超言绝相，无名无字，所以五祖说其“说似一物即不中”，六祖说“心量广大犹如

---

① 《六祖大师法宝坛经》，见《大正藏》（第48册），东京：大藏出版株式会社1988年版，第360页。

② 《六祖大师法宝坛经》，见《大正藏》（第48册），东京：大藏出版株式会社1988年版，第351页。

③ 《六祖大师法宝坛经》，见《大正藏》（第48册），东京：大藏出版株式会社1988年版，第352页。

虚空……诸佛刹土尽同虚空。世人妙性本空，无有一法可得。自性真空亦复如是”。[1] 从俗谛的有义来说，佛教认为世界万有无一不是心性的显现，如六祖所言“心量广大，遍周法界，用即了了分明，应用便知一切”[2]。从中道不二法门来说，佛教认为空有相即、色空不二，“一切即一，一即一切”，众生与佛无根本差别，所以六祖教导信众佛法就在我们的日常烦恼之中，离开了我们生活于其中的这个世界去寻找佛法，就好像要寻找长角的兔子一样不可得。人只要能自净其心，念念见性，菩提就会瞬时现在眼前。试看《云门广录》所记载的文偃接引学人的几个例子：

> 若问佛法二字，东西南北，七纵八横，朝到西天，暮归唐土。[3]

此谓佛法无处不在，触目皆是，不需要到什么“西天”去求取。

> 见人道著祖师意，便问超佛越祖之谈。道理尔且唤什么作佛？唤什么作祖？即说超佛越祖之谈。便问个出三界，尔把将三界来，有什么见闻觉知隔碍著尔？有什么声色法与汝可了……除却著衣吃饭屙屎送尿，更有什么事？无端起得如许多般妄想作什么！[4]

此谓佛法不在别处，就在着衣吃饭、屙屎送尿的凡俗生活中。离开了日常生活而妄想求得佛法，无异于缘木求鱼。

> 诸和尚子，莫妄想。天是天地是地，山是山水是水，僧是僧俗是俗。[5]

文偃和尚的这句话，来源于青原行思关于参禅的一句名言。青原行思，我们前面已经作了简略的介绍，他是唐代的高僧，拜在惠能门

---

① 《六祖大师法宝坛经》，见《大正藏》（第 48 册），东京：大藏出版株式会社 1988 年版，第 350 页。

② 《六祖大师法宝坛经》，见《大正藏》（第 48 册），东京：大藏出版株式会社 1988 年版，第 350 页。

③ 《云门匡真禅师广录》，见《大正藏》（第 47 册），东京：大藏出版株式会社 1988 年版，第 559 页。

④ 《云门匡真禅师广录》，见《大正藏》（第 47 册），东京：大藏出版株式会社 1988 年版，第 548 页。

⑤ 《云门匡真禅师广录》，见《大正藏》（第 47 册），东京：大藏出版株式会社 1988 年版，第 547 页。

下为弟子，与荷泽神会、南阳慧忠、永嘉玄觉、南岳怀让等六祖弟子齐名。文偃所开创的云门宗，实际上就是继承了青原行思的法脉。据说青原在谈到参禅的境界时说：自己在参禅之初，“见山是山，见水是水”；学习了一段时间以后，似有所悟，“见山不是山，见水不是水”；等到终于彻悟禅理，明白佛法只在世间，“见山还是山，见水还是水”。文偃此处的话既然化自青原，当然也含有青原所言参禅的三层境界的意思，但其侧重点却并不相同：文偃不是譬喻参禅所达到的境界，而是劝告参禅者不要妄想在生活世界之外寻找佛法，以为“山不是山，水不是水”，而是要回归生活本身，像青原先师那样在生活中证解自性。

> 示众云：“十五日已前不问尔，十五日已后道将一句来。”代云：“日日是好日。”①

“日日是好日”，就是说每时每刻都存在着成佛的契机，都是可以成佛的好日子；或者说成佛不需要挑选时机与地方，只要能破除执着，回归到清净自如的本性就可以了。还是以六祖的故事为例：当众人得知是南方来的惠能得到了五祖所传的达摩衣钵时，许多人都南下追赶惠能。其中的一位追者名叫惠明，本来是朝廷的四品将军。此人性行粗躁，他一马当先，首先在大庾岭追到了惠能。惠能见情势紧迫，就将衣钵掷在地上，说：“此衣表信，可力争耶？”然后隐藏在草莽之中。惠明赶来，想把地上的衣钵提起来，却怎么也提掇不动，于是呼唤道：“行者行者，我为法来，不为衣来。”惠能从草莽中出来，惠明就请惠能为自己说法。惠能盘腿坐在石上，只说了一句话：“不思善，不思恶，正与么时，哪个是明上座本来面目？”② 刚才还杀气腾腾的惠明言下大悟，立刻就拜了惠能为师。我们看惠明在听惠能说法以前，是有杀心的恶人，但是听闻了六祖的启示，马上就领会了佛法要旨，可谓是“放下屠刀，立地成佛”的典型案例。惠明悟解佛法大意，有提前选择时间、地点吗？没有。不仅没有，他悟解的前一刻，还是一个怀着杀心的恶人呢！惠明的悟解，只可以说是因缘使然，在各种因

---

① 《云门匡真禅师广录》，见《大正藏》（第47册），东京：大藏出版株式会社1988年版，第563页。

② 《六祖大师法宝坛经》，见《大正藏》（第48册），东京：大藏出版株式会社1988年版，第349页。

素的共同作用下，他突然之间顿悟了六祖的启示，知道了自己的“本来面目”而已。连惠明这样的人，只要一念清净，都可以立地成佛，何况其他人呢！

看看文偃是怎样回答如何从生活中悟解禅法的几个例子吧：

> 问：“如何是正法眼？”师云：“粥饭气。”①
>
> 问：“如何是一切法皆是佛法？”师云：“三家村里，老婆盈衢溢路。”②
>
> 问：“如何是诸佛出身处？”师云：“佛前装香，佛后合掌。”③

不论是冒气的热粥，还是小村落中满街行走的妇女，抑或是礼佛人在佛像前烧完香后合掌礼拜，都是生活中最常见不过的现象，是人人都亲眼见过、亲身经历的，可以说是细微琐屑之至。这些现象，似乎和“正法眼”、“佛”、“诸佛出身处”等“重大问题”没有任何关系，但文偃偏偏举出这些琐屑之至的事情来回答提问。文偃的目的当然如上文所言，是想要问者熄灭种种“出世”的妄想，转而从这些最常见、最不起眼的日常生活之中去证解佛法。没有对六祖“佛法在世间”思想的深深悟解，是没法对学者作出这种提持的。

（三）“光不脱透”与“三种病”

一般人总爱问：佛法（禅）是什么？对于禅师们来说，这个问题本身就是错误的，是“著相”的表现。对于禅，我们只能说它不是什么，而不能说它是什么。为什么这么说呢？因为“佛法是自觉体验到的那个事实……从佛（祖）的自觉境地来说，是一切知识、语言文字所无能为力的”④。对于佛和祖师们来说，一方面，“万法在诸人性中”，世界（万法）只是自性（自心）之起用而已；另一方面，自性本身又是绝对的空无（离一切相，性体清净）。如果勉强用西方哲学

---

① 《云门匡真禅师广录》，见《大正藏》（第47册），东京：大藏出版株式会社1988年版，第545页。

② 《云门匡真禅师广录》，见《大正藏》（第47册），东京：大藏出版株式会社1988年版，第546~547页。

③ 《云门匡真禅师广录》，见《大正藏》（第47册），东京：大藏出版株式会社1988年版，第547页。

④ 印顺：《中国禅宗史·序》，南昌：江西人民出版社2007年版，第5页。

的话语来解说，就是心与物的统一，是一元论而不是二元论。禅师们需要达到的修行境地，就是要在实践中克服普通人所有的心与物分离之二元倾向，而在自己的身心中体验到心与物的圆融统一。为了这个目的，禅师们需要对现实世界采取一种特殊的态度，他们既不能肯定世界的实在性，也不能否定世界的实在性，而是要在世界的实在与虚无之间找到一种统一，这就是所谓的“空不异色，色不异空”。只有达到这种境界，才能做到有体有用、理事一如。

一般参禅者最易出现的问题，就是无法在作为本体的空与作为现象的色之间取得统一。文偃禅师将这种色空二元的现象，归纳为“三种病”和“光不透脱”。

云门“三种病”的说法，出自清初普陀僧人性统所编的《三山来禅师五家宗旨纂要》（以下简称《五家宗旨纂要》）一书。原文是：

> 云门三种病（动止因三种，偏枯落二边）
>
> （1）未到走作：避影劳形无是处，离阴灭迹枉徒然。
>
> 三山来颂云：东去西来无了日，南奔北走到何年。红尘扰扰忘归路，梦断家山实可怜。
>
> （2）已到住着：幸然弃有方回首，却便沉空不转身。
>
> 三山来颂云：长安虽乐实难居，到处优游任卷舒。莫教闭门高枕卧，养成痼疾倩谁除。
>
> （3）透脱无依：走南进北无方所，尽日优游不到家。
>
> 三山来颂云：不入尘牢不受缠，抛枷打锁许多年。谁知作个长流客，荡荡无依去不还。
>
> 古尊宿总颂：未到家山烟水秋，归来那更不回头。就中透得无依止，此病阎王替汝愁。①

第一种病“未到走作”的意思，就是修行尚未达悟境，仍停滞于相对分别之迷妄中，或者说还有分别心存在，还以分别的眼光来看待世界。由于分别心仍在，所以陷在“红尘扰扰”之中没有了日，不知道“归家”之路在何处，不能获得精神的自由和平静。试举一例：有一次，文偃禅师对众人说：“闻声悟道，见色明心。”圆通国应禅师听

---

① 《三山来禅师五家宗旨纂要》（第3卷），见《卍新纂大日本续藏经》（第65册），东京：株式会社国书刊行会1975—1989年版，第280～281页。

了，说："筑着磕着无处回避。观音菩萨买胡饼，放下手元来是馒头。"① 胡饼和馒头，从普通人的眼光看去自然差别很大，但是对悟道者来说，这个差别只是分别心（思量）作用的结果，其在本质上并无二致，都是自性真如的显现。所以，未开悟者在这里看到的是"二"，因为有了分别所以陷入选择的困惑之中；而开悟者在此看到的是"一"，体验到的是"法界一如"的道理。

第二种病"已到住着"的意思，是指已达悟境，但因执着于悟境而无法获得真正的自由。本来到达悟境是好事，但是如果执着于悟境（住着），就会转空为有，反倒被自己的执心所弊，犯了"著空"的大毛病。这就好像"长安"虽然是好地方，但是不适于久居养性一样。"著空"、"执空"的毛病很难破除，所以文偃有时会采取非常激烈的手段。比如，有僧人问文偃："如何是佛？"文偃回答说："干屎橛。"在大众的眼里，佛是神圣威严的，是无上清净的。干屎橛是什么？是至为污秽之物。佛怎么能是干屎橛呢？这不是污蔑佛吗？当然不是。文偃以不净答清净之问，目的是要人不要执着于对"清净"（空、真如、自性等等）的崇拜和迷信，不要把"清净"、"佛"作为执着的对象，其实质还是启示人要离开净、不净二见，以纯一无染之心来参究。

第三种病"透脱无依"的意思，即自以为已达悟境，而得不依于一物之自由。不依于一物，看上去似乎是自由的，但实际上不是。对于佛教来说，自由（佛性、自性、真如）并不存在于世界之外，不能离开"色"去追求"空"，因为"空"就寓居在"色"之中。禅宗常说的"一花一叶，无非菩提"，就是这个道理。有僧人问文偃："不起一念，还有过也无？"文偃说："须弥山。"意思就是过大于须弥山。禅宗以"无念为宗、无相为体、无住为本"，怎么不起一念还会有须弥山一样大的过错呢？因为禅宗的"无念"只是无妄念，并不是断念。《坛经》云："于诸境上，心不染，曰无念……若只百物不思，念尽除却，一念绝即死，别处受生，是为大错。"② 所以无念不是不起一念，而是于念而离念，不住于念。同样，无相不是取消相，而是不执着于相，所以说"无相者，于相而离相"。总的来说，禅宗所要求的，

---

① 《圆通大应国师语录》，见《大正藏》（第 80 册），东京：大藏出版株式会社 1988 年版，第 97 页。

② 《六祖大师法宝坛经》，见《大正藏》（第 48 册），东京：大藏出版株式会社 1988 年版，第 352 页。

不是对世界的彻底否定，而是对世界采取一种既肯定又否定的态度，即否定世界在本体论意义上的真实性的同时又肯定世界作为“现象”的表象真实性。对于学禅的人来说，即使你已经到达了彼岸，体验到了世界在本体论意义上的虚幻性，最终也仍然要回到这个世界来过着凡人的生活，然后再向前去。如果不能再回到这个世界，那就会落入“谁知作个长流客，荡荡无依去不还”的境地。

再看“光不透脱”：

> 光不透脱，有两般病：一切处不明，面前有物，是一。又透得一切法空，隐隐地似有个物相似，亦是光不透脱。[1]

所谓“光不透脱”，就是没有真正体会、体验到即心即物的统一无间，而仍然存在着心与物分离的倾向。“面前有物”，就是仍然将世界看作是真实的存在，以为自己所经验到的现象界就是世界的本来面目，不知道世界（万法）就其本性而言仅仅是自性起用的结果，是显现出来的幻相。“又透得一切法空”，是将“空”作为追求的对象，因此犯了执空、著空的错误。因为将“空”悬为目标，“空”已经类似于物了，所以说“隐隐地似有个物相似”。这后一种错误，六祖亦曾谆谆告诫学者说：“第一莫著空，若空心静坐，即著无记空。”《金刚经》里，释迦牟尼佛一再教导大众“不住于相”、“若见诸相非相，即见如来”、“应无所住而生其心”、“不应取法，不应取非法”等，都是同样的意思。

在讲“光不透脱”的引文之后，紧接着还有这样一段话：

> 又法身亦有两般病：得到法身，为法执不忘，己见犹存，坐在法身边，是一。直饶透得法身去，放过即不可，仔细点检来，有什么气息，亦是病……直得乾坤大地无纤毫过患，犹是转句；不见一色，始是半提。直得如此，更须知有全提时节。[2]

法身，指佛所说之正法、佛所得之无漏法，及佛之自性真如如来

① 《云门匡真禅师广录》，见《大正藏》（第 47 册），东京：大藏出版株式会社 1988 年版，第 558 页。

② 《云门匡真禅师广录》，见《大正藏》（第 47 册），东京：大藏出版株式会社 1988 年版，第 558 页。

藏。得到法身，就是得到了佛法，或说见到了自性。这本是可喜可贺之事，但是就在这里，也可能犯了两种病：一种是执于佛法，不明白“所谓佛法者，即非佛法”，以至于“己见犹存”。这种情况下的“得到法身”，只能说是“坐在法身边”，还不能说是真正得到了法身。另一种是虽然可以“透得法身去”，不再执着于所谓的佛法，但是情见未尽，还在那里“仔细点检来”，想看看“有什么气息”，不知道“如来所说法，皆不可取、不可说，非法非非法”，所以不能彻底放下，亦是病。对于文偃来说，“不见一色”虽然很难，但还只是“半提”，参禅的人更需要知道的是“全提时节”。

“三种病”和两种“光不透脱”，在意义上有些是重复的，其目的总的来说就是要破除我法二见。这也是整个佛教的目的。

二、云门禅之宗风

中国禅宗的思想，总的来说，从中唐以后就已经逐渐归于南宗。惠能南宗禅的特点，是特别强调顿悟的力量，所以要想尽一切办法使人“豁然开朗”，这就要求禅师在“直指人心，见性成佛”八个字上下功夫。经过从中唐到五代二百余年的发展，以及一代代禅师的努力，在如何落实禅宗的这八字理论上，已经形成了许多别具一格的方法体系，并以此为基础形成了禅宗内部的各门各派。在禅宗的话语系统中，各门各派在接引学人时的这种独特的方法或者风格特征，被称为纲宗，亦称为宗风。中晚唐以后逐渐形成的禅宗五家——临济宗、曹洞宗、沩仰宗、云门宗和法眼宗，就是不同的接引方法长期发展、累积而开出的灿烂花朵。

在文偃大师开创云门宗以前，已经有沩仰、临济、曹洞三家大行于世。沩仰宗的形成最早，开创者为沩山灵祐和仰山慧寂两位禅师。沩仰宗的宗风，宋代禅师归纳为“三种生”、“圆相”、“三照语”等。性统《五家宗旨纂要》云：“沩仰宗风，父子一家，师资唱和。语默不露，明暗交驰，体用双彰。无舌人为宗，圆相明之。”① 临济宗的创建者为临济义玄禅师，其宗风又称为“临济施设”、“临济门庭”。南宋临济宗杨岐派禅僧智昭所集的《人天眼目》，将临济宗风概括为

① 《卍新纂大日本续藏经》（第 65 册），东京：株式会社国书刊行会 1975—1989 年版，第 276 页。

“三句”、“三玄三要”、“四料拣（简）”、“四照用”、“四宾主”等。《五家宗旨纂要》云：“临济家风，全机大用。棒喝齐施，虎骤龙奔，星驰电掣。负冲天意气，用格外提持。卷舒纵擒，杀活自在，扫除情见，迥脱廉纤。以无位真人为宗，或喝或棒，或竖拂明之。”① 曹洞宗的创始人是洞山良价和曹山本寂，其宗风前文已经介绍过，就是所谓的“五位回互说”。《五家宗旨纂要》则概括云：“曹洞家风，君臣道合，正偏相资。鸟道玄途，金针玉线，内外回互，理事混融，不立一法。空劫以前自己为宗，良久处明之。”② 法眼宗稍迟于云门宗，其创始人为五代文益禅师。与云门一样，法眼亦源出于青原一脉。法眼宗的宗风，简明处似云门，隐秘处类曹洞。《人天眼目》云：“法眼宗者，箭锋相拄，句意合机；始则行行如也，终则激发。渐服人心，消除情解，调机顺物，斥滞磨昏。”③《五家宗旨纂要》云：“法眼家风则闻声悟道，见色明心。句里藏锋，言中有响。三界惟心为宗，拂子明之。”④

文偃禅师早年曾游学各地，其对于佛教各家各派的主张与宗风，有深切的感受和体悟，其中尤受睦州道踪、雪峰义存等禅师的影响。但文偃禅师以一己之聪慧与修为，能于博采众长之余而独抒机杼，遂成一家之宗风，与沩仰、临济、曹洞、法眼并列为禅门五家。其宗风特征，后人常用孤危耸峙、截断众流等形容之，其大意即谓云门一派在接引学人时，常以意想不到的言辞来斩断学人的情识妄想，以使学者在日常思维的惯性被突然截断的情况下反观本心。《人天眼目》云：“云门宗旨，绝断众流，不容拟议，凡圣无路，情解不通。”⑤《五家宗旨纂要》云：“云门宗风，出语高古，迥异寻常……超脱意言，不留情见。以无伴为宗，或一字，或多语，随机拈示明之。”⑥ 以下试详言之。

---

① 《卍新纂大日本续藏经》（第 65 册），东京：株式会社国书刊行会 1975—1989 年版，第 276 页。

② 《卍新纂大日本续藏经》（第 65 册），东京：株式会社国书刊行会 1975—1989 年版，第 266 页。

③ 《人天眼目》，见《大正藏》（第 48 册），东京：大藏出版株式会社 1988 年版，第325 页。

④ 《卍新纂大日本续藏经》（第 65 册），东京：株式会社国书刊行会 1975—1989 年版，第 281 页。

⑤ 《人天眼目》，见《大正藏》（第 48 册），东京：大藏出版株式会社 1988 年版，第313 页。

⑥ 《卍新纂大日本续藏经》（第 65 册），东京：株式会社国书刊行会 1975—1989 年版，第 279 页。

（一）云门三句

文偃禅师在接引学人时，最为后人所著称的，就是所谓的云门三句。《云门广录》有这样一则记载：

> （云门）示众云：“天中（二字疑衍）函盖乾坤，目机铢两，不涉春（应为“万”）缘，作么生承当？”代云：“一镞破三关。”①

“函盖乾坤”，是指真如本性所具有的本体作用，意即整个世界都不过是真如本性的外在体现，被真如所涵盖，如六祖所云“自性能含万法是大，万法在诸人性中”②。

“目机铢两”，就字面而言是说能明察万物，看清事物的本质，实际上是指能够看到事物都是因缘而起，其性本空，亦如六祖所言“世界虚空能含万物色像（相）。日月星宿山河大地，泉源溪涧草木丛林，恶人善人恶法善法天堂地狱，一切大海须弥诸山，总在空中”③。

“不涉春（万）缘”，是讲不执着于各种境界，不被一切相所系缚而得到自由，亦如六祖所言“一切即一，一即一切。去来自由，心体无滞，即是般若”④。

“一镞破三关”可以有两种理解：一种是指用一句话甚至一个字来涵盖以上三种意思；一种是说对这三句也不要执着。

---

① 《云门匡真禅师广录》，见《大正藏》（第 47 册），东京：大藏出版株式会社 1988 年版，第 563 页。

② 《六祖大师法宝坛经》，见《大正藏》（第 48 册），东京：大藏出版株式会社 1988 年版，第 350 页。

③ 《六祖大师法宝坛经》，见《大正藏》（第 48 册），东京：大藏出版株式会社 1988 年版，第 350 页。

④ 《六祖大师法宝坛经》，见《大正藏》（第 48 册），东京：大藏出版株式会社 1988 年版，第 350 页。

刻在云门寺祖殿大门两旁的以“云门三句”立意的对联

文偃禅师在接引学人时的这个特点，被其门人德山缘密归纳为“函盖乾坤句，截断众流句，随波逐浪句”[1]，这就是所谓的“云门三句”。德山缘密曾以颂体对此三句分别加以解释：

关于“函盖乾坤”的颂是：“乾坤并万象，地狱及天堂，物物皆真现，头头总不伤。”[2] 大意是说宇宙万有都是“真”（指真如自性、清净本性）的显现，或者说是“真如”之“现象”。这些现象各有自己存在的特殊性而互相无碍。这其实是华严宗关于理事互彻、事事无碍的说法。

关于“截断众流”的颂是：“堆山积岳来，一一尽尘埃，更拟论玄妙，冰消瓦解摧。”[3] 大意是说不论来参者带来多少难题，都要以尘埃视之。如果还继续纠缠，要讨论什么“玄妙之理”，则坚决给以摧断，使其想要探究“真理”的意念冰消瓦解。这是文偃破解参者执念

① 《人天眼目》，见《大正藏》（第48册），东京：大藏出版株式会社1988年版，第312页。

② 《云门匡真禅师广录》，见《大正藏》（第47册），东京：大藏出版株式会社1988年版，第576页。

③ 《云门匡真禅师广录》，见《大正藏》（第47册），东京：大藏出版株式会社1988年版，第576页。

的主要方法，因为既然“世人妙性本空，无有一法可得”，所以既不能执有，也不能执空，总之是不能有任何意义上的执念存在，而“论玄妙”已经落入了言语相和思维相，是执念的表现之一。

关于“随波逐浪”的颂是：“辩口利舌问，高低总不亏，还如应病药，诊候在临时。”① 大意是说尽管要杜绝言语相，但不等于不需要言语；禅者的言语应该像大夫给病人诊病一样，因病者具体情况之不同而顺应变化，如水之随波逐流，而不能取统一的、不变的格式。

《五家宗旨纂要》对“云门三句”也有一番详细的解释：

> 函盖乾坤句　本真本空，一色一味。凡有语句，无不包罗。不待踌躇，全该妙体，以事明理。体中玄也。
>
> 如何是函盖乾坤句？三山来云：“总在里许。”颂曰：“函盖乾坤事莫穷，头头物物露真风。顶门亚竖摩酰眼，万象森罗一镜中。”
>
> 截断众流句　本非解会，排遣将来。不消一字，万机顿息。言思路绝，诸见不存。玄中玄也。
>
> 如何是截断众流句？三山来云：“不通一滴。”颂曰：“截断众流意若何，算来一字已成多。推排解会徒劳力，肯把要津放得过。”
>
> 随波逐浪句　许他相见，顺机接引。应物无心，因语识人。从苗辨地，不须拣择，方便随宜。句中玄也。
>
> 如何是随波逐浪句？三山来云：“一叶扁舟。”颂曰：“随波逐浪过前川，绿笠青蓑把钓闲。一曲渔歌江际晚，高低棹破水中天。”②

冯学成先生在《云门宗史话》中，对“云门三句”也有一番自己的体会。现在也将他的解释录在下面，供读者参考。

> ……云门大师在演示禅机之时，一句平常的话中，都包含着三重功能：
>
> 一是涵盖乾坤——包括全部思想的意蕴和法界的实相。

---

① 《云门匡真禅师广录》，见《大正藏》（第47册），东京：大藏出版株式会社1988年版，第576页。

② 《卍新纂大日本续藏经》（第65册），东京：株式会社国书刊行会1975—1989年版，第279～280页。

二是截断众流——使一切思维分别、卜度拟议在此被忽然截断。

三是随波逐浪——顺着思维之路，让其自然流淌。即所谓不坏假名，而说实相。但也包含了根据学人的水平，随机引导一层意思。

这三者是一体的，因涵盖乾坤而可截断众流，因截断众流方得涵盖乾坤；因前两者而得自在，故可以随波逐浪；在随波逐浪中方显截断众流和涵盖乾坤。这与临济大师的“一句语须具三玄门，一玄门须具三要，有权有实，有照有用”，有异曲同工之妙。由于有这三重意思，所以在云门大师的每一句禅语中，可以收，可以放，可以杀，可以活，故显得宽阔空灵，意味无穷。但又如斩钉截铁一般，使人不能用思维的方式作哲学式的把握，也不能用灵感来捕捉。

当然，在云门大师的这三句中，还有三层意义，涵盖乾坤，显示自受用；随波逐浪，显示他受用；只有截断众流，才是接引学人的舟桥。但又应看到，有时这三句都可作为接人的舟桥，因为所谓三句，原本为一句。[①]

以上的解释，大意是基本相同的。为了让读者更明白起见，这里从《云门广录》中举出几例，对“云门三句”略加说明：

问：“如何是祖师西来意？”师云：“日里看山。”[②]

“如何是祖师西来意”是禅门常见的问答，目的是想了解禅宗的“本意”究竟是什么。这个前面已经说过。由于问者不同，所以禅师回答时也没有固定的答案。细细体味，云门文偃禅师的这一句“日里看山”中包含着多种意义：就“函盖乾坤”一层而言，因为世界万物都是自性真如的显现，所以山河大地也好，青青翠竹、郁郁黄花也好，甚至是一抹阳光、一粒微尘，都以自己的方式展示着终极真理。只要参者能够以一双慧眼、一颗慧心去对待，就可能在刹那间悟得无上佛法。“日里看山”虽然极普通平常，但是也蕴含着佛法，是证道的契

① 冯学成：《云门宗史话》，广州：南方日报出版社 2008 年版，第 60 页。

② 《云门匡真禅师广录》，见《大正藏》（第 47 册），东京：大藏出版株式会社 1988 年版，第 545 页。

机。就“截断众流”而言，问者问的是“祖师西来意”，而答者所答则是“日里看山”，两者就逻辑上而言并没有任何直接的关系，也可以说是所答非所问，但恰恰是这样，才可以一下子把问者的思维截断，就好像正在走路的人突然碰到了一面高墙——此路不通，因为此路不通，才可能逼得问者回过头来，以禅宗所要求的方式去参悟。就“随波逐浪”而言，禅者主要是根据当时的具体情况进行回答。这里的问者，对参禅与证道之间的关系还没有深入的感悟，换句话说是对禅本身还感受不深，因而不知道如何通过参禅来证道，所以文偃就身边事举出一例回答他，意思是禅者就是通过参得身边事、日常事来证悟无上菩提，千万莫要骑驴找驴，以为佛法远在天边。

> 问：“如何是诸佛出身处？”师云：“东山水上行。”①

“诸佛出身处”，就是诸佛如何开悟成佛。诸佛是怎么成佛的呢？佛者，觉也。谁能够觉悟谁就是佛。觉悟的契机来自于生活世界。一座青山一曲流水，就是生活世界的一个部分，同时也是自性真如的体现，在这一个触目可见的具体事物中就包含着、蕴藏着佛法。这就是理事互彻、事事无碍的道理。用“东山水上行”来回答，既巧妙地表达了这个意思，又以出其不意的方式截断了问者的逻辑思维，同时也可使问者顺着回答的方向去领会其中蕴含的丰富意味。

> 师或以柱杖一划，云：“微尘诸佛尽在这里，还辨得尽么？”代云：“日出东方夜落西。”②

“微尘诸佛尽在这里”，意思是佛的数量就如同尘土一样多，想要弄清楚具体数字是不可能的。但是不管有多少，却都在自己柱杖的这简单一划之中。文偃究竟是什么意思呢？看他的回答就可以体会得到了：诸佛之多虽如恒河沙数，但是佛佛相同，都是证得自性真如者。自性真如无所不在，正所谓“此夜一轮满，清光何处无”，柱杖之一划，抑或太阳之东升西落，都是自性之显现，都可以通达了悟之境。所以，在这个似乎突如其来的简单动作之中，或者在人人习以为常的

---

① 《云门匡真禅师广录》，见《大正藏》（第47册），东京：大藏出版株式会社1988年版，第545页。

② 《云门匡真禅师广录》，见《大正藏》（第47册），东京：大藏出版株式会社1988年版，第563页。

日升日落之中，都透露着禅机，都是觉悟成佛的法门。那些想知道究竟有多少佛的人，看到了、听到了文偃禅师的这个开示，能否悟入，就要看各人的因缘了。

问："如何是尘尘三昧？"师云："桶里水，钵里饭。"①

无所不在的真如大道，不但存在于山河大地、日月花草之中，也存在于禅者的日用常行之中。云门宗汲取大乘经典神髓，特别强调在生活中体悟大道。"尘尘三昧"，是一个人的心境完全与某物浑然为一、物我不分时的圆融境界，即所谓即心即物的境界。在"钵里饭，桶里水"中体证"尘尘三昧"，就是要参禅者透过这些生活中的细枝末节，去体证那简单化到极点、纯一化到极点的禅心。雪窦禅师有一首颂"钵里饭，桶里水"的偈子，说："钵里饭，桶里水，多口阿师难下嘴。北斗南星位不殊，白浪滔天平地起。拟不拟，止不止，个个无裈长者子。"这个偈子的大意是说，"钵里饭，桶里水"中有真如大道，虽有大道，却无法用语言来说明，所以"多口阿师难下嘴"。不过，虽不能用语言、概念来说明，却不等于不能参悟。如同参悟"北斗依旧在北，南斗依旧在南"那样，只要参者有一颗不起妄念的慧心，就可以在这平常不过的事物中得到悟入。假如忽然间"白浪滔天"，起种种妄想，那就会像《法华经》中那个不知自家有无价珍宝，却外出流浪，结果穷得连裤子都没得穿的长者子一样可笑。

问："如何是释迦身？"师云："干屎橛。"②

既然世界万有都是自性真如之显现，那么像干屎橛这样让人恶心的东西也包含着无上之佛法吗？普通的民众以为佛就是端坐在大殿上的那一尊尊威严的泥像，或是远在神秘西天的有无穷法力的神灵，怎么也无法将佛和干屎橛联系起来。但是在禅宗的思想里，各种生活方式都与实相不相违背，都同形而上的大道没有抵牾，所以穿衣吃饭、屙屎送尿等，乃至扬眉瞬目，任何举动行为无一不是修行的时节、沙门的德目。学人在面对生活世界时，不应该以分别心去挑挑剔剔，因

① 《云门匡真禅师广录》，见《大正藏》（第47册），东京：大藏出版株式会社1988年版，第545页。

② 《云门匡真禅师广录》，见《大正藏》（第47册），东京：大藏出版株式会社1988年版，第550页。

为分别心就是妄想、妄念的表现。只要起心，就会染境著相。惠能大师有言："若见一切法，心不染著，是为无念。"① 又云："但行直心，于一切法，勿有执著。"② 若以平等心、直心看待，则干屎橛和青青黄花一样，都是般若自性的显现！在文偃的回答里，不但"截断众流"的力量无比强大，一下子破除了参禅者对于佛的迷信心理，为其开悟扫清了障碍（干屎橛乃污秽之物，而佛为清净身。以不净对清净，指示学人应当超越净与不净的对立，旨在破除学人对"什么是佛"的执迷），而且因其绝不同于其他事物，所以一经道出，其"函盖乾坤"的力量也无比巨大。学人闻听此语，于错愕之时，一定会对禅有新的体悟。

（二）云门"一字关"

"云门三句"是一句话中包含着三重意义。以一句话来回答问者的提问，已经非常简约了，但文偃在接引学人时，还有更为简约的回答，即只回答一个字。这一个字，就如同一堵墙一样横亘在问者的面前，使他无路可走，逼着他在路断之时反观本心。禅林中将文偃大师的这种接引方法称为"一字关"。如：

> 问："杀父杀母，佛前忏悔；杀佛杀祖，向什么处忏悔？"师云："露。"③
>
> 问："如何是云门一路？"师曰："亲。"④
>
> 问："三身中阿那身说法？"师曰："要。"⑤
>
> 一日云："三日不相见，不得作旧时看，作么生？"代云："千。"⑥

---

① 《六祖大师法宝坛经》，见《大正藏》（第 48 册），东京：大藏出版株式会社 1988 年版，第 350 页。

② 《六祖大师法宝坛经》，见《大正藏》（第 48 册），东京：大藏出版株式会社 1988 年版，第 352 页。

③ 《云门匡真禅师广录》，见《大正藏》（第 47 册），东京：大藏出版株式会社 1988 年版，第 547 页。

④ 《云门匡真禅师广录》，见《大正藏》（第 47 册），东京：大藏出版株式会社 1988 年版，第 550 页。

⑤ 《云门匡真禅师广录》，见《大正藏》（第 47 册），东京：大藏出版株式会社 1988 年版，第 550 页。

⑥ 《云门匡真禅师广录》，见《大正藏》（第 47 册），东京：大藏出版株式会社 1988 年版，第 566 页。

如果说人的逻辑思维像一条河流，一浪连着一浪，那么文偃的回答，就是有意识地将浪斩断。用先德的话来说，就是“截断众流”。如果哪一位想要从日常思维着眼，猜测文偃的回答到底有什么“深意”，那么就是想破头也不可能知道，因为文偃的回答和所提问题之间没有任何逻辑上的关系。然而，如果从禅宗的理论着眼，就会对文偃的回答感受极深。为什么这样说呢？禅宗的宗旨是“不立文字，教外别传。直指人心，见性成佛”。之所以“不立文字”，目的是要破言语相、思维相。《金刚经》里说：“离一切诸相，即名诸佛”、“应无所住而生其心”。在“一切相”之中，最难破的就是思维相，因为人总有“想事”、“想问题”的冲动，而一旦陷入“想”之中就会著相。禅宗正是看到了思维（概念）在阻止学人顿悟自性时的障碍作用，所以才特别强调不立文字，因为文字就是思维的外化。既然要破学人的思维相，怎么能按照逻辑思维来回答问题呢？这不是自相矛盾吗？文偃对此深有领会，所以他对学人的这些“理论问题”，往往以答非所问的一字，使参禅者的知见妄想和一切情识陡然中止。此其一。其二，当时确有许多和尚，不将功夫花在自身修行上，而将大多数时间花在对佛典、公案等文字材料的钻研上，像多数儒家知识分子一样有“掉书袋”的臭毛病，以为记得越多就越懂得佛法，甚至夸夸其谈，终日说事。六祖在开示众人时，就已经谆谆告诫：“善知识，‘摩诃般若波罗蜜’是梵语，此言大智慧到彼岸。此须心行，不在口念。口念心不行，如幻如化，如露如电”①、“迷人口说，智者心行……一切般若智，皆从自性而生，不从外入，莫错用意”②。文偃用牛头不对马嘴的一个字来截断学人的思维之流，就是要促使这些“错认他乡是故乡”的人离开知见而回到“自己”这个根本上来。

下面的一段话，很好地表现了文偃对于这个问题的理解：

> 师上堂良久，云：“夫唱道之机，固难谐剖。若也一言相契，犹是多途，况复刀刀，有何所益！然且教乘之中，各有殊分：律为戒学，经为定学，论为慧学。三藏五乘五时八教，各有所归，然一乘圆顿也大难明。直下明得，与衲僧天

---

① 《六祖大师法宝坛经》，见《大正藏》（第48册），东京：大藏出版株式会社1988年版，第350页。

② 《六祖大师法宝坛经》，见《大正藏》（第48册），东京：大藏出版株式会社1988年版，第350页。

地悬殊。若向衲僧门下，句里呈机，徒劳伫思。门庭敲磕，千差万别，拟欲进步向前，过在寻他舌头布路。从上来事合作么生？向者里道圆道顿得么？者边那边得么？莫错会好。莫见与么道，便向不圆不顿处卜度。者里也，须是个人始得。莫将依师语、相似语、则度语，到处呈中，将为自己见解。莫错会，秖如今有什么事，对众决择看。"①

这一段话的大意，是说"道"难以用语言来表达，即使一言相契，也是多余的，何况反复唠叨（刀刀，即叨叨）呢？将三藏五乘五时八教记得滚瓜烂熟的方法，却和他的禅法天地悬殊。若是想从他这里学习禅，那么就不要"句里呈机"，在文字上弄些小聪明，将精力白白浪费。进步的障碍，就在于将别人说过的话当作自己的路。不要这里那里到处乱寻找，"这里"才是悟道的机缘，自己才是悟道的关键，千万不要无事找事，自迷大道。

以上的一类，是所答与所问毫无关系者。另外还有一些，若是认真体会，在"截断众流"之外，还有一些似断似连的关系。试举几例：

问："如何是吹毛剑？"师曰："骼。"又曰："胔。"②

问："如何是正法眼？"师曰："普。"③

问："如何是啐啄之机？"师曰："响。"④

问："凿壁偷光时如何？"师曰："恰。"⑤

问："如何是心？"答："心。"⑥

元代知讷禅师《真心直说》之"真心异名"卷云："或曰：'佛教已知，祖教何如？'曰：'祖师门下杜绝名言，名不立何更多名！应

① 《云门匡真禅师广录》，见《大正藏》（第47册），东京：大藏出版株式会社1988年版，第545页。

② 《云门匡真禅师广录》，见《大正藏》（第47册），东京：大藏出版株式会社1988年版，第546页。

③ 《云门匡真禅师广录》，见《大正藏》（第47册），东京：大藏出版株式会社1988年版，第545页。

④ 《云门匡真禅师广录》，见《大正藏》（第47册），东京：大藏出版株式会社1988年版，第545页。

⑤ 《云门匡真禅师广录》，见《大正藏》（第47册），东京：大藏出版株式会社1988年版，第546页。

⑥ 《云门匡真禅师广录》，见《大正藏》（第47册），东京：大藏出版株式会社1988年版，第549页。

感随机其名亦众，有时呼为自己，众生本性故；有时名为正眼，鉴诸有相故；有时号曰妙心，虚灵寂照故；有时名曰主人翁，从来荷负故；有时呼为无底钵，随处生涯故；有时唤作没弦琴，韵出今时故；有时号曰无尽灯，照破迷情故；有时名曰无根树，根蒂坚牢故；有时呼为吹毛剑，截断尘根故；有时唤作无为国，海晏河清故；有时号曰牟尼珠，济益贫穷故；有时名曰无鑐锁，关闭六情故；乃至名泥牛、木马、心源、心印、心镜、心月、心珠，种种异名不可具录。若达真心诸名尽晓，昧此真心诸名皆滞，故于真心切宜子细。'"① 就这种解释来看，禅宗因为讲究“不立文字，教外别传”，但在实际上却又不得不使用到概念，所以就会根据具体情况随时随处起一些形象的异名来代替原有的概念，这样就出现了虽不立“名”却“异名”繁多的情况，诸如自己、正眼、妙心、主人翁、无底、没弦琴、无尽灯、无根树等，都是这样产生的。吹毛剑者，世间最锋利之宝剑也，于剑刃上置一毛发，以口吹之，则毛立断，故禅家以此喻可立即断人根尘之禅法。因为文偃大师在接引学人之时，出语孤危耸峙，不容人有一丝一毫的思量余地，使人的情识妄见在刹那之间尽显本来面目，所以也有人将其禅法称为“吹毛剑”。

学者问文偃“如何是吹毛剑”，大概就是想听听文偃对这种禅法特点的详细解释，结果文偃却只说了一个字：骼。骼，就是骨骼。既然是吹毛利剑，那么利剑所过之处，不就只剩下骨骼了吗？文偃的回答，不像一般老师那样解释吹毛剑是怎么回事，而是用用剑的结果来回答。粗粗一看，这样回答似乎文不对题，但细细思量却觉得大有意味：吹毛剑是接引学人的方式，以此方式接引，学人的情识妄见瞬间俱去，不就只剩下“骼”了吗？削去血肉是吹毛剑最大的功用，那么吹毛剑不就是“骼”吗？但为什么又说“胔”呢？胔，是一堆烂肉之意。吹毛剑所过之处，除了一副骨骼，还有满地的烂肉，所以胔也是用剑的结果。此外，胔还暗示着被削去的情识妄见，而这正是吹毛剑所要破除之物。既是骼，又是胔，两者都是使用吹毛剑的结果，而且互相回互，文偃的回答不可谓不妙。

“正法眼”，即“正法眼藏”，也是佛教中的常用语，一般用来指

---

① 《真心直说》，见《大正藏》（第48册），东京：大藏出版株式会社1988年版，第999～1000页。

释迦牟尼佛所传的正法。之所以称作“眼”，是因为此法可洞彻一切；称作“藏”，是因为此法可含藏一切。据说世尊在灵山会上，拈花示众，众皆默然，唯迦叶破颜微笑。世尊道：“吾有正法眼藏，涅槃妙心，实相无相，微妙法门，不立文字，教外别传，付嘱摩诃迦叶。”① 据此典故，禅宗以“正法眼藏”来指代迦叶所传之如来心印，或曰佛所彻悟之涅槃真心。即谓正法眼藏，当具最高之智慧，可以洞明一切，普照一切，故文偃答之以“普”字。此一字，既照顾到了问者的问题，又具有截断众流的气势，逼迫问者去体悟。

啐啄，禅家用来比喻师傅与学人二者之间因缘契合的特殊时刻。啐，指雏鸡欲出时以嘴吮啄卵壳；啄，指母鸡欲使小鸡出壳而与壳内小鸡同时相啄。要孵出小鸡，必须母鸡和小鸡里应外合同时弄破蛋壳。学人请求禅师启发，譬之如啐；禅师启发学人，譬之如啄。如果师傅与学者能在研悟、证解禅法时投合无间，默契如一，就称为“啐啄同时”；而与禅者机锋相应之机法，则称为“啐啄之机”。有衲僧问“如何是啐啄之机”，这是在自佛世界内见到开悟的啐机；文偃回答一个“响”字，既是照顾所提的问题（因为雏鸡与母鸡互相啐啄之时的特征就是啄壳的声音），同时也是对问者的一种开示和提持。

凿壁偷光，取自西汉匡衡的故事。据说匡衡非常勤学，但苦于家境贫寒，晚上点不起灯烛，于是他就在墙壁上挖了一个洞，借着从洞里透过来的邻居家的烛光读书。这里问者的意思，大概是问借着别人的开示、点拨悟道如何。南宗禅虽然讲究自悟，认为自己才是自己的主人，但是也不否认导师的作用，如六祖所言“菩提般若之智，世人本自有之，只缘心迷，不能自悟，须假大善知识示导见性”②。文偃所回答的“恰”字，一方面暗含着六祖所言的意思，另一方面又暗示只有因缘恰好，方可假他人之示导而见性开悟。

心，是佛教的根本问题。因为佛教将世界万有都视为心体与客体互相作用而建构起来的有限存在者，或者说秉持心物不二、即心即物的一元论，所以从另一个角度来看，佛教关于世界本质的理解就是关于心的理解。而万千佛法，说到底都是教人“如何降伏其心”、如何

---

① （宋）宗绍：《无门关》，见《大正藏》（第 48 册），东京：大藏出版株式会社 1988 年版，第 293 页。

② 《六祖大师法宝坛经》，见《大正藏》（第 48 册），东京：大藏出版株式会社 1988 年版，第 350 页。

明心见性。佛教所谈的心，有真心与妄心之别。真心就是清净自性，而自性虚空，如六祖所言“心量广大，犹如虚空……世人妙性本空，无有一法可得。自性真空，亦复如是”①。妄心就是心之起用，与真心相对，指能起分别知见的生灭转变之心。《起信论》云：“一切众生，以有妄心，念念分别。”② 在佛教义理中，心是最重要的，也是最不可言说的。从体上言，因为心是空无，所以“说似一物即不中”，没有办法以任何符号来标示、代表。从用上言，正因为心清净虚空，所以有无限妙用，“心量广大，遍周法界，用即了了分明，应用便知一切……去来自由，心体无碍，即是般若”③。回到这个问话本身，我们看到，抛开“心”的复杂性不言，仅就问题本身而论，学人问文偃的问题实际上是一个两难陷阱：如果回答，那么心本空无，什么也不是，如何能以言辞答之？如果不回答，那么佛教千说万说都是心性，证得心性就是无上智慧，又怎么能不回答？文偃面对这个问题，只说了一个字：心。这一个字，一方面非常巧妙地回答了问者之问：你问什么是心，我答心即心。至于我所言之心是否契合于你所证得之心，则要看你的修行造化。另一方面，文偃又巧妙地表示了自己对于禅法的证悟，或者说暗示了自己对于心的理解——心性虚空，心量广大，心即一切的源头和归宿。若悟得这个“心”，就可以“转山河大地归自己，转自己归山河大地”④，彻底消除物我之别！当然，文偃的这个回答，也在暗示学人要从心这个根本出发点去学禅。禅宗讲以心传心，因为对无上智慧的证解不是普通的知识传授，必须是个人自己的一种身心体验，所以学者不能从外面去寻觅，不能依靠别人，而应该从自心、自性入手，只有照看好自己的这个“心”，才能得无上智慧，如洞山禅师开悟时所说的“切忌从他觅，迢迢与我殊”。舍弃自心而向外觅求，将永无结果。

---

① 《六祖大师法宝坛经》，见《大正藏》（第 48 册），东京：大藏出版株式会社 1988 年版，第 350 页。

② 《大乘起信论》，见《大正藏》（第 32 册），东京：大藏出版株式会社 1988 年版，第 576 页。

③ 《六祖大师法宝坛经》，见《大正藏》（第 48 册），东京：大藏出版株式会社 1988 年版，第 350 页。

④ 《大慧普觉禅师语录》，见《大正藏》（第 47 册），东京：大藏出版株式会社 1988 年版，第 81 页。原文是“沙云：‘如何转得自己归山河大地去？’师云：‘转山河大地归自己则易，转自己归山河大地则难。有人道得不难不易句，却来径山手里请棒吃。’”

以上所作的解释，可以说是强为之解。实际上，云门文偃大师的这些回答，都难有明确的解释。因为每一个人的情况不同，从中得到的体会也不同，可以说是“如人饮水，冷暖自知”。强为之解，表现的仅仅是一己之体会，且将含义丰富的回答作解释，往往会南辕北辙。

（三）云门“顾鉴咦”

文偃接引学人时，还有所谓的“顾鉴咦”之法。这里也略作介绍。

《人天眼目》记载说：

> 师每见僧，以目顾之，或曰“鉴”，或曰“咦”，而录者曰顾鉴咦。后来德山缘密禅师，删去顾字，但曰鉴咦，故丛林目之曰抽顾。①

文偃每次见到僧人，都会用眼睛盯着看，有时会说一个字“鉴”，有时又会说另一个字“咦”。这种接引学人的方式，实在是十分奇特。

在《云门广录》上卷最后所附的“偈颂”中，有这么几句话，可能也和“顾鉴咦”有关：

> 万象森罗极细微，素话当人却道非。
> 相逢相见呵呵笑，顾伫停机复是谁。

这一首偈颂的最后，还有三首短偈所构成的一组《抽顾颂·鉴咦》：

> 丧时光，藤林荒。图人意，滞机尪。
> 举不顾，即差互。拟思量，何劫悟。
> 咄咄咄，力韦希。禅子讶，中眉垂。

这些记载，说明文偃的“顾鉴咦”之法在禅林很是有名。和“云门三句”、“云门一字关”一样，“顾鉴咦”之法当然也是文偃启发学人悟道的方式只不过这种方式比其他方式，更加让普通人觉得难以理解。当然，如果是禅林中人，对禅宗各祖接引学人的方式有所了解，就不会觉得奇怪了。前面说过，禅宗传法的方式是“以心传心，皆令自悟自解”。怎么以心传心呢？禅师们采取的手段多种多样，最为中

---

① 《大正藏》（第48册），东京：大藏出版株式会社1988年版，第312页。

国人所熟知的，是德山宣鉴禅师的棒打法和临济义玄禅师的喝骂法，并由此形成了“当头棒喝”这个成语。文偃早期，因为己事不明，向睦州道踪禅师求教，道踪禅师一连三日都不开门，到了第三日开了门，马上对着文偃喊：“说！说！”文偃刚想开口，道踪禅师却说了一句“秦时镀轹钻”，就一把将文偃推出门外，又关上了门。因为门关得急，文偃的脚也被夹伤了。但正是这一句莫名其妙的话，和这个看似非常野蛮的动作，让文偃恍然大悟——原来“说”（知识）在悟解自性的路上是没有用的，就如同寻找秦朝的车辙印子一样。自己才是自己的主人，要悟解就必须从自己着手，就好像自己的脚有多疼只有自己才能感受到一样。向道踪禅师求教的过程给文偃留下永生难忘的印象，也影响到他日后接引学人的方式。他的“顾鉴咦”也属于“截断众流”的一种方式，这种方式虽然没有德山棒、临济喝和道踪关门那样激烈，但实质是一样的，都是提示学人回到“自己”这个根本上来——佛法只能自悟自解，如果将心力花在寻章摘句上，或者以为老师才是悟道的关键，那就犯了骑驴找驴的错误。这种思想，北宋初年的云门宗传人智门光祚禅师深有体会。他说：

> 云门顾鉴笑嘻嘻，拟议遭他顾鉴咦。
> 任是张良多智巧，到头终是也难施。①

这首偈子的意思，是说文偃大师态度很和蔼，但是当你想和他讨论、辩论什么佛理的时候，他却不搭理你，只是看着你，说一声“鉴”或者“咦”。哪怕你是和张良一样聪明多计的人，碰到了这“截断众流”的“顾鉴咦”，也无计可施，只能反求诸己。

五祖弘忍传法惠能时，说：“不识本心，学法无益。若识自本心，见自本性，即名丈夫、天人师、佛”，又说：“昔达摩大师初来此土……法则以心传心，皆令自悟自解。”② 文偃教导学人开悟，也和其他禅师一样，谨遵“以心传心，皆令自悟自解”的方法，希望学人可以“识自本心，见自本性”。当然，作为南宗顿教的传人，文偃传法更加强调顿悟的力量；因此，他对语言（知识）的障道作用极为警惕，多次批评那些只知道在故纸堆、死人嘴里讨饭的学者，并常以一

---

① 《人天眼目》，见《大正藏》（第48册），东京：大藏出版株式会社1988年版，第312页。

② 《六祖大师法宝坛经》，见《大正藏》（第48册），东京：大藏出版株式会社1988年版，第349页。

种“截断众流”亦即迅疾打断逻辑思维的连续性的方式，逼着参禅者在此路不通的情况下反求诸己，从活生生的自己和活生生的生活入手解悟大道。即使一定要用到语言文字，也会将其压缩到最低限度，且基本不会从正面阐释禅理，而是特别注意语言的暗示性、多义性，甚至答以看不出任何意义的句子，以便学者通过这样的提示去领会禅的不可解释性，同时也领会宗师的悟心。

文偃开创的“顾鉴咦”的接引方式，到了他的弟子德山缘密手中，删去“顾”，只称“鉴咦”，所以丛林之中又称之为“抽顾”。《五家宗旨纂要》对此有一首颂，其文曰：“云门鉴咦，德山抽顾，方便机关，父作子述。扰扰丛林卒未休，而今犹在欣相慕。”[①] 可见十分推崇。

（四）云门“八要”

在《五家宗旨纂要》中，三山来禅师还特别讲到了“云门宗八要”。这八要，在其他的书籍中并没有出现，所以不知道是哪位禅师的总结。八要对每一要点都有解释，解释之后则是一首七言颂诗——这两个部分应该是本来就有的。在这两部分之下，以“如何是某某”为题头，是三山来禅师自己的解释和颂。

八要分别是：

(1) 玄。玄者，凡有用处，玄妙难思，不在寻常语句内，无容测度，不可思量，故名为玄：毗卢顶上起寒涛，没手泥人斩怒蛟。聩耳千程闻蚁斗，失明万里见秋毫。

如何是一玄？三山来云：“灯笼骑露柱。”颂曰：几度乘风泛小舠，彩云影里漫撑篙。举网撒破虚空面，又向山头钓巨鳌。

(2) 从。从者，凡有指点，皆随机拈弄，或因其见解而接引之，不另标特解，故名为从：万顷清风雨后山，暖莺莺语巧喧喧。溪花野水不知数，总在春风和照间。

如何是二从？三山来云：“柳絮随风。”颂曰：桃红李白斗芳妍，一夜东风色更鲜。猾蝶狂蜂何处去，惯寻香气到

---

① 《卍新纂大日本续藏经》（第65册），东京：株式会社国书刊行会1975—1989年版，第281页。

花前。

(3) 真要。真要者，就其本体，真实切要，而言不属玄微奥妙，支离蔓衍，故名真要：看尽云山雨翠深，秋霜助日梦魂清。有人问道无余事，云在青天水在瓶。

如何是真要？三山来云：“六月日头到处热。”颂曰：脚底茫茫路转赊，东西南北尽天涯。风尘踏遍无闲思，竟毕回头始是家。

(4) 夺。夺者，随所拈弄都是刀枪，就机夺机不容拟议，任彼千般知解，一味抢攙，故名为夺：一阵白苹一叶风，满池零落玉芙蓉。巨鳞吸尽沧溟水，留得珊瑚照日红。

如何是四夺？三山来云：“不遇无情霹雳手，埽荡烟尘将属谁。”颂曰：拓土开疆也大难，几回血汗染征衫。可怜三尺鱼肠剑，漫假雄才手靖边。

(5) 或。或者，疑而未定之辞，或隐或显，或东或西，用无一定，语绝方所，此机窍之不容捉摸者，故名为或：把定要津路不通，路殊不复辨西东。梅花玉片开晴岸，柳絮金丝遇晓风。

如何是五或？三山来云：“我到者里却不会。”颂曰：习习香风过树头，去来何处觅踪由。行人无数空惆怅。几度寻思恨未休。

(6) 过。过者，用到极头，十分孤峻，无你挨拶处，无你转身处，回避不及，忒煞无情，故名过：古德擎叉过也难，雪笼台顶衲衣寒。是非得失俱收拾，分付诸方仔细看。

如何是六过？三山来云：“一分心悻一分慈。”颂曰：狼毒心肠何太孤，提刀仗剑忍于屠。命根断处难思算，几个男儿是丈夫。

(7) 丧。丧者，随人上下，丧失天真，不见本来，痴迷狂走；又或执着己见，丧却目前，如此之类，皆谓之丧：刻舟求剑真云昧，待兔守株何太迷。可叹几多无目汉，也随人脚走东西。

如何是七丧？三山来云：“贪观眼前浪，失却手中桡。”颂曰：弱丧穷儿实可哀，家珍抛却自何来。自从别去娘生面，落落长途唤不回。

（8）出。出者，脱体转身，不拘一处，不守一隅，随机应用，八面四方都有出身之路，故名出：南辰北斗只西宫，火里生莲奋目红。野色更无山隔断，月光直与水光通。

如何是八出？三山来云：“天上人间自在飞。”颂曰：鸟道羊肠路太多，脚头脚底任蹉跎。随他曲折芒鞋滑，步步如龙畴奈何。①

一玄是指云门禅接引学人的方式非常玄妙难测，完全脱离了逻辑思维的轨道，不能用常理去揣摩、思量。

二从是指云门禅在指点学人时，有时会顺着当时的具体情况或者学者的见解因势利导，如水之从浪，并不另外特别标示出自己的见解。

三真要是指直探本体，真实切要，不拐弯抹角，故弄玄虚。

四奇是指不管你有多少所谓的思量、见解，都以像利剑一般凌厉而让人匪夷所思的语言将之斩断，不容对方有半点讨论商量的余地。

五或是指用模棱两可、没有确切含义或者具有多种解释的言辞，让对方陷入多义的丛林之中，不辨方向。

六过是指用极端的、过头的语言一下子将人的思维堵住，使人没有转身回旋的余地，无法回避又无法向前。

七丧大约是指出某些求法的人所犯的错误，比如不知道自己的本来面目，不知道自己才是成佛的根本，而或随人上下，痴迷狂走；或执着己见，丧却目前，等等。

八出是指已经达到了体与用圆融合一的状态，可以自由舒展，不拘一处，不守一隅，均可随机应用，因此四面八方都有出身之路。

《五家宗旨纂要》讲到的云门禅这八要，其实包括了前面所说的“云门三句”、“云门一字关”等，但是较之“云门三句”等要明晰得多。

禅的核心是明心见性。《中峰禅师语录》曰：“禅者何物？即吾心之异名也。心者何物？即禅之体也。”② 禅法就是明心见性的方法。惠

---

① 《卍新纂大日本续藏经》（第 65 册），东京：株式会社国书刊行会 1975—1989 年版，第 280 页。

② 转引自释道恒：《云门文偃及其禅法思想》，见闽南佛学院编：《闽南佛学》（第六辑），宗教文化出版社 2009 年版，第 415 页。

能所开创的南宗顿教，在方法上不注重（不是否定、放弃）死板的打坐和读经，而将重点转移到了日常生活上，要求参禅者在日常生活中“顿悟”心物合一的境界，体验世界既真实又虚空的存在之特征。惠能以后的南宗传人，围绕着这个中心，发展并丰富了“顿悟”的方法和内涵，这样就形成了不同的宗风和宗派。文偃所开创的“云门家风”，就思想而言，强调本体（自性）存在于一切现象（万法）之中，一切现象都是本体之显现；就方法而言，强调要借助于超验性的、直接的体验，而不是理性认识让自己的身心切实感受到本体与现象、心与物融合无间的状态。为了让参禅者抛弃日常思维和理性认识，将注意力转移到对世界之本性的体验上来，文偃对启示学人的语言给予了特别的重视。“云门三句”、“云门一字关”、“顾鉴咦”等，都是围绕这个目的而形成的独特的接引方法。

第三章　文偃之后的云门宗与云门寺

第一节　北宋到清末的云门宗与云门寺

一、云门宗的传法谱系

文偃在主持云门寺的时候，因为禅法独特精深，已经引起了整个禅林的仰慕，加之南汉朝廷的格外隆礼，所以当时来学习的僧人俗众就非常之多，可谓鼎盛宇内。文偃灭度之后，他的弟子们一代接着一代，将他的禅法传播光大，几乎遍及传统汉文化圈。北宋中期以后，云门禅终于大放光芒，与临济、沩仰、曹洞、法眼并列为南宗五家之一。南宋以降，云门禅出于种种原因而逐渐衰落，至元明清三朝法脉几乎断绝。民国后期，随着虚云老和尚重建云门寺，云门禅才重获新生。

云门宗的谱系，以开宗祖师云门文偃禅师为界，分为上下两个部分。文偃以上共三十九世，文偃为第四十世，文偃以下共十世。

（一）云门文偃以前历代祖师传承

始祖释迦牟尼佛

第一祖摩诃迦叶尊者	第二祖阿难陀尊者
第三祖商那和修尊者	第四祖优波毱多尊者
第五祖提多迦尊者	第六祖弥遮迦尊者
第七祖婆须蜜多尊者	第八祖佛陀难提尊者
第九祖伏驮蜜多尊者	第十祖胁尊者

第十一祖富那夜舍尊者
第十二祖马鸣尊者
第十三祖迦毗摩罗尊者
第十四祖龙树尊者
第十五祖迦那提婆尊者
第十六祖罗睺罗多尊者
第十七祖僧伽难提尊者
第十八祖伽耶舍多尊者
第十九祖鸠摩罗多尊者
第二十祖阇夜多尊者
第二十一祖婆修盘头尊者
第二十二祖摩拏罗尊者
第二十三祖鹤勒那尊者
第二十四祖师子比丘尊者
第二十五祖婆舍斯多尊者
第二十六祖不如密多尊者
第二十七祖般若多罗尊者
第二十八祖菩提达摩禅师（是为华土始祖）
第二十九祖慧可大祖禅师（是为华土二祖）
第三十祖僧璨鉴智禅师（是为华土三祖）
第三十一祖道信大医禅师（是为华土四祖）
第三十二祖弘忍大满禅师（是为华土五祖）
第三十三祖惠能大鉴禅师（是为华土六祖）
第三十四祖青原行思禅师
第三十五祖石头希迁禅师
第三十六祖天皇道悟禅师
第三十七祖龙潭崇信禅师
第三十八祖德山宣鉴禅师
第三十九祖雪峰义存禅师
第四十祖云门文偃禅师（是为云门宗始祖）

现在，学者普遍认为二十八祖之说是唐中叶以后禅宗门徒所构建，并不是本来面目。古印度阿育王时代，南北天竺都有五师相传之说。佛教进入中国后，也非常重视祖师之间的传承。在禅宗所流传的西天二十八祖之说定型之前，曾经有七祖、二十七祖、二十八祖和二十九祖等多个版本。六祖弟子永嘉玄觉禅师的《永嘉证道歌》最早，有二十八代说，但仅言其数，不列其名。中唐之时，因为禅宗的南宗和北宗（“南能北秀”）之间的斗争激化，谁是正法的传承者就显得尤其重要。当时，南宗说惠能是华土六祖，而北宗说神秀才是华土六祖。那么六祖以前呢？《唐中岳沙门释法如行状》、《传法宝纪》、《南宗定是非论》等南北宗文献，都不约而同地从觉贤三藏在庐山译出的《达摩多罗禅经》的“序”中，引出禅宗的法系。在这篇“序”中，慧观提到了佛灭度后佛法的传承，总共有九个人。禅师们将其中的第八位达摩多罗换成了菩提达摩，又把第九位不若密多罗说成是达摩在天竺的弟子；而达摩到了中国，其嫡传的弟子是慧可。这样，从达摩开始向前推，就有了“西天八祖”的说法。“八祖”说的最大漏洞，是如来到达摩有一千多年的时间，而这不是七个人就可以跨越的。敦煌本《坛经》“西天二十八祖”是由《付法藏因缘传》所说的二十三位，再加上《达摩多罗禅经》的五位而组成。不过敦煌本《坛经》宣称从原始七佛到惠能，共四十世（从迦叶第八算起，惠能是第三十九世）。唐贞元十七年（801 年），金陵沙门智炬撰（或谓本书为智炬、胜持共同编纂）《大唐韶州双峰山曹溪宝林传》（简称《宝林传》），在《付法藏因缘传》二十三祖说的基础上，另加婆须密，成为二十四祖；又在师子比丘之后加上婆舍斯多、不如密多、般若多罗、菩提达摩等四祖，共二十八祖。此后，这个世系就基本没有再变动过。

（二）云门文偃以后历代祖师传承

云门禅在宋代的辉煌，首先可以从其弟子之盛表现出来。从文偃第一代弟子白云子祥、德山缘密等开始，到南宋末叶的光孝深禅师为止，云门禅法共传了十代，法嗣遍布天下。云门禅这十代法嗣的具体人名，岑学吕居士的《云门山志》有“云门宗法统”一章作了专门介绍，该章共录得法嗣三百九十九人。《云门山志》成书于中华人民共和国成立前后[1]，是时虚云老和尚正主持云门寺。据该书“序”，书之初稿是在虚云的主持下，由释惟心、释妙云、释澄圆等编纂而成，作者只是应虚云和尚的要求而加以“增删考订，次第点定而已”。除《云门山志》外，冯学成居士著《云门宗史话》，广求诸书，于“附录”中列“云门宗历代传承世系表”，共录得云门法嗣一千二百七十三人，人数大大超过《云门山志》的三百九十九人。此外，杨曾文先生撰《宋元禅宗史》，引北宋云门宗名僧契嵩《传法正宗记》卷八所载，认为文偃下一世法嗣有八十八人；又据《五灯会元》卷十五、十六载录，统计云门下二世五十二人，下三世四十二人，下四世四十四

① 据该书序言最后“岁次七十八辛卯端阳节鼓山门下弟子宽贤岑学吕敬序”句，推算该书编写时间应为 1951 年。是年虚云一百一十二岁，书序中说“今年虚云老和尚一百有六岁”，误。

人，下五世六十人，下六世四十九人，下七世四十六人，下八世十九人，下九世五人，以上合计共四百零五人。[①]

今云门寺虚云纪念室内墙壁上有“奕叶流芳”、“祖灯辉煌”、“佛祖源流”三块墙碑，刻写着摩诃迦叶到佛源妙心的各代云门宗传承祖师。其中从文偃开始的十三代传承者是：云门文偃—香林澄远—智门光祚—雪窦重显—天衣义怀—慧林宗本—长芦崇信—慧林怀深—灵隐慧光—中竺元妙—光孝深—演彻虚云—佛源妙心。

兹以《云门山志》所录为底，参以《云门宗史话》所录，将云门法系传承著录于下。

文偃后第一世（76人）：

白云子祥禅师	德山缘密禅师	巴陵颢鉴禅师
双泉师宽禅师	香林澄远禅师	洞山守初禅师
泐潭道谦禅师	奉先深禅师	双泉郁禅师
披云智寂禅师	舜峰义韶禅师	般若启柔禅师
妙胜臻禅师	荐福承古禅师	清凉智月禅师
南台道尊禅师	双峰竟钦禅师	资福诠禅师
黄云元禅师	龙境伦禅师	云门爽禅师
白云闻禅师	净法章禅师	温门满禅师
大容諲禅师	罗山崇禅师	云门常实禅师
林溪竟脱禅师	韶州广悟禅师	华严慧禅师
长乐政禅师	英州观音和尚	韶州林泉和尚
云门煦禅师	黄檗法济禅师	康国耀禅师
谷山丰禅师	罗汉匡果禅师	沧溪璘禅师
洞山清禀禅师	北禅寂禅师	天王永平禅师
永安朗禅师	湘潭明照禅师	青城乘禅师
普通封禅师	净源真禅师	大梵圆禅师
药山圆光禅师	鹅湖云震禅师	开先清耀禅师
奉国清海禅师	韶州慈光禅师	双峰慧真禅师
保安师密禅师	云门法球禅师	佛陀远禅师
慈云深禅师	化城鉴禅师	庐山护国和尚

① 杨曾文：《宋元禅宗史》，北京：中国社会科学出版社2006年版，第86~88页。

天王徽禅师　　庐山庆云和尚　　永福朗禅师
芭蕉弘义禅师　　赵横山和尚　　西禅钦和尚
南天王海禅师　　觉华普照禅师　　铁幢觉禅师
延长山和尚　　福化充禅师　　黄龙赟禅师
大圣守贤禅师　　天柱山和尚　　云门朗上座
纂子山庵主

(《云门宗史话》列文偃第一世法嗣88人，较《云门山志》多出地藏慧慈、云居融、东天王广慈、庆云真、西禅光、鹫峰韶、水精院禅师、智门法观、韶州月华、北禅悟同、韶州龙光、感悟契本、云门守坚、常一大师14人，而少了韶州广悟、庐山庆云2人。另，《云门山志》中的天王徽禅师、天王永平禅师、天柱山和尚、纂子山庵主，在《云门宗史话》中分别写作北天王徽禅师、南天王永平禅师、天柱和尚、纂子庵主)

文偃后第二世（52人）：

白云子祥禅师法嗣（7人）：

韶州大历禅师　　连州宝华禅师　　月华山月禅师
南雄地藏禅师　　乐净含匡禅师　　后白云和尚
白云福禅师

(《云门宗史话》少后白云和尚)

德山缘密禅师法嗣（11人）：

文殊应真禅师　　南台勤禅师　　德山绍晏禅师
黑水承璟禅师　　鹿苑文袭禅师　　药山可琼禅师
乾明普禅师　　中梁山崇禅师　　黄龙志愿禅师
东禅秀禅师　　普安道禅师

(《云门宗史话》多德山柔、进云禅师、乾明自兴、鼎州宽、岳州乾普、芙蓉山济、龙门乾明7人)

巴陵颢鉴禅师法嗣（2人）：

泐潭灵澄散圣　　兴化兴顺禅师

(《云门宗史话》中的灵澄散圣写为录澄散圣，当为校对之误)

双泉师宽禅师法嗣（10人）：

五祖师戒禅师
福昌重善禅师
乾明居信禅师
四祖志譚禅师
兴化奉能禅师
天睦慧满禅师
建福智同禅师
延庆宗本禅师
大龙炳贤禅师
自岩上座

（《云门宗史话》多龙门仁永、福安惠珣、双泉琼、广教怀志、寿宁善义、岳林贤、西林义琛7人）

香林澄远禅师法嗣（3人）：

智明光祚禅师
灌州罗汉和尚
香林信禅师

（智明光祚应为智门光祚）

洞山守初禅师法嗣（6人）：

福严良雅禅师
开福德闲禅师
报慈嵩禅师
乾明睦禅师
广济同禅师
东平洪教禅师

（《云门宗史话》多潞州宝周、安州处琼、龙华祥3人，报慈嵩写作报慈道嵩）

泐潭道谦禅师法嗣（1人）：

了山宗盛禅师

奉先深禅师法嗣（2人）：

莲花峰祥庵主
崇盛御禅师

（《云门宗史话》多西峰豁、乾明德2人）

双泉郁禅师法嗣（2人）：

德山慧远禅师
含珠山彬禅师

披云智寂禅师法嗣（2人）：

开先照禅师
金陵天宝和尚

舜峰义韶禅师法嗣（2人）：

桃园曦朗禅师
法云智善禅师

（《云门宗史话》多邓林善志、大历志聪2人）

般若启柔禅师法嗣（1 人）：

蓝田县真禅师

妙胜臻禅师法嗣（1 人）：

雪峰钦山主

（《云门宗史话》多大沩山承 1 人）

荐福承古禅师法嗣（1 人）：

净戒守密禅师

（《云门宗史话》多观音选、开福从受、石霜璿、寿宁志源、开福琏、净众契珠、清果德陵 7 人）

清凉智月禅师法嗣（1 人）：

详符云豁禅师

（《云门宗史话》为西峰云豁、崇胜御 2 人）

又，《云门宗史话》另列林溪竟脱禅师法嗣凤凰山智广、投子通 2 人，洞山清禀禅师法嗣广教惠定 1 人。

文偃后第三世（42 人）：

文殊应真禅师法嗣（1 人）：

洞山晓聪禅师

南台勤禅师法嗣（2 人）：

高阳法广禅师　　石霜节诚禅师

德山绍晏禅师法嗣（1 人）：

德山志先禅师

黑水承璟禅师法嗣（1 人）：

黑水义钦禅师

五祖师戒禅师法嗣（13 人）：

泐潭怀澄禅师	洞山自宝禅师	北塔思广禅师
四祖端禅师	灵盖志颙禅师	海会通禅师
洞山妙圆禅师	义台子详禅师	天童怀清禅师

宝严叔芝禅师　　五祖秀禅师　　白马辩禅师

水南智昱禅师

（《云门宗史话》多翠峰慧颙、十王怀楚、定慧道海、雁荡文吉、西禅文岫、舜峰蒙正、海会显同、慈应圆、瑞岩珪、三角幽、大明明、五祖昉、大愚达、中宫登、景德简、舍利该、云居庆、永安圆、十王清、雍熙德兴、六合修己、德山文灿、龙牙迁、梁山了奇、报恩和尚、龙门和尚、瑞岩圆27人）

福昌重善禅师法嗣（4人）：

上方齐岳禅师　　育王常坦禅师

金山瑞新禅师　　夹山惟俊禅师

（《云门宗史话》多福昌询、德山文捷、灵峰显英、公案智殊、四明赟、元封政、开圣道如7人）

乾明居信禅师法嗣（1人）：

药山彝肃禅师

（《云门宗史话》多西禅垂白、保唐无约2人）

智明光祚禅师法嗣（10人）：

雪窦重显禅师　　延庆子荣禅师　　百丈智映禅师

南华宝缘禅师　　护国寿禅师　　九峰劝禅师

云盖继鹏禅师　　黄龙海禅师　　彰法澄泗禅师

云台省因禅师

（《云门宗史话》多青山好、慈云绍诜、芙蓉文喜、清溪省肇、德山僧可、翠峰觉显、百丈宝月、翠岩奉鸾、归宗省、广慧清顺、天童宝坚、百丈智赟、广教义嵩、蕲阳口诠、灵泉晓、长松袭、广福允恭、药山宣、天平清、大龙德宣、南华慈济、黄龙汝22人。另，《云门宗史话》中九峰劝写作九峰勤）

福严良雅禅师法嗣（2人）：

北禅智贤禅师　　衡岳振禅师

（《云门宗史话》多衡山了实、殿撰李琛2人）

开福德闲禅师法嗣（1 人）：

日芳上座

（《云门宗史话》多大阳文昱、双溪生 2 人）

报慈嵩禅师法嗣（1 人）：

兴阳逊禅师

德山慧远禅师法嗣（5 人）：

开先善暹禅师　　钦□勤禅师　　禾山楚材禅师
资圣盛勤禅师　　鹿苑圭禅师

（《云门宗史话》多大中仁辯、菩提桂芳、王氏山普 3 人，钦□勤禅师写作钦山悟勤）

又，《云门宗史话》另有广济同禅师法嗣南华智度、九华勤 2 人，灵澄散圣禅师法嗣夹山真首座 1 人。

文偃后第四世（46 人）：

洞山晓聪禅师法嗣（4 人）：

云居晓舜禅师　　大沩怀宥禅师
佛日契嵩禅师　　太守许式郎中

（《云门宗史话》多百丈暹、建山坚 2 人）

泐潭怀澄禅师法嗣（11 人）：

育王怀琏禅师　　灵隐云知禅师　　承天惟简禅师
九峰鉴韶禅师　　西塔显殊禅师　　崇善用良禅师
慧力有文禅师　　雪峰象敦禅师　　云居守亿禅师
洞山永孚禅师　　令滔首座

（《云门宗史话》多寿圣普言利、金鹅静旻、广慧遇新、会初庆诚、清阳忠、南泉靖、智者岳、灵泉子象、寿圣志明、永安智、南荡利勤、衡岳永恩、苏州洪泽、元亨和尚、明州启霞、天圣道、大沩智明、临安慧和、永安道昇、药山绍新、双岭处贤、归宗守轮 22 人）

洞山自宝禅师法嗣（1 人）：

洞山清辩禅师

（《云门宗史话》多洞山鉴迁、月华海林、月华庆雍、南台文、华

光诲、长芦惠恩6人）

北塔思广禅师法嗣（1人）：

玉泉承皓禅师

（《云门宗史话》多永乐德忠、北塔从稳2人）

四祖端禅师法嗣（1人）：

广明常委禅师

灵盖志颙禅师法嗣（1人）：

云居文庆禅师

（《云门宗史话》多栖贤坚1人）

上方齐岳禅师法嗣（1人）：

国庆顺宗禅师

（《云门宗史话》写作东山顺宗）

金山瑞新禅师法嗣（1人）：

天圣守道禅师

（《云门宗史话》多天圣楚祥、极乐用基、上方守能3人）

夹山惟俊禅师法嗣（1人）：

夹山遵禅师

雪窦重显禅师法嗣（11人）：

天衣义怀禅师　　称心省倧禅师　　报本有兰禅师
称心守明禅师　　承天传宗禅师　　南明日慎禅师
投子法宗道者　　宝相蕴观禅师　　君山显升禅师
洞庭惠金典座　　修撰曾会居士

（《云门宗史话》多广教景先、妙果自政、东禅贤、荐福知、天衣在和、海会择芝、上山德隆、长芦智福、洞山慧圆、香积孜、宝庆子环、凤栖仲卿、灵岩德初、龙心智传、乾明则、乾明知应、云峰元益、安国琮、永安元楚、称心清演、证圣守环、汤院守思、化城德迁、广慧用舒、因胜惟证、资福肇、白云德宣、兴元道满、承天洞源、鹿苑显冲、岳林宗善、万寿慧照、疏山淳、德山应、君山筠、南岳文政、

启霞忠宣、罗山蒙、地藏赏、真如雅、凤凰崇、药山恭、西禅罕、报恩政、玉池希白、宝相欢、云门毅、横金显、云岩元度、万寿德、护国宜谦、白云重部、净土义亲、大觉利真、护国惟德、天圣仲华、荐福可、翠峰普、天童利章、妙果垂则、龙华觉、护国德基、报恩宗秘、建福可概、西方岫、雪窦省宗、大乘晓、启霞崇梵、杖锡怀秀、报恩道能、白衣宗朴、白衣智华、水陆瑞云73人。另，《云门宗史话》中君山显升写作君山显昇、洞庭惠金写作洞庭慧金）

延庆子荣禅师法嗣（1人）：

圆通居讷禅师

（《云门宗史话》多延庆法珠1人）

百丈智映禅师法嗣（2人）：

惠因怀详禅师　　　慧因义宁禅师

南华宝缘禅师法嗣（3人）：

兴化延庆禅师　　　宝寿行德禅师　　　白虎守升禅师

（《云门宗史话》多佛陀崇钦、延详法迎、舜峰惠宝、甘露自缘、永泰宗宝、双峰法崇、宝林海月、罗汉清显、清锉智静、翁山文白、延寿法年11人。另，《云门宗史话》中白虎守升写作白虎守昇）

北禅智贤禅师法嗣（3人）：

兴化绍铣禅师　　　法昌倚遇禅师　　　广因择要禅师

（《云门宗史话》多兴化晖、北禅顺、白兆垂素、南岳子祥4人）

开先善暹禅师法嗣（3人）：

云居了元禅师　　　智海本逸禅师　　　天章元楚禅师

（《云门宗史话》多万杉善爽、鹅湖恭、九仙元舜、广慧文深、开先海渊、安国思皎、上方善全、法济善、长庆绍新、洞山慧圆10人。另，《云门宗史话》中云居了元写作佛印了元、天章元楚写作天童元楚）

钦□勤禅师法嗣（1人）：

梁山应圆禅师

除以上各家外，《云门宗史话》还录有：

云盖继鹏禅师法嗣 4 人：

报恩谭　　法轮真
白霞安　　临邛复首座

翠峰慧颙禅师法嗣 2 人：

广果择能　　德山让

海会通禅师法嗣 2 人：

水南文秀　　承天和

雁荡文吉禅师法嗣 1 人：

净光为觉

育王常坦禅师法嗣 2 人：

育王澄逸　　湖山择贤

禾山楚材禅师法嗣 5 人：

曹山雄　　北禅昇　　报恩瑞绍
荐福守机　　新丰全湛

资圣盛勤禅师法嗣 2 人：

本觉省文　　资圣子璋

石霜节诚禅师法嗣 1 人：

岳麓珪

文偃后第五世（62 人）：

云居晓舜禅师法嗣（4 人）：

蒋山法泉禅师　　天童澹交禅师
崇梵余禅师　　慈云修慧禅师

（《云门宗史话》多长耳子良、开元莹、衡山澄信、祥符晓儒、褒亲暕、善果怀演、观音元隐、祥符法周、西禅怀义、开平处良、慈云居慧 11 人）

大沩怀宥禅师法嗣（2 人）：

归宗慧通禅师　　兴教慧宪禅师

（《云门宗史话》多崇福清雅、崇福贵安、大沩和尚 3 人）

育王怀琏禅师法嗣（2 人）：

佛日戒弼禅师　　天宫慎徽禅师

（《云门宗史话》中育王怀琏禅师写作大觉怀琏禅师，法嗣则多径山维林、胜因资、弥陀正彦、金山宝觉、安岩崇海、广慧利和、明仙道信、凤皇文喜、佛日道荣、万寿洪德、精严同定、宝云有馨、东禅智华、东禅智贤、极乐兴嗣、普先处忠、石门希仲、解空清瑞、五磊智环、显圣宗利、孙觉居士 21 人）

灵隐云知禅师法嗣（1 人）：

灵隐正童禅师

（《云门宗史话》多雪峰守超 1 人）

承天惟简禅师法嗣（1 人）：

智者利元禅师

（《云门宗史话》多瑞安僧印 1 人）

九峰鉴韶禅师法嗣（1 人）：

大梅法英禅师

玉泉承皓禅师法嗣（1 人）：

兴教文庆禅师

（《云门宗史话》多北禅希肇 1 人）

夹山遵禅师法嗣（1 人）：

福昌信禅师

（《云门宗史话》作福昌知信）

天衣义怀禅师法嗣（36 人）：

惠林宗本禅师　　法云法秀禅师　　惠林若冲禅师

长芦应夫禅师　　临安智才禅师　　天钵重元禅师

瑞严子鸿禅师　　栖贤智迁禅师　　净众梵言首座

三祖冲会禅师	资寿院接禅师	观音启禅师
天章元善禅师	长芦体明禅师	开元智孜禅师
澄照慧慈禅师	法雨慧源禅师	崇德智澄禅师
栖隐有评禅师	定慧云禅师	大同旺禅师
铁佛因禅师	报本法存禅师	开圣栖禅师
衡山惟礼禅师	显明善孜禅师	启霞惠安禅师
云门灵侃禅师	太平元坦禅师	佛日文祖禅师
望仙宗禅师	五峰用机禅师	佛足处详禅师
明因慧赟禅师	西台其辩禅师	侍郎杨杰居士

(《云门山志》中天衣义怀禅师作天依怀禅师，误。《云门宗史话》多开元智谭、永泰智觉、龙华文喜、永泰自仁、延恩法安、慈云庆珰、灵岩洞偕、桐城诠、净慧可证、宝林光寂、感慈道宾、泗州宗尚、白塔晦、报恩和、偃峰简诸、道吾元泰、无为楚仙、报恩应谭、龙门宗贲、显亲顺宗、长耳相、荐福惠洪、延福恩、景德普俊、荐福明因、开化惠圆、万寿和、定法本、长芦鉴、墨山有琦、上蓝文达、法海来山、同庆智珣、上方真、无锡应谭、宝林种、报恩如宝、芙蓉贲、白云有、法雨慧深、净众择言、灵泉和尚、茶亭能、永泰和尚、泗州惠洪、崇化珣、全咏和尚 47 人。另，《云门宗史话》中临安智才作佛日智才，瑞严子鸿作瑞岩子鸿，资寿院接作资寿捷，天章元善作天童元善)

称心省倧禅师法嗣（1 人）：

慧日尧禅师

报本有兰禅师法嗣（2 人）：

中际可遵禅师　　法明上座

称心守明禅师法嗣（1 人）：

上蓝光寂禅师

广因择要禅师法嗣（1 人）：

妙峰如瑹禅师

(《云门宗史话》多蓝山合知 1 人)

云居了元禅师法嗣（5人）：

百丈净悟禅师　　善权慧泰禅师　　崇福德基禅师
宝林怀吉禅师　　资福宗诱禅师

（《云门宗史话》中云居了元禅师作佛印了元禅师，善权慧忝作善权慧泰。法嗣多翠岩慧空、密岩德溥、云居仲和、同安幼宗、龙兴居岳、万杉子章、鹅湖德延、文殊道用、龟峰祖廉、安国以愉、东禅圆同、北塔惠珂、香严开、大别宗、云居思文15人）

智海本逸禅师法嗣（3人）：

黄檗志因禅师　　大中德隆禅师　　签判刘经臣居士

（《云门宗史话》多白鹿仲豫、荐福重言、白云放、兴福智正、荐福严、凤山世如、双峰弼、幽岩觉8人）

《云门宗史话》另录有：

承天传宗禅师法嗣9人：

崇福了　　承天守明　　凤皇有从
大龙德全　　海印法安　　昆山昙玉
因胜师俊　　法雨重俊　　护国从利

长芦智福禅师法嗣6人：

广慧和　　保宁真戒　　长芦法海
寿宁楚韶　　资福文雅　　三祖慧云

天衣在和禅师法嗣2人：

菩提志专　菩提光用

凤栖仲卿禅师法嗣1人：

凤栖通

永安元楚禅师法嗣1人：

疏山重秀

云峰元益禅师法嗣1人：

中书李林宗

圆通居讷禅师法嗣 3 人：

兴国智旻　　四祖逸　　三祖文诜

东山顺宗禅师法嗣 1 人：

定峰晓宣

雪峰象敦禅师法嗣 1 人：

雪峰善誉

西塔显殊禅师法嗣 1 人：

宝林用明

法昌倚遇禅师法嗣 3 人：

大和山主　　五峰密　　慧日和尚

兴化绍铣禅师法嗣 3 人：

南台以谓　　花药常选　　崇寿玢

万杉善爽禅师法嗣 1 人：

法华德嵩

文偃后第六世（50 人）：

蒋山法泉禅师法嗣（1 人）：

清献赵抃居士

（《云门宗史话》多幽谷祐、兴国法云、荐福忠实、九峰殊甫 4 人，清献赵抃作参政赵抃）

惠林宗本禅师法嗣（21 人）：

法云善本禅师　　金山善宁禅师　　资寿岩禅师
本觉守一禅师　　投子修颙禅师　　地藏守恩禅师
甘露仲宣禅师　　瑞严有居禅师　　广灵希祖禅师
净因惟岳禅师　　乾明慧觉禅师　　长芦崇信禅师
金山法慧禅师　　灵曜□良禅师　　香山延泳禅师
道场慧印禅师　　妙慧文义禅师　　灵泉宗一禅师
普照处辉禅师　　南禅宁禅师　　石佛晓通禅师

（《云门宗史话》中法云善本作大通善本，资寿岩作资寿除岩，地藏守恩作太平守恩。另，《云门山志》有妙慧文义禅师而《云门宗史话》无。除妙慧文义外，《云门宗史话》所录惠林宗本禅师法嗣较之《云门山志》多出179人，兹罗列于下：隐静守俨、瑞光守琮、水西山轲、启霞慧章、南冥善通、西湖文义、韶山杲、天童可齐、万寿普懃、雪窦守卓、报本常利、资福道芳、九□著、香山法昼、琅山载仪、定慧遵式、广法法光、瑞岩水觉、法海世长、太平慧灯、米山崇仙、宝范愿、岳林元亨、澄慧善珂、悟本庆、净土慧旻、澄慧师冕、石霜能、逍遥聪、投子普聪、褒亲祥、马祖崇新、灵应本嵩、寿宁梵仁、福严仲孚、保圣永良、石塔慧、光化楚茙、南禅慧、万寿有琛、护国灵祐、同庆自鉴、灵岩慈云、普照真寂、功臣宗龄、道场良演、无锡法平、寿宁成务、因胜法海、蠡口法荣、罗汉用诚、广慧道亨、宜兴显常、资福机清、广教了证、仁王安德、宝林义蒙、象山灵旷、福严智悦、大中子荣、感慈慧端、华藏希声、乾明可久、香城言惠、光化仁逊、白龙希祖、崇寿智海、五峰祖印、上方可夆、云岩道声、昭庆守严、四面惟羲、华严惟素、法王法海、完善义诰、秀峰真懿、白泉智通、报恩重真、昭庆宗满、普净法英、焦山义深、支提洪占、护国祖印、灵峰永松、南涧智净、湖心义皋、澄照守仁、无锡志圆、练塘清悟、延庆德清、永明道渊、广教法海、崇福惟贤、宝华宝月、地藏清德、崇德省余、大别法满、净慈崇善、万寿圆、圣兽省聪、鹫峰昙清、梵天彦琦、六安文湛、荐福熙、广觉法忠、法海明、因胜观、龙兴如应、广际深、文殊芳、安乐道思、光化真觉、施水守淳、西院宗戒、南祥钟简、神江则轲、昆山希祖、南华德明、寿宁普规、陈园浩沾、寿宁慧真、保福慧茝、瑞岩水利、崇福惟善、龙溪圆照、寿圣自英、寿宁宗一、天王道肱、资福瑞珍、灵泉景仁、神光合韶、灵泉智深、上方法广、文殊尚月、资胜以逊、白莲愈廉、法相用先、太平慧真、西余安德、宝严西杲、法会子升、龙华行庆、寿宁可机、禅悦慧日、安国子志、安乐有捷、练塘惠满、仰天契达、真隐纯洁、慧日德慧、净光法空、龙兴自端、慧日道祥、净土法慧、兴国重宁、安国子咏、永安简玉、承天了宗、甘泉立生、清修省方、灵岩用芳、遍福心印、龙门普顺、千顷宗应、永泰有澄、道齐和尚、圆明和尚、善德和尚、法海和尚、报恩志明、大宁永贤、功臣慧周、大芦奉坚、灵峰自和、多福太素、广际用乾、宝琛和尚、鸡峰止首座、杨直讲居士）

法云法秀禅师法嗣（15 人）：

法云惟白禅师　保宁子英禅师　开先质珣禅师

甘露德颙禅师　仙岩景纯禅师　广教守讷禅师

慈济聪禅师　白兆圭禅师　净明法因禅师

福岩守初禅师　德山仁绘禅师　香积用旻禅师

瑞相子来禅师　真空从一禅师　乾明广禅师

（《云门宗史话》多广慧宝琳、霍丘归才、蒋山良策、吉祥讷、广慧冲云、承天月、安福子胜、正觉道清、澄慧义端、北天王益、栖贤智柔、天禧永、明水法逊、德山妙湛、大愚如照、石霜居晦、兴化当、兴化净甄、钦山继明、三角清、时雍清、大别道常、芭蕉宗谅、安丰法信、云峰又月、永庆惟简、觉林遂、宝池慧月、天王义安、崇德仙、兴教济、荐福永坚、罗浮齐德、护国淳、普照有朋、灵鹫慧明、开和法颙、天峰佛印、元丰宗灯、神光道芳、禅慧法钦、兜率景常、蒋之奇居士 43 人。另，福岩守初《云门宗史话》作福严守初）

惠林若冲禅师法嗣（3 人）：

华严智明禅师　永泰智航禅师　寿圣子邦禅师

（《云门宗史话》多广福昙章、石塔戒、福昌义端、景德元泰、白鹿仲豫 5 人）

长芦应夫禅师法嗣（3 人）：

雪窦道荣禅师　长芦宗赜禅师　慧日知觉禅师

（《云门宗史话》多琅玡宗初、龙蟠道成、普满明、褒禅普、宝林道辉、云岩志愿、等觉法思、寿春法岸、定山文彦、护国绍通、法宝德、乾明宝慧、开圣觉、建隆智因、普光献昭、宝林智皋、雍熙叔则、寿圣重洪、普满法海、五峰普良、大愚喜、宝林和尚 22 人。另，慧日知觉作慧日智觉）

临安智才禅师法嗣（1 人）：

夹山自龄禅师

（《云门宗史话》多千顷允良、广教有全、宝岩灵、慧日道祥、千顷省孜、龟峰重仁、善权珊、龙兴如邃 8 人）

天钵重元禅师法嗣（3 人）：

元丰清满禅师　　定慧法本禅师　　善胜真悟禅师

（《云门宗史话》元丰清满禅师作元钵重元禅师，误。法嗣则多祖印善丕、义安慧深、洞山仙、仙洞仙 4 人）

瑞严子鸿禅师法嗣（1 人）：

育王昙振禅师

（《云门宗史话》中育王昙振作岳林昙振，另多有佛窟可英、中竺禅慧、景德嵩、资圣本、寿圣文谅 5 人）

栖贤智迁禅师法嗣（1 人）：

崇福灯禅师

（《云门宗史话》多法雨惟镇、东明慧迁、漳江宝泉、彰法文素 4 人）

净众梵言首座法嗣（1 人）：

招提惟湛禅师

《云门宗史话》另录有：

福昌知信禅师法嗣 3 人：

法兴期　　善庆楚昇　　均庆清皋

善果怀演禅师法嗣 1 人：

五池冲俨

归宗慧通禅师法嗣 5 人：

资福素月　　同安庆通　　子陵辨

罗汉法医　　开圣道彰

径山维林禅师法嗣 1 人：

兜率择悟

雪峰善誉禅师法嗣 3 人：

鹫峰重道　　圆明重彦　　宝林奉琛

开元智谭禅师法嗣 2 人：

开元宗祐　　南禅道诚

三祖冲会禅师法嗣 2 人：

临安居润　　甘露明广

资寿捷禅师法嗣 2 人：

大智文宥　　资寿思永

上方真禅师法嗣 2 人：

云峰齐觉　　南岳绍巽

慈云庆珰禅师法嗣 2 人：

广慈道传　　虔州慈云

慧日尧禅师法嗣 1 人：

大随道开

文偃后第七世（48 人）：

法云善本禅师法嗣（14 人）：

净慈楚明禅师　　长芦道和禅师　　雪峰思慧禅师
宝林果昌禅师　　资福法明禅师　　云峰志璿禅师
慧林常悟禅师　　道场有规禅师　　延庆可复禅师
道场慧颜禅师　　双峰宗达禅师　　五峰子琪禅师
云门道信禅师　　天竺从谏讲师

（《云门宗史话》中法云善本禅师作大通善本禅师，法嗣则多出55人：承天滋须、吴江法晏、天衣慧通、天圣齐月、圆明希古、狼山文慧、智海和、水西达、南陵有朋、天章澄济、龟洋法海、报慈有聪、瑞峰慧清、灵岩智常、华藏利聪、广灵德衍、天衣弁、大别宝相、感慈广悟、涵碧道安、云门用昇、明招子卿、资庆印、宝严子鉴、大梅智华、崇胜希肇、净慈瑞、净慧择邻、超华灵晓、寿宁戒通、西方可宏、寿圣晓初、佛智慧通、天宁用忠、乌龙守节、报恩怀立、承天普安、治平子微、资圣杲宣、南山文则、长庆思政、万寿海仙、西院用邻、明觉慧皋、澧泉慧初、天平普志、黄山悟先、香山净渊、蕴机和尚、昙慧和尚、盐官谦、寿圣鉴、焦山从、崇德淳、罗汉交）

金山善宁禅师法嗣（2 人）：

普济子淳禅师　　禾山用安禅师

（《云门宗史话》多11人：禅悦知相、鹿苑道齐、仙居有邻、超化守昙、金山佛日、仙岩慧初、西余道孜、广教道本、天平简才、胜法道纲、洪福道才）

本觉守一禅师法嗣（3人）：

越峰粹圭禅师　　天台如庵主　　西竺尼法海禅师

（《云门宗史话》多7人：寿山本明、福果奉华、西峰惟辩、法济元轼、牛头昱先、玄沙智章、本觉钦）

投子修颙禅师（4人）：

资寿灌禅师　　崇寿江禅师

香严智月禅师　　丞相富弼居士

（《云门宗史话》多文殊法聪、白马江、资寿明潭3人）

甘露仲宣禅师法嗣（1人）：

妙照尼文照禅师

（《云门宗史话》中妙照作妙湛）

瑞严有居禅师法嗣（1人）：

万年处幽禅师

（《云门宗史话》多护国元瑞1人）

广灵希祖禅师法嗣（1人）：

仙岩怀义禅师

（《云门宗史话》多乌龙广坚、清溪智诚2人）

净因惟岳禅师法嗣（1人）：

鼓山体淳禅师

乾明慧觉禅师法嗣（1人）：

长庆应圆禅师

（《云门宗史话》多宝积清及1人）

长芦崇信禅师法嗣（5人）：

慧林怀深禅师　　光孝如璝禅师　　天衣如哲禅师

智者法铨禅师　　径山知讷禅师

（《云门宗史话》多10人：石塔铨、万寿明、资圣怀悟、天衣智暹、资福梵钦、光孝净真、灵岩显颙、庆善智照、西禅道暹、龙门法秀）

金山法慧禅师法嗣（1人）：

报恩觉然禅师

法云惟白禅师法嗣（4人）：

智者绍先禅师　　　福圣仲易禅师

慧林慧海禅师　　　建隆原禅

（《云门宗史话》多10人：金山惟仲、乾明永因、胜因崇恺、普照法最、天宁修、慧济普度、二祖果、罗汉遇、广教尧、三祖策）

保宁子英禅师法嗣（2人）：

广福惟尚禅师　　　雪宝法宁禅师

（《云门宗史话》多9人：无为智全、罗汉勤、虎丘通、罗汉善修、香山常、吉祥齐果、华藏宜、广教守渊、广教原照）

开先质珣禅师法嗣（2人）：

延昌熙咏禅师　　　开先宗禅师

甘露德颙禅师法嗣（1人）：

光孝元禅师

雪窦道荣禅师法嗣（1人）：

雪峰大智禅师

元丰清满禅师法嗣（2人）：

雪峰宗演禅师　　　卫州王大夫

（《云门宗史话》多长兴宗朴1人）

育王昙振禅师法嗣（1人）：

岳林真禅师

（《云门宗史话》中育王昙振禅师作岳林昙振禅师）

招提惟湛禅师法嗣（1人）：

华亭观音和尚

（《云门宗史话》多南塔守聪1人）

《云门宗史话》另录有：

护国灵祐禅师法嗣1人：

资圣则圆

万寿圆禅师法嗣3人：

国清照　　慧严觉　　永怀荣

南禅慧禅师法嗣2人：

萧山法诠　　宝林道芳

资寿岩禅师法嗣2人：

彰法嵩　　宝山公远

隐静守俨禅师法嗣2人：

广慧宗贤　　吉祥法顺

天禧永禅师法嗣1人：

添上座

长芦宗赜禅师法嗣9人：

玄沙智章　　净慈惟　　蒋山善钦
本觉道如　　天宁子深　　瑞峰延
僧忍和尚　　洪济琼　　北京照

夹山自龄禅师法嗣3人：

西峰法聪　　兜率惟显　　层山珊

福昌义端禅师法嗣1人：

王屋资

仙洞仙禅师法嗣1人：

明教道

文偃后第八世（19人）：

净慈楚明禅师法嗣（2 人）：

净慈象禅师　　　　雪峰隆禅师

（《云门宗史话》多灵岩德宗、常乐本然、宝应法照 3 人）

长芦道和禅师法嗣（3 人）：

甘露达珠禅师　　　　灵隐惠淳禅师　　　　雪宝明禅师

（《云门宗史话》中灵隐惠淳作灵隐法淳，无雪宝明禅师。另多 13 人：天宁明、琅玡诚、圆智和尚、凤山和尚、精严凤藻、清凉可昇、华严尚刘、褒禅道天、显亲祖永、长芦法永、定水然、兴国远、法音首座）

雪峰思慧禅师法嗣（3 人）：

净慈道昌禅师　　　　径山了一禅师　　　　金山了心禅师

（《云门宗史话》多 11 人：大吉法圆、南安达、净慈昇、石松祖天、庆成悟及、兴王宝机、宝胜守宁、建善法藏、净慈务晖、南明戒通、中峰宁）

香严智月禅师法嗣（1 人）：

香严如璧禅师

慧林怀深禅师法嗣（5 人）：

灵隐慧光禅师　　　　国清妙印禅师　　　　国清普绍禅师

九座慧邃禅师　　　　圆觉昙禅师

（《云门宗史话》多 2 人：净慧法如、圆觉胜）

报恩觉然禅师法嗣（1 人）：

资圣元祖禅师

慧林慧海禅师法嗣（1 人）：

万杉寿坚禅师

（《云门宗史话》多万杉寿隆 1 人）

开先宗禅师法嗣（2 人）：

黄檗惟初禅师　　　　岳麓海禅师

雪峰宗演禅师法嗣（1 人）：

西禅慧舜禅师

（《云门宗史话》多 3 人：凤山道沼、能仁得能、卧龙俞）

《云门宗史话》另录有：
宝林果昌禅师法嗣 2 人：

护国妙机　　兴化德观

慧林常悟禅师法嗣 2 人：

慧照和尚　　宝陀了然

罗汉遇禅师法嗣 1 人：

曹山月

文偃后第九世（5 人）：
雪宝明禅师法嗣（1 人）：

嵴山宁禅师
（《云门宗史话》作天宁明禅师）

净慈道昌禅师法嗣（1 人）：
五云悟禅师
（《云门宗史话》多 2 人：智者可昇、雷庵正受）

灵隐慧光禅师法嗣（1 人）：

中竺元妙禅师
（《云门宗史话》多 2 人：天衣性、灵石辩）

圆觉昙禅师法嗣（1 人）：

灵岩圆日禅师

岳麓海禅师法嗣（1 人）：

玉泉思达禅师

《云门宗史话》另录有：
琅玡诚禅师法嗣 1 人：

北塔善初

文偃后第十世（1 人）：
中竺元妙禅师法嗣（1 人）：

光孝深禅师（南宋）

（《云门宗史话》作己庵深禅师，另多灵隐蕴衷禅师1人）

《云门宗史话》另录有：

雷庵正受首座法嗣1人：

敬庵黄汝霖

二、云门寺的修缮

文偃所建立的云门道场，因为得到了南汉朝廷的支持，所以规模气势都非常宏大。北宋以降，佛教在中国社会各阶层中的影响进一步扩大和深入，人们对名寺、名僧都很尊重。彼时云门道场早已闻名遐迩，前来朝礼的僧俗络绎不绝，香火旺盛，有足够的经费来维护寺庙，所以并不需要大的修葺。

据《韶州府志》记载，云门寺第一次大的修葺是在宋建中靖国年间（1101年。建中靖国是宋徽宗的第一个年号，但这个年号只用了一年就废止了）[①]，这时距离文偃去世已经152年了。在这152年之间，小的维护想来是少不了的，但有没有大的建设，没有确切的资料可以说明。这一年，在住持僧绍资的领导下，云门寺进行了较大的建设。遗憾的是，关于绍资的生平，以及此次重修云门道场的情况，都已经没有资料可以考证了。

降及元代，中华易主。元代统治者一方面大力推广藏传佛教，另一方面并未禁止汉传佛教的发展。元代设有管理全国佛教事务的专门机构（早期称总制院，后改为宣政院，再改为广教总管府，旋复设宣政院），这对于佛教的发展起到了稳定的作用。不过，元代流行的禅宗以临济宗和曹洞宗为主，而在北宋烜赫一时的云门宗已经趋于衰落，所以有关云门寺的情况亦不见于任何记载。

明代云门寺进行过四次重修。第一次是明洪武初年，由僧了偈主持；第二次是明宪宗成化五年（1469年），由僧法浩主持；第三次是明神宗万历十一年癸未（1583年），由僧法传主持；第四次是万历四十五年丁巳（1617年），由一个名字叫芳的人主持。明建立于1368年，所以第一次和第二次维修之间的时间差距也应在百年左右。关于前两次维修的具体情况，目前还没有更多的文献可以参考。第三次维

① 岑学吕：《云门山志》，第9页。

修的情况，赵佑卿《云门寺山门记》有大略的说明“兹因山门颓圮，僧法传独募缘重葺之，而请余为之记。”可见在经过1469年的维修之后，由于近百年风雨的侵蚀，彼时云门寺又已破败，连山门都损毁了。法传四处募化，终于重修山门（不是全部院宇）。碑文的作者赵佑卿自称越人，时任乳源知县，碑文是应法传之请而撰，撰文时间为万历十二年甲申三月朔，亦即山门修葺之后的第二年（1585年）。碑文中还说“师（指文偃）承六祖正印，益演法宗，乃得敕赐，开云门山为禅院，肇自后汉大宝元年，迄今垂五百余祀，而师之真相亦埒南华并存。余礼六祖，旋谒云门，诵其碑记，悉出名公巨笔，则知其来亦甚古矣”①。说明赵佑卿先后到南华寺和云门寺礼拜过六祖惠能和文偃禅师的真身，而当时云门寺内多有碑记，可惜这些碑记现在能见到的只有几块了。刻有赵佑卿《云门寺山门记》的这块碑，高180厘米，宽95厘米，青石质，晕首；碑额有“云门山寺记”5个篆体字，字高10厘米，宽9厘米；碑首刻太阳、祥云线条图案，边缘刻有卷草图纹；碑文有序文和捐资人姓名，楷书，阴刻。此碑今存于云门寺碑廊，保存完好。第四次维修的情况，有题名为芳之人所撰的《重修云门寺大雄宝殿募化疏代碑序》记录云“兹云门梵刹名蓝，乃和霸禅师驻锡……但岁深月久，高柱危，甍圮隳，而雨蠹风飘，大雄宝殿倾欹，神貌渐剥，圣像何安。檀信胡由瞻礼，苾刍何以皈依！盖欲恢规而重建，犹仗众力以维新。芳等不辞劝募之劳，诸君共结良缘之美，膴廉随布，银粟咸宜。遐迩风闻，祈向应市，鸠材料，乐兴工……齐筑菩提路，偕修般若台”② 等，简要说明了重修的原因和修建的情况。《重修云门寺大雄宝殿募化疏代碑序》撰写的时间，是明熹宗天启元年（1621年），即重修之后的第四年。这一次维修和法传的维修之间，只隔了短短的三十四年。这大概是因为法传所募款额有限，所以只能拣损毁最严重的山门进行修缮，而不能顾及大殿和其他建筑。三十余年之后，大殿已经“倾欹”，快要倒塌，所以才有热心人士出来募款修缮。

有清一代，云门寺先后进行过六次修缮：

第一次是康熙二十五年丙寅（1686年）（《云门山志》写作康熙三十一年丁卯，误）。据住持僧元才所撰的《云门寺重装匡真祖师金

① 岑学吕：《云门山志》，第194页。
② 岑学吕：《云门山志》，第195页。

身碑记》记载，康熙十六年丁巳（1677 年）乳源知县舒公（姓舒，名不详）捐俸禄金十两，首倡重修云门古刹。到康熙二十五年丙寅（1686 年）秋天，育才坊等地方檀越四十余人，“慨发善心，各抽净资四十四两，重叠灰漆，浑身试金”①，重新修缮了文偃大师的真身，为之布添装金。《云门寺重装匡真祖师金身碑记》撰于重装金身之后半年左右，也就是康熙二十六年丁卯春正月下旬。

第二次是康熙三十五年丙子冬（1696 年）。据时任乳源知县伍弈芳（康熙二十九年庚午由浙江到广东乳源县任职）所撰的《重修云门寺记》记载，他当时应刘朝桂等人的邀请游览云门寺，却发现云门寺各殿俱已毁坏，“栋宇飘摇，且祖庭外仅一大雄殿，亦复聊蔽风雨，而三宝诸佛像，悉剥落无光，其余地皆鞠为草莽”。伍知县“低徊者久之，即有复兴之意”，可是因为囊中羞涩而不能立时如愿。几年之后的康熙三十五年冬天，伍知县“独捐俸金，命匠鸠工，将祖殿重新焉”，对祖殿进行了维护和重修。

第三次是康熙四十一年壬午（1702 年）。据《重修云门寺记》，康熙四十一年春，伍弈芳知县与刘朝桂居士共同出钱，“将三宝并大士诸佛像，一概装饰，而金碧辉煌”。在伍知县主持下，之后又向善男信女募化，“外则筑以照墙，内则砌以围墙，弗致旷荡”。此后，伍知县又独自捐出俸金，将祖殿内的韦陀天尊像装新，并在山门内新建一殿供奉接引菩萨。他看到“大雄殿朽坏不堪”，又“竭力改壮其规模，榱桷悉去其旧”，“而诸善信亦乐为捐助不吝”。② 经过这几次修缮，云门寺终于焕然改观。

伍弈芳的《重修云门寺记》撰于康熙四十三年甲申（1704 年）仲冬（农历十一月）。

第四次是嘉庆二年丁巳（1797 年）至五年庚申（1800 年）之间。康熙年间伍弈芳知县虽对云门寺进行了重修，但是经过九十多年的岁月，寺内各处建筑又已经破败不堪，“自山门及大雄殿，栋宇凋残，金身剥落，两廊仅存其址，诸多颓废。所幸全者，祖师殿耳”③，可谓惨不忍睹。乾隆时的两任知县已经有了复兴之意，但是最终未果。嘉

① 岑学吕：《云门山志》，第 196 页。
② 岑学吕：《云门山志》，第 197 页。
③ 岑学吕：《云门山志》，第 198 页。

庆二年丁巳夏，知县朱振翰偶游云门寺，见云门寺如此颓废，于是发起了重修倡议，一时之间人情踊跃，大家纷纷捐款，各出其力，开始了重建云门寺的工作。从丁巳冬到庚申夏，历经整整三年时间，终于大功告成。此次修建，“自山门以至大殿，尽行革故鼎新，门内并起韦陀楼，两旁鼎建游廊，大殿柱砌以花砖……重新三宝罗汉，并塑金刚神像，殿宇焕然一新”。又说：“是举也，不知与缔造之旧若何，然绀园金刹，丹碧辉煌；宝像金身，照耀前后；宏其规，广其制，非直为观美也，实以妥神灵而迓福祉耳。”① 嘉庆二年到五年的这一次重新，规模很大，几乎是重建了整座寺院。云门寺经过这一番整修，可谓焕然一新了。

这一次重修的经过，记载在嘉庆五年秋八月所立的《重建云门寺记》碑上。

第五次是道光三十年庚戌（1850 年）。云门寺虽经嘉庆初年的大规模重建，但是到了道光三十年，也就是刚好半个世纪之后，又出现了颓败的凄凉景象。据邓汉卿《重修云门寺并鼎建客堂韦驮殿记》记载，是时虽有寺僧劝捐，但是进展缓慢，“无如丁未兴工，迄今只属草创”。丁未年是道光二十七年，亦即公元 1847 年。也就是说从 1847 年到 1850 年，几乎没有什么像样的进展。所以当邓汉卿和林广文在 1849 年冬游览时，所见到的云门寺是“楹折榱崩，惨人心目。祖殿虽规模初就，可免佛顶星明，奈廊檐倾颓，禅堂草茂”。禅堂是寺庙的核心功能区，是僧人们每日要做功课的地方。禅堂里青草茂盛，可见当时云门寺早已经人去屋空，几乎成了一座空寺。一座几乎无人居住、维护的寺院，无怪乎会出现“楹折榱崩”、“廊檐倾颓”的景象。因为不忍心看到曾经如此辉煌的云门寺败落到这般田地，“予心恻焉”的邓汉卿纠合了有共同心愿的一十七人，买料雇工，对云门寺进行修葺：“度势揆形，削之则冯冯改观，筑之则登登相应，不日而成廊檐栋宇，甬道巩门，神厨佛座，更为南修级路，东创客堂。”这一次的维修，从农历正月上旬开始，到五月中旬基本结束，大约持续了半年。维修的范围，包括了房屋、走廊、台阶、照壁、甬道、拱门、神座等。此外还在南面新修了石级路，在东面创建了客堂。邓汉卿是道光十二年（1832 年）壬辰科武举，《重修云门寺并鼎建客堂韦驮殿记》碑立于

① 岑学吕：《云门山志》，第 199 页。

道光三十年秋九月。[1]

第六次是咸丰元年辛亥（1851年）。这次维修只限于祖殿的关门，可算是对第五次维修的补充。据乳源廪生邓佩秋所撰的《鼎建祖师殿关门记》记载，该年春天，邓佩秋与几位朋友一起春游，看到经过邓汉卿等人整修之后的云门寺多处都焕然一新，只是祖殿的关门似乎遗漏了。同游的邱赞堃说他的祖父以前常慷慨地施舍云门寺僧，他也一直有这个志愿，现在就让他来修整祖殿的门窗。于是邱赞堃就召集匠人开始工作，两个月之后，工程告竣。这次维修祖殿门窗的费用，都是由邱赞堃一人独立承担的。《鼎建祖师殿关门记》碑立于咸丰元年（1851年）农历四月。

我们看到，从明代有记录开始，云门寺就开始了维修工作，在清代维修的次数尤其多。这说明了两个问题：一是云门寺在当地士绅百姓中有很大的影响力，所以大家都很关注它，愿意出钱出力保护它。二是云门寺确实衰落了，衰落到有时连常住僧人也没有几个，以至于满园荒草、墙倾屋朽成了几百年间的常态。

经过咸丰元年的维修之后，云门寺又逐渐败落下来，直到一百年之后才在虚云老和尚的带领之下重新振兴。

三、云门寺历代住持

在云门禅兴盛的时候，出现过许多著名的禅师，比如云门下一世的香林澄远、白云子祥、德山缘密、洞山守初，下二世的智门光祚、福严良雅，下三世的雪窦重显、洞山晓聪、泐潭怀澄，下四世的云居晓舜、云居了元、佛日契嵩，下五世的惠林宗本、法云法秀，下六世的投子修颙、净因惟岳、本觉守一，下七世的径山知讷、香严智月、雪峰宗演，下八世的径山了一、黄檗惟初、凤山道沼等。这些禅师，尤其是香林澄远、德山缘密、洞山守初、雪窦重显、佛日契嵩等，在禅宗的灯录中都有较多记载，后人撰写有关云门禅的著作，也都会加以介绍。比如杨曾文先生的《宋元禅宗史》择要介绍了二十一位禅师，尤其是雪窦重显、荐福承古、佛日契嵩三位；冯学成居士的《云门宗史话》更是介绍了多达八十八位禅师。有鉴于此，本书就不对这些禅师进行介绍，有兴趣的读者可以找相关资料了解。

---

① 岑学吕：《云门山志》，第199～200页。

这里要介绍的，是文偃以后云门寺的历代住持。需要说明的是，因为云门寺在文偃去世到虚云鼎力中兴的整整一千年中，并没有出现有名的住持，尤其是明清两朝常常处于衰弱不振的状态（元代无文献可以参考），甚至有时几成空寺，所以其详细的传承情况实际上已不可稽考。所幸虚云和尚在住持期间，多方搜寻考证，终于有了一些线索。《云门山志》根据虚云和尚的搜证，“查得较为可靠者十余人”，并列出了简单的传承表。兹以《云门山志》所列人物为线索，尽可能搜求资料，对文偃之后云门寺历代住持作一简单介绍。

法球禅师：云门法球禅师为文偃的第一世弟子，应为五代北宋间人。《五灯会元》中记载其法语共五则：

> 僧问：“如何是西来大道?”师曰：“当时妄想，至今不绝。”
>
> 问：“如何是云门剑?”师曰：“长空不匣锋芒色。”曰：“用者又如何?”师曰：“四海唯清日月明。”
>
> 问：“如何是道?”师曰：“头上脚下。”曰：“如何是道中人?”师曰：“一任东西。”
>
> 问：“如何是随色摩尼珠?”师曰：“色即不无，作么生是珠?”曰：“学人不会，特伸请益。”师曰：“云有出山势，水无投涧声。”
>
> 问：“牛头未见四祖时如何?”师曰：“香风吹萎花。”曰：“见后如何?”师曰：“更雨新好者。”①

从以上五则法语可以看出，法球禅师继承了文偃大师的禅法思想和接引风格。譬如以“当时妄想，至今不绝”回答“如何是西来大道”，暗示问者和其他同样发过此问的人一样，其最大的迷误就是执着于“西来大道”这个妄想（相）之中而不能解脱，忘记了只有自己才是成佛的根本，也忘记了佛要人不执于一切相（法）的训诫。“云门剑”在当时已经名遍禅林，有人问到底什么是云门剑，法球回答“长空不匣锋芒色”，意思是云门宗在接引学人时，一方面不拘一格，可谓触目是道，在在皆是禅机，就好像天空一样广阔而覆盖万物；另一方面又锋利快捷，不容拟议，可于瞬时之间断人情识妄想，就好像

---

① 《卍新纂大日本续藏经》（第 80 册），东京：株式会社国书刊行会 1975—1989 年版，第 314 页。

出匣的宝剑一样锋芒毕现。而“四海唯清日月明”，则是说此剑之用，因为可使人立地顿悟，所以一用之后，妄念俱歇，于是一切山河大地，日月星辰，乃至一沙一草，皆或“清”或“明”，俱显出其真如本性。又譬如对“如何是道”的回答，“头上脚下”是要参禅者从自身入手，不要骑驴找驴。对“如何是道中人”的回答，“一任东西”形象地展示得道之人不被色相所缚，内外融洽、物我无别的自由境界。

爽禅师：云门爽禅师和法球禅师一样，也是文偃大师的第一世弟子。《五灯会元》记录其法语二则：

> 僧问：“如何是佛？”师曰：“圣躬万岁。”
>
> 问：“如何是透法身句？”师曰：“银香台上生萝卜。”①

以“圣躬万岁”回答“如何是佛”，是说你自己才是自己的主宰，“菩提般若之智，世人本自有之，只缘心迷，不能自悟”②，所以要知道什么是佛，就要反求诸己，而不能向外寻求。以“银香台上生萝卜”回答“透法身句”，是以不合逻辑、匪夷所思的语句来剿除问者对“透法身句”的妄想执着，正是云门禅孤危耸峻风格的表现。

常实禅师：云门常实禅师，亦为文偃大师的第一世弟子。《五灯会元》记录其法语二则：

> 上堂：“至道无难，唯嫌拣择。还有拣择者么？”
>
> 时有僧问：“十方国土中，唯有一乘法。如何是一乘法？”师曰：“日月分明。”曰：“学人不会。”师曰：“清风满路。”③

对佛教而言，世间万有，从其相上而言，无一相同，各有自己的特殊性；但从其性上而言，则无一不是佛法真如之显现。故虽一草一木一沙一石之中，都可参悟自性真如。惠能大师说：“凡愚不了自性，不识身中净土，愿东愿西，悟人在处一般。”④ 文偃大师教诲大众：

---

① 《卍新纂大日本续藏经》（第 80 册），东京：株式会社国书刊行会 1975—1989 年版，第 312 页。

② 《六祖大师法宝坛经》，见《大正藏》（第 48 册），东京：大藏出版株式会社 1988 年版，第 350 页。

③ 《卍新纂大日本续藏经》（第 80 册），东京：株式会社国书刊行会 1975—1989 年版，第 312 页。

④ 《六祖大师法宝坛经》，见《大正藏》（第 48 册），东京：大藏出版株式会社 1988 年版，第 352 页。

“除却着衣吃饭，屙屎送尿，更有什么事？无端起得如许多般妄想作什么！”① 所以，只要自净其心，根本不需要在参悟的对象上挑三拣四，就是干屎橛也可以助人悟入。常实禅师此言，就是告诫众人莫要错用心思。

“一乘法”，就是成佛的法门。《法华经》云：“十方佛土中，惟有一乘法，无二亦无三，除佛方便说。”② 僧人此问，就来自于《法华经》中的这句话。对于如何成佛，禅宗顿教有自己的理解，那就是见性成佛——“本性是佛，离性无别佛”，只要能见自本性、识自本心，就是佛。如何见性呢？在日常生活中感悟。生活中的一物一事，如天天得见的日月，或清风拂面的林间小道，都是成佛的契机，不可轻易放过。常实禅师此说，正是要问者从生活入手去参悟。

煦禅师：云门煦禅师，亦是文偃大师的第一世弟子。《五灯会元》记录法语一则：

> 僧问：“如何是祖师西来意？”师曰：“即今是甚么意？”僧曰：“恰是。”师便喝。③

僧人所问煦禅师的，是禅林里最常见的问题之一。前文已经讲过，禅师们在回答这个问题时，依据对象的不同而各有不同，是因材施教。在这则公案里，煦禅师反问问者“你现在所问是什么意思”，问者回答“就是这个意思”，结果被禅师一声断喝。为什么断喝？因为问此问题者，都已陷入对“西来意”的执迷之中，而执迷本身就是开悟最大的障碍。禅师的反问，是要那僧破此执着，而那僧并不理解，还陷于对“那个意思”的执着，所以被禅师一声断喝。

以上所言的四位禅师，都被《五灯会元》列为文偃的第一世弟子，也就是将其视为同一辈分的人。就此而言，四位禅师应该都是五代末北宋初年的人。不过，因为缺乏他们的生平资料，所以在文偃去世之后，是不是他们四位都住持过云门道场，还是只有其中的一位或两位住持过，都已经不可知了。

---

① 《云门匡真禅师广录》，见《大正藏》（第 47 册），东京：大藏出版株式会社 1988 年版，第 548 页。

② 《添品妙法莲华经》，见《大正藏》（第 9 册），东京：大藏出版株式会社 1988 年版，第 141 页。

③ 《卍新纂大日本续藏经》（第 80 册），东京：株式会社国书刊行会 1975—1989 年版，第 312 页。

霸禅师：云门霸禅师，应为云门下四或五世，于北宋仁宗庆历间（1041—1048 年）住持云门寺。其时正是云门宗在北宋最为兴旺的时候，云门法嗣遍布天下。可惜云门宗的发祥地云门寺却无杰出的禅者出现，见于记载的，只有雪窦重显的法嗣云门毅，以及天衣义怀的法嗣云门灵侃，而两人都不甚知名。至于云门霸禅师，更是寂然无闻。《云门山志》记其事迹云："招降叛寇唐和"①，未知出处何在。

绍资禅师：《韶州府志》云"宋建中间，僧绍资"曾重修梵宇，于此可见绍资乃宋徽宗时人，大约为云门下六世的禅师。

道信禅师：明代僧人居顶《续传灯录》称其为"西京韶山云门道信禅师"。宋代以洛阳为西京，但洛阳并无韶山，故未知此地究竟何在。又称其"云门道信禅师"，可见曾在云门寺住持。《续传灯录》将其归入"大鉴下第十四世"。按云门宗谱系，实为云门下七世禅师，与云门用昇同为法云善本禅师法嗣。《续传灯录》记载的法语有三则，现录于下：

> 僧问："如何是祖师西来意？"师曰："千年古墓蛇，今日头生角。"曰："莫便是和尚家风也无？"师曰："卜度则丧身失命。"
>
> 问："如何是学人自己？"师曰："无人识者。"
>
> 曰："如何得脱洒去？"师曰："尔问我答。"②

"卜度则丧身失命"，是对云门禅许多机锋话语的一种十分准确的解释。一切思维、语言、想象、情感等，在佛教看来，都不过是因心而起的幻相，只有不生不灭、不增不减、绝对虚空的自性才是世界之本性。所谓证得菩提真如本性，就是要人亲身感受、体验到这种物我无别之空的境界。用西方哲学的语言来表述，佛教既不是唯心主义也不是唯物主义，而是超越于二者之上。如果硬要作一个类比，E. 胡塞尔（E. Edmund Husserl，1859—1938）的现象学（phenomenology）是比较近似的：现象学理论认为，我们所经验到的世界并不是世界本身（物自体），而只是一种"意向性客体"，即存在于人的意向性之中的一种客体，或者说是世界对人所"现"出来的"象"。这是一种主体间性的结果，而不是事物本身。对于事物本身的把握，不能借助于

① 岑学吕：《云门山志》，第 68 页。
② 《续传灯录》，见《大正藏》（第 51 册），东京：大藏出版株式会社 1988 年版，第 593 页。

逻辑分析或者理性，因为逻辑分析只是对所“现”之“象”与“象”之间关系的把握。胡塞尔认为，对于事物本身的把握方法只有一种，那就是借助于“本质直观”而“回到事物本身”。这是一种前知觉、前逻辑状态的直观，胡塞尔称之为“现象学的还原”。它包括了几个步骤：首先是“现象的还原”，也称“中止判断”，其要义是将一切日常生活中、科学中或宗教信仰中接受的观念以及一切有关存在的假设、判断等，都“悬置”起来，放入括弧中。这一点类似于佛教所谓的剿除人的一切妄想情识。其次是“本质的还原”，即通过对“现象的还原”而获得纯粹意识，再通过对事物本质的直觉而获得事物的一般本质。这一点类似于佛教所谓的心物无别、即心即物的境界。最后是“先验的还原”。通过“本质的还原”而获得的是普遍有效的本质确定性，仍不能完全排除一种朴素的自然观，因而还需要进一步进行“先验的还原”，即尽可能地排除本质和所有有关本质的科学，使意识活动获得一种先验的（先于经验的）、普遍的意义，从而进入纯粹自我或者纯粹意识的绝对领域。这一点类似于佛教证悟之后“顿见如来真如本性”的境界。当然，这里只是强为之比，因为佛教和现象学虽有类似之处，但毕竟是建立在不同的知识背景之上的两个完全不同的思想体系。比如佛教对“证道”之后所获得的绝对自由状态的描述就不同于现象学，且作为宗教，佛教更加强调“行”的力量；再比如禅宗强调在凡俗的日常生活中也可以“悟道”，云门文偃大师以“见山是山，见水是水”、“见山不是山，见水不是水”、“见山还是山，见水还是水”来描述的悟道的三重境界等，都是现象学理论所没有的。回到对“卜度则丧身失命”这句话的理解，可以看到，这正是现象学所讲的要进行“现象的还原”，也就是通过“中止判断”，将一切已有的观念、知识、信仰等全部“悬置”起来。如果不进行这种“悬置”，那么就无法进行以下的“本质的还原”和“先验的还原”，当然会“丧身失命”。还有一点，胡塞尔认为现象学不是解释性的（explanative）而是描述性的（descriptive），这一点也类似于佛教。我们只要看看禅宗祖师们的种种机锋法语，就会发现禅宗排斥解释而尽量以描述的方式呈现事物。

了偈和尚：明太祖洪武初年僧人，主持云门寺期间曾化募重修寺院，详情已不可考。

法浩和尚：明宪宗成化间僧人，成化五年（1469 年）曾主持重建院宇，详情已不可考。

法传和尚：明神宗万历间僧人，万历十二年（1584 年）前后曾化募重建山门。

云台陈老和尚：明神宗万历二十六年（1598 年）前后主持云门寺，事迹不详。

师臣和尚：清圣祖康熙三年（1664 年）前后为住持，曾办理蠲免大差。

元才和尚：清康熙三十年（1691 年）前后为住持。其时云门寺佛像毁损严重，乳源舒知县会合地方檀越育才坊者等四十余人，共同捐资重装祖师文偃禅师金身。住持僧元才撰《云门寺重装匡真祖师金身碑记》，记录此次修缮祖师金身过程。

妙莲达老和尚：清仁宗嘉庆十年（1805 年）前后为住持，事迹不详。

福龙灼老和尚：清宣宗道光十四年（1834 年）前后为住持，事迹不详。

明空和尚：民国二十七年到三十二年（1938—1943 年）之间独守云门，事祖师香火。

文偃大师之后，长期以来云门寺再无名震禅林的大德高僧出现，元明清三代更是寺残人稀，其衰弱不振之状长达千年之久。故其历史资料之残缺不全，实在情理之中。

第二节　虚云和尚对云门宗的振兴

虚云和尚（1840—1959 年），俗姓萧，讳古岩，字德清，湖南湘乡人，中国近现代佛教史上的传奇人物。他出生于道光二十六（1840 年）农历七月三十日，圆寂于 1959 年农历九月十三日，世寿高达一百二十岁。他一生为了佛法，历经人间苦难，甚至到了一百多岁还被人打得几日不醒，但他信如金石，始终如一，从未退缩。他以区区一衲、一铲、一笠、一绳床行遍天下，仗一己之力而中兴禅宗五家，被誉为“一身而系五宗法脉”之禅

虚云和尚法相

宗大德。其所行，堪为近代以来佛教第一人。

虚云和尚的一生，约略而言，可以分为两大时期：从出生至五十六岁在扬州高旻寺开悟为第一时期，这是他的自度时期。从离开高旻寺到去世为第二时期，是度人的时期。在自度时期，年轻时他以苦行为主，后来在天台山融境（一名云境）老法师的启发之下开始习禅，此后足迹遍及大江南北，远至于东南亚各国。在度人时期，他主要活动在中国南方（以云南、福建、广东和湖南四省为主），其事业可分为重振古寺道场和弘化众生两大类。第二阶段的度人时期，是他一生中最重要的时期，也是他为佛教作出最大贡献的时期。

一、虚云与云门寺的中兴

元明清三代，云门寺虽然时有修葺，但是因为没有大德高僧出现，其颓废没落之势并无改变。降至民国，云门寺又变成了一片断瓦颓垣，千年古刹竟时为野狐所据。如此凄凉景象，让有志于振兴佛教的人士为之扼腕。所幸的是，民国三十二年（1943 年）之后，终于有虚云这一位旷世之人天师表出现，再续云门法脉，使云门宗重新焕发生机，成为云门宗第十二世祖。

从 1943 年腊月驻锡云门，到 1952 年 4 月离开，虚云在云门寺的时间，前后接近十年。

（一）重建梵宇

虚云与云门寺的因缘，要从他重兴南华寺说起。早在民国七年（1918 年），李根源督办韶州军务，就曾邀请当时还在云南的虚云和尚来主持南华寺，虚云没有接受。民国十七年（1928 年），时任广东省政府主席的陈铭枢又邀请虚云来主持南华寺，虚云因为先已答应了福建鼓山的邀请而再次谢却。到了民国二十三年（1934 年），经时任广东省西北区绥靖主任李汉魂之邀，又因一夜三次梦见六祖召唤自己回南华寺，虚云遂辞去鼓山之职赴任南华寺。当时的南华寺，也是院宇颓圮，宗风衰落。虚云到后，一方面多方筹措兴建庙宇，另一方面大力整顿僧侣作风，经十年努力，终于使得这座号为禅宗祖庭的南华禅寺重新焕发出勃勃生机。

民国二十九年（1940 年），在南华寺重兴工程即将完工之际，虚云和几位僧人一起到乳源寻访昔日的灵树道场。结果灵树道场没有找到，却看到文偃大师一手开创的云门山大觉禅寺荒凉破败不堪，只有一位名叫明空的僧人，孤零零地看守着到处是荆棘和野草的破庙。见到文偃大师的肉身尚在，而大觉禅寺却沦落至此，虚云不禁潸然泪下。回到南华寺后，虚云和来寺的李济深、李汉魂等人谈起云门寺的不堪景象，众人皆为之唏嘘不已。不久之后，李济深等出巡乳源，亲眼见到云门寺人去寺残的光景，于是便会同地方名流，邀请虚云再兴云门。已届百岁高龄的虚云慨然允诺，将南华寺的职务交给复仁和尚，自己于民国三十二年（1943 年）来到云门山大觉禅寺，开始了中兴云门的伟业。

这一次的建设，和前面的各次修葺都不同，是一切都从头再来。建设的第一步，是根据风水格局先确定山门的走向。据《云门山志》和圆证的《虚云禅师中兴云门实纪》等资料，云门寺的旧格局，是坐西北而向东南，乾山巽向，大殿三门正对着雷公岭。这种格局，因为寺院的左侧背受山溪之冲煞，右前方遭白虎山的威胁，左前方又不见青龙岭，所以在风水上不吉利。虚云所做的第一件事，就是更改寺庙的走向。他保留了寺院整体坐西北向东南的格局，但是取辛山乙向，将大殿三门改为正对观音岭。“如此有四利焉：一者全寺靠正主山，不形偏倚，且避免左侧背山溪之冲煞；二者青龙岭高于白虎山，免除右前方之威胁；三者正对观音岭，案山佳胜，诸峰罗列，并有大小旗山，形成贵人拱卫之象；四者全寺梵宇，称合整个天然局势，后座稳靠，前面开展，左右拥护，凶煞尽避，吉祥全收。”[①] 风水之说，本是中国传统文化的一部分，其源始自先秦，而汉以后盛行于社会各阶层。虚云虽是佛门中人，亦深受其影响，由此可见佛教在传入中国后本土化之一斑。

全部工程有三大部分：重奠地基、建筑屋宇和重塑佛像。据怀西的《广东云门山大觉寺中兴的经过——为纪念师尊虚公老人上生兜率一周年而作》所言，当时参与建设的人，除了住寺僧众，尚有政府派出义务为寺担土的两营士兵以及雇佣担泥的工人近百名。重奠地基是工程量最大的部分，因为挖山、担土、开池，都是极为费力的事。全寺被挖过的面积，从人工挖掘的放生池开始，共分五层而至方丈室后山，总数在二到三万平方公尺。后山被挖低的高度，有四到五公尺。

① 圆证：《虚云禅师中兴云门实纪》，见净慧主编：《虚云和尚全集》之第九分册《传记资料》（下），石家庄：河北禅学研究所 2008 年版，第 425 页。

为了打好地基而挖出的泥，从山后两旁堆积，直伸出放生池外，每边的长度有四百公尺以上，仿佛两座矮山。①

云门寺的旧建筑，被悉数拆除。新建筑有前中后三排、左边两路、右边两路，殿、堂、楼、厅、亭、寮、库、塔等共计一百八十余楹，加上放生池、碓房、海会塔，共占地约二十亩。② 全院的平面图如下：

云门寺平面图

（二）整肃僧规

和其他宗教一样，佛教也有自己的宗教组织。有组织，就一定要有维持组织的制度，这就是所谓的僧规。制度的作用，是通过最大限

① 怀西：《广东云门山大觉寺中兴的经过——为纪念师尊虚公老人上生兜率一周年而作》，见净慧主编：《虚云和尚全集》之第十一分册《追思录》（下），石家庄：河北禅学研究所 2008 年版，第330～331 页。

② 岑学吕：《云门山志》，第 11 页。

度地促进组织内部的团结与整合，来保证组织的稳固和发挥组织的功能。制度不健全或者制度趋于瓦解的组织，很可能最终走向解体。释迦牟尼佛在世的时候，就已经制定了一些僧规。佛教传入中国以后，根据中国本土生活和文化的特点，在改造传入的僧规的同时，又陆续制定了一些适应中国情况的僧规。由于佛教的寺庙都是相对独立的单位，寺庙与寺庙之间并没有一套完整而严格的等级制度约束，所以僧规的执行情况，不同的寺庙之间差别很大。在社会动荡的年代，僧规的破坏更是常态，而这对佛教的破坏作用是难以估量的。20 世纪上半叶的佛教，不幸就处于这种状态之中。

《孟子》云："不以规矩，不成方圆。"在寺院纪律松弛、宗风颓废的情况下，尤须严明纪律，以为振起之基础。虚云在重建鸡足山祝圣寺、昆明云栖寺、福州鼓山涌泉寺、韶关南华寺等寺时，无不将整肃僧规放在头等重要之地位。主持云门寺后，为了整顿风气，虚云积多年之经验，制定了十种僧规。这十种僧规分别是：①《共住规约》，为规范常住僧人之行为而设，共二十二条。②《客堂规约》，为严肃待客之道而设，共二十八条。③《云水堂规约》，为规范来云门寺临时挂单之僧人而设，共九条。④《禅堂规约》，为众僧严肃坐禅而设，共三十二条。⑤《戒堂规约》，为严明戒律而设，共三十条。⑥《爱道堂共住规约》，为女尼专设，共二十八条。⑦《衣钵寮规约》，衣钵寮为存放法器、银钱和日常用品之所，共七条。⑧《库房规约》，库房掌全寺物件用度，共十九条。⑨《大寮规约》，大寮即厨房，共十七条。⑩《浴室规约》，共九条。

以上各规约，皆具体详细，考虑极为周致，可以说凡集体生活所在之处，皆有规章约束之。其规定之细微及处罚之严厉，亦可谓少见。虚云挽救流弊、重振祖庭的决心，由此可见一斑。

（三）农禅并重

原始佛教不但排斥任何产业，也完全排斥教徒的体力劳动，僧人完全靠乞讨和受人施舍为生。佛教传入中国以后，在保留了乞食传统的同时，由于常常得到包括土地等在内的诸多赏赐、布施，所以许多寺庙逐渐拥有了自己的产业。不过，虽然有了土地，但是僧人们并不亲自参与劳动，而是将土地租佃出去以取得生活资料。禅宗改变了佛教徒不事生产的传统。禅宗从四祖开始，就有了自耕自食的实践，以后逐代发展，慢慢形成了独特的农禅并重的传统。农禅传统的形成，从客观上讲，是因为禅宗的多数寺庙都建在僻远而清净的山野之地，既然不愿乞食于王侯，便只能自给自足。从主观上讲，从六祖惠能发展起来的“佛法在世间，不离世间觉”的思想，等于间接承认了劳动也是觉悟的一种方式，这为农禅传统的形成奠定了理论基础。到了百丈祖师，就明确创立了“一日不作，一日不食”的传统，此即所谓“百丈家风”。

云门山大觉禅寺在建立的时候，就已经有了自己的产业。这从文偃大师临终的嘱咐中可以看得很清楚。① 以后历代虽有变化，但并没有完全丧失。明万历十二年（1584 年），乳源知县赵佑卿及官绅张文登等十四人立《云门寺田地山场碑记》，详细记载了当时寺庙所拥有的田产。大约在清季民初之时，云门寺每年所应收的田租，尚有千石左右（其中大部分被侵占，寺庙只能收入二百余石）。② 民国二十六年（1937 年）前，因乳源境内常常纷扰不安，寺内众人逐渐散去。只有一名老儒名林秀崐者，在寺内设一私塾，权收寺庙田租以为私塾费用。民国二十七年（1938 年），明空和尚由峡山寺来云门，林氏即将僧人们留下的寺庙田契等，逐一清点移交给明空。民国三十一年（1942 年），当时的乳源县立中学校长乘政府丈量田地的机会，假称帮助明空代办公文，欺骗明空，骗去契约，强行将寺庙应收田租充作该校经费。等明空知道受骗，已经悔之晚矣。

虚云来到云门寺以后，为了寺庙的长久发展，非常重视田产的情况。他着手办了两件事情：一是确立云门寺的土地界址。在虚云的努力下，广东省佛教协会在民国三十三年（1944 年）五月向乳源县政府发出一文，称云门寺的土地东起窝子村，西迄云门坳，南自雷公岭，北迄大慈悲峰。③ 虚云在当年七月以此为据呈请县政府执行，但是因为当时政局纷更，政府人事变动急速，最后不了了之。二是收回被乳源中学强占的土地。虚云先是同该中学直接交涉，但毫无效果。无奈

---

① 岑学吕《云门山志》说在文偃时，“云门地方，土旷人稀，本寺领有田土山场极广，相传环云门山洞数十里之田野，均为本寺所有”。（《云门山志》，第 147 页）但此说法缺乏坚实的文献证据，只可算一种揣测。

② 岑学吕：《云门山志》，第 152 页。

③ 岑学吕：《云门山志》，第 151 ~ 152 页。

之下，只好于民国三十三年（1944 年）和民国四十八年（1949 年），先后向乳源县政府和广东省政府提交申请，请求政府核办寺庙田产一事。两级政府虽然都应允帮助寺庙，在此期间也有热心者百般努力，但是因为政府人员的推诿与腐败，最后还是没有解决问题。所幸的是，因为佃户们都知道这些田地本属寺庙所有，加之田租甚轻，虚云又有望于乡里，不少人便自觉为寺庙交租。这解决了寺庙不少的困难。

大觉农场集体劳动场景

虽然被强占的田地和产业没有收回，但是经过虚云的整理，云门寺还是保留了约三百亩田地。这三百亩田地，每年早晚两造可收租谷约二百石。[1] 所收的租谷，并不能完全满足寺庙的需要。为了扩大粮食生产，虚云又成立了“大觉农场”，亲率寺众垦荒数十亩，开展生产活动以图自给。为了加强组织，虚云又制定了《农场组织章程》，建立了基本的管理制度，规定“凡在本寺长住之僧众，除总副管理、监植可免垦种工作，及年在六十以上、体格衰弱、确不能任劳者，酌量派遣其他任务外，其余均须一律参加垦种工作……及年在十五龄以下者，不在此限，但遇公规出坡，则应随众工作”。除了库房、大寮、米头等工作繁忙的人员外，“规定每人应垦种荒地最少三十方丈”。又规定建立登记制度，由“总管理指派库房一人负责，将抽签所得荒地之名字号码数量分别登记清楚，至收成时并分别抽收常住应得之利益”。“垦种所用各种工具，概归常住办理，分配借用，由监植负责将各人借用之器具分别登记。如有损坏则借者应负赔偿或修理之责”、“各样种子由常住贷发，收成时如数缴还。但用何样种子及数量，须事前到库房登记，以便准备”。[2] 如此等等，共十八条。

① 岑学吕：《云门山志》，第 153 页。
② 《农场组织章程》详细条款见岑学吕《云门山志》，第 175～177 页。

佛源和尚在追忆虚云时，有一段回忆新中国成立前后大觉农场生产情况的说明。兹录于下，作为当时农场生产情况的参考。他说：

> 寺前放生池下有十多亩水田，农场一片旱地有二三十亩，水田有十亩左右，云门亭有五六亩水田，共计田四十多亩，每人平均有一亩多。每年种有花生五六亩，一亩能收干花生三百斤。一百斤花生能榨三十斤油，到一六街冰江渡去榨。这样，每年自种的花生油基本可以自给，粮食也自耕自食有余。还种有芝麻、眉豆、木薯等杂粮。农闲时，到桂花潭山上砍些杂柴，挑到乳源街上去卖，可以换回盐、茶、豆腐等物。寺内还养有水牛五六头，出牛粪时，每人每天挑到云门亭，最少也得来回七八遍。那时我每担都是一百斤以上，一天十个来回。①

二、虚云与“云门事件”

虚云一生经历坎坷，受难无算，而他在老年之时经受的最大法难，就是1951年所发生的著名的“云门事件”。

“云门事件”的发生，首先和当时全国的大背景“土改”和“镇反”运动有关。那时全国刚刚解放不久，各地都在开展轰轰烈烈的土地改革运动，将地主、富农的土地强行没收或者低价赎买后分配给广大的贫苦农民。土改运动是在中国共产党领导下的一场改天换地的深刻的社会革命和政治革命，势必遭到地主等旧势力的激烈反对，农村的阶级斗争形势因而格外激烈。此外，国民党在败退之时，为了破坏新生的共和国，留下了大批的特务和地下武装分子。为了尽快恢复社会秩序，非常有必要及时肃清国民党残余分子以及和他们相互勾结的土匪恶霸等反革命分子。为此，中共中央于1950年10月发布了《关于镇压反革命活动的指示》，在全国范围内部署镇压妄图破坏国家稳定的反革命分子。乳源地处粤北山区，本来就是匪徒经常出没的地方，自然也是镇反活动的主要关注点。从云门寺本身来说，当时也确有不

---

① 佛源：《佛源和尚忆虚老》，见净慧主编：《虚云和尚全集》之第九分册《传记资料》（下），石家庄：河北禅学研究所2008年版，第356页。

少反共仇共分子混入僧人队伍之中。[1] 比如香港的道风山就是一个比较活跃的基督教反共特务组织，他们潜入内地，专门诱骗一些出家人到香港加入该组织，通过一番反共教育和集训后，再让这些人返回内地进行反动宣传。当时，在虚云座下出家的一名姓惟的僧人，就是从道风山回来的。此外，一些新中国成立前曾经在国民党军政部门工作过的人，甚至一些双手沾着革命群众献血的人，在新中国成立后也出于种种因缘投到了虚云的座下，比如释证圆出家前曾担任过国民党军的团长，释妙云曾担任过国民党政府银行的行长，释无边在 1927 年的大革命期间曾经镇压过工农红军。这些背景如此复杂的人，在新中国成立后害怕被人民追责，就想躲到寺庙之中。虚云是一位虔诚的佛教高僧，他或者根本就不知道这些人的底细，只是本着一颗慈悲的心接纳他们；或者也清楚这些人的底细，但是本着“放下屠刀，立地成佛”的精神，为他们大开方便之门，根本没有考虑其中的利害关系。在新中国成立前后的短短一段时间内，虚云所剃度的僧人竟多达四十人！

此外，虚云虽然从不主动介入政治，却出于种种因缘，在新中国成立前和国民党政府的许多高官显宦交往甚密，一些高官还是他的俗家弟子，这也为这次事件种下了诱因。虚云晚年回顾自己的一生时，曾这样评价自己和政治的关系：“旧政府去，新政府来，就疑我是旧政府那一党那一派。现政府也疑我，因为曾在重庆和林森等往来，办过祈祷世界消灾和平法会……李任潮在桂林当行营主任，我也走进了名场，又搅不清楚了，因此引起云门一场祸事……劝你年轻人及早努力，道心坚固，不染世法，有好收场。”[2]

但是所有这些，都还不是导致“云门事件”的直接原因。“云门事件”的直接导火线，是一个从湖南逃跑来的名叫释广孝的僧人。他本来是国民党的保长，新中国成立后为了逃避公安部门的追捕，就跑到云门寺投在了虚云座下出家。而当时的云门寺，和地方之间的关系正处于紧张时期。本来云门寺在地方常常解危济困，当地的百姓大多

---

① 这里所提到的人物及其背景，来自净慧、佛源、怀西、岑学吕诸人的回忆资料。详见净慧主编：《虚云和尚全集》之第七分册《年谱》，石家庄：河北禅学研究所 2008 年版，第 248 ~ 257 页。

② 《一九五八年十月十九日师于方便说法中向众开示》，见净慧主编：《虚云和尚全集》之第二分册《开示》，石家庄：河北禅学研究所 2008 年版，第 319 页。

都很感念，但是因为田产的问题，也得罪了一些人，其中尤以乳源县立中学校长毛润峰为最。前面说过，云门寺在虚云来到以前，长时间处于无人主持的状态。在这种状态下，一些田产已逐渐被当地的莠民所侵占。当明空和尚接手的时候，正赶上当时的国民党县政府丈量地产，一字不识的明空就请毛润峰帮忙，结果毛将田契私自改动，暗中将大部分肥沃寺田蒙报校产。虚云到后，为了要回寺产曾多方努力，结果自然得罪了毛润峰和那些莠民。土改开始后，毛润峰就煽动一些农民到寺里闹事，说云门寺欠了他们的钱，逼迫虚云还债。而当时正值清匪反霸时期，公安部门的人每天都来寺里清查人口，结果就在清查中挖出了释广孝，顺带也挖出了上面提到的那些人。

在当时的社会背景下，云门寺和部分农民关系紧张，又藏匿着这么多反革命分子，就引起了当地政府的高度关注，于是开始审查每个僧人。不知为何，有的僧人竟胡说寺里藏有电台、手枪，以至让政府觉得如临大敌，于夏历二月二十四日派出百余人午斋时抵寺，将寺庙团团围住，禁人出入，并在寺之左右及后山高地架起机枪对准寺内。搜查人员先将虚云拘禁于方丈室内，派数人看守；复将各僧分别囚于禅堂、法堂。在两日之内，将云门寺上至瓦盖，下至地砖，甚至佛祖尊像、法器经藏，一一检搜，然终无所获。

因大搜无所收获，政府便将监院明空以及职事僧惟心、悟慧、真空、惟章等人带走拘押，又将虚云多年来所注经籍、法语文字等，尽数用麻袋捆载而去。数日之间，竟拘走二十六人，严刑逼供，令其交出军械、电台、黄金等。最后的结果，是释妙云被打死（释妙云，俗姓张，湖南大学毕业，曾任国民政府财政部稽核。1949 年国民党败退大陆时投虚云座下为僧，深得虚云器重），僧法云、体智等手臂被打折，此外尚有数僧失踪。虽经如此审讯，但始终查不到电台、枪械等物，有关人员于是迁怒于住持虚云，三月初一将虚云从方丈室移出，另寻一室关押。他们不但将虚云监室的门窗全部封闭起来，还不给虚云饮食，连大小便也不许外出。到了初三，来了十余个大汉，逼着虚云交出黄金、电台、枪械。虚云说没有，这些人竟开始毒打虚云。他们先是用木棒打，接着用铁棍打，直打得已经一百多岁的老和尚头破血流，肋骨折断。虚云只是趺坐入定，闭目不视，闭口不言，作入定状。一天之内就一连毒打了四次，最后这些人看到虚云倒在地上，以为虚云死了，就呼啸而去。等到夜里，侍者才敢进入室内，将虚云扶坐在榻上。到初五，这些人听说虚云未死，又来到云门，见虚云端坐入定如故，大怒，又用大木棍殴打虚云，再将虚云拖下地，用皮鞋踩踏。虚云五窍流血，倒卧在地。看到虚云如此，这些人以为必死无疑，又呼啸而去。当日夜里，侍者又偷偷进入房间，将虚云抱坐在榻上，端坐如故。如此一连数日，到了十一日晨，虚云渐渐倒下，作吉祥卧，经一昼夜而无动静。侍者以灯草试虚云鼻孔，灯草纹丝不动，又切虚云左右手脉搏，也毫无动静，但是虚云身体尚有余温，面部颜色亦怡然平和。十二日清晨，虚云开始有微微呻吟之声。侍者急忙将虚云扶起坐定，并告诉虚云其入定及卧睡的时间，而虚云却徐徐告诉侍者，说自己觉得才过了数分钟而已。虚云又对侍者说，自己在入定中，梦至兜率宫内，见到弥勒菩萨在座上说法，听的人很多，其中有十余人还是自己过去的好友。而自己听法的座位，就在东边头序的第三个空位，与阿难陀尊者当维那的座位靠近。当时弥勒菩萨正在讲“唯心识定”，还没有讲完，就指着自己说：“你回去！”自己对弥勒说：“弟子业障深重，不愿回去。”而弥勒则说：“你业缘未了，必须回去。以后再来。”并说了一首偈子给自己听。讲完这些以后，虚云为备不测，又写下了临终遗嘱，其中要求弟子们在自己死后切勿哭泣，不要通信，也不要浪费财物，只要将自己身上的衣袴脱下结缘，然后将身体用谷草包裹，沉入水底以结缘水族。遗嘱另有偈子两首，此处不再赘述。

虽然经过如此残酷的折腾，但是一百多岁的虚云竟然还没有死。听到这个消息，行凶打人的那伙人也有些害怕了。其中一个疑似头目的人就问僧人，说为什么老和尚竟然打不死？僧人回答说，老和尚为众生受苦，为你们消灾，所以打不死，久后自知。这些人闻听悚然，虽不敢再向老人施以毒手，但为了使自己的恶行不为外人所知，仍然将寺庙严行封锁，不准僧人外出，即便饮食亦受到监视限制。这样又过了一月有余。在这一个月中，虚云被打的伤口发作，病势日增，以至于目不能视，耳益重听。弟子们恐出意外，催促老人口述生平事略，为之作年谱手稿。

到了四月间，“云门事件”渐渐传至韶关。先有曲江大鉴寺的僧人通知在北京的师门弟子及海外同仁，联手救援。中央政府也得到了有关消息，于是电令地方政府严查，这样云门寺的围困才逐渐松懈。

但云门寺的粮食衣物，在三月间大多数都被掳掠而去，此时已经食粮不继。虚云让大家分散活命，而众人皆不愿意弃师而去，于是集合众人往后山砍柴，挑到二十多里外的集市上出售，换钱买米回寺，煮粥同食。情况如此艰危，而虚云组织大家朝暮课诵及坐香等活动却从未辍止。

五月上旬，中央政府派专人抵粤，会同广东省政府人员，于5月22日达到乳源，第二日到云门寺，慰问虚云及对事件展开实地调查。虚云并不多言，只说未受虐待，财物亦无损失，请诸君切实调查，回京报告。调查组再三安慰，命令地方政府查明真相，又释放了先前所拘的僧人，历时近三个月的“云门事件”至此终于告一段落。翌年春，虚云应中央政府之邀赴京，在武汉养病时将“云门事件”情况写成材料，托陈铭枢转交叶剑英。陈以为事关重大，遂将材料直接交予中央。中央接到材料，电令地方处理好“云门事件”，并将材料返回广东，当地这才撤走了工作组，并将公安局局长调离，“云门事件”正式结束。①

三、虚云禅法精要

（一）修禅的目的

为什么要参禅？许多打算学禅的人实际上并不明白。有一路人，受了民间迷信思想的影响，以为佛的神通广大无边，参禅也可以使自己得到些神通异能。虚云活了一百多岁，年龄远大于一般人（新中国成立前中国人的平均寿命不过三十五岁左右），一生中又充满了种种离奇的遭遇，所以在民间早已经被神化，许多人就是冲着他“活菩萨”的名声而来的。虚云自己说：“许多人见我年纪虚长几岁，见面时每有探讨神通之情绪，以为世外人能知过去未来。”对于此路人，虚云的回答是“其实神通一层，不但天魔外道有之，即在鬼畜俱有五通，此是性中本具，不必注意”②。佛教的精神，本来是反对一切迷信的，但在传播的过程中，不幸成了被迷信的对象。将佛、菩萨等类比

---

① 关于陈铭枢转交有关“云门事件”之材料到中央一事，见佛源：《佛源和尚忆虚老》，《虚云和尚全集》之第九分册《传记资料》（下），石家庄：河北禅学研究所2008年版，第350页。

② 《民国三十二年一月十七日在重庆慈云寺开示》，见净慧主编：《虚云和尚全集》之第二分册《开示》，石家庄：河北禅学研究所2008年版，第10页。

于中国传统民间信仰所谓的神仙，从东汉佛教传入之时即如此，直到今天依然如此。从功的方面说，这个类比因为契合了中国人的普遍心理，事实上成为佛教能在民间传播的心理基础；但从另一方面言，这是对佛教精神的歪曲，它使中国普通的、佛教义理水平不高的信徒对佛教的理解始终停留在比较低级的层次上。对于这种情况，一概否定当然不完全对，但是绝不能肯定。虚云的做法是，不直接否认神通的存在，而将之解释为“性中本具”，要人“不必注意”。这实际上就是说参禅和神秘主义并没有什么联系。

那么参禅的目的究竟何在呢？虚云说得很明白：

> 参禅的目的，在明心见性，就是要去掉自心的污染，实见自性的面目。污染就是妄想执著，自性就是如来智慧德相。如来智慧德相，为诸佛众生所同具，无二无别。若离了妄想执著，就证得自己的如来智慧德相，就是佛；否则就是众生。①

这个意思，他不止讲过一次，而且是从前到后，在许多场合、许多时间都讲到过，可谓一以贯之、不厌其烦。再试举二例：

> 心即是佛，佛即是觉，此一觉性，生佛平等，无有差别，空寂而了无一物，不受一法，无可修证；灵明而具足万德，妙用恒沙，不假修证。只因众生迷沦生死，经历长劫，贪嗔痴爱，妄想执著，污染已深，不得已而说修说证。②
>
> 吾人心性亦复如是，上与诸佛无二无别，无欠无余，何以诸佛早已成佛，而你我现在还是生死苦海的凡夫呢？只因我们这心性，被妄想烦恼种种习气毛病所埋没，这心性虽然与佛无异，也不得受用。今你我既已出家，同为佛子，想要明心见性、返本还源的话，非下一番苦功夫不可。③

参禅成佛，不是为了求长生富贵、多子多孙，更不是为了学一点

---

① 《参禅的先决条件》，见净慧主编：《虚云和尚全集》之第二分册《开示》，石家庄：河北禅学研究所 2008 年版，第 45 页。

② 《参禅警语》，见净慧主编：《虚云和尚全集》之第二分册《开示》，石家庄：河北禅学研究所 2008 年版，第 68 页。

③ 《1955 年云居山方便开示，闰三月十二日开示》，见净慧主编：《虚云和尚全集》之第二分册《开示》，石家庄：河北禅学研究所 2008 年版，第 176 页。

《西游记》里如来佛和观音菩萨的法术，而是要扫除自己因攀缘心而起的种种妄想，回归自己的本来面目，即所谓明心见性。只有此心分明，才能顿见本性。见性就是成佛，所以佛与凡夫，在本性之上并无二致。虚云再三强调这一点，是为了在一开始就将学者导入正途。若是入路即已偏差，岂不是南辕北辙，愈修则离佛愈远！

（二）修禅的方式

修禅是为了除妄想，可是妄想如何去除呢？吾人在日常生活中，无时无刻不被妄想所缠绕，此念方去而彼念又来，念念不息，若水流之不断。所以要去除妄想，说起来似乎容易，做起来其实非常之难。虚云于此有种种告诫，亦可谓是修禅的前提：

> 妄想如何除法？释迦牟尼佛说得很多。最简单的莫如“歇即菩提”，一个“歇”字。①

从达摩到惠能，教人参禅最紧要的一句话，莫若“屏息诸缘，一念不生”。屏息诸缘，自然一念不生；一念不生，就是放下。放不下，怎么参禅呢？当然，一念不生不是连念头都没有，而是于念而离念，不为妄念所束缚，“若见一切法，心不染著，是为无念”②。若将一念不生理解为连念头都没有，那么木石死人没有念头，岂非木石死人亦能参禅？

放下是参禅的前提，可是如何才能做到呢？虚云说有两类人：一类是有大慧根的人，这些人可以在一刹那间顿证菩提，譬如六祖偶然听人诵读《金刚经》，只一句“应无所住”就言下大悟；再如六祖开示慧明，只一句“不思善，不思恶，正与么时，哪个是明上座本来面目？”惠明立刻顿悟，“放下屠刀，立地成佛”。但是这样有慧根的人毕竟很少，大部分人都属于第二类，即小根小智之人，这些人需要长期的修持才能有所开悟。对于他们而言，修持主要是“以理除事”，也就是先弄清楚“自性本来清净”的道理，再落实到行为上，做到知行合一、万缘放下。

---

① 《参禅的先决条件》，见净慧主编：《虚云和尚全集》之第二分册《开示》，石家庄：河北禅学研究所2008年版，第45页。

② 《六祖大师法宝坛经》，见《大正藏》（第48册），东京：大藏出版株式会社1988年版，第351页。

对于小根小智者而言，在决定清心参禅之后，最重要的是要实行。虚云和尚一再教导大众不要把功夫用在知解上，知解虽然也是必要的，但更重要的是要切实地去践行。岑学吕居士是虚云的在家弟子。据詹励吾《悼虚云老人》所记，岑居士在云门寺修禅两月有余，临别时向老人请法，虚云谓：

> 居士佛法知解，已塞破肚子矣！譬如盲目，业已开眼，一条大路在眼前，只要能行；如果不行，站在途中东张西望，与盲时何异？①

他劝告居士们说：

> 学佛必须注意实行。如能信医服药，自必药到病除。但信医之药方而不依方服药，故虽有良医妙药，以不服故，病亦依然。②
>
> 学佛贵在能依教笃实行持，若广求知解，而不实行，不得实益也。③

切实地去行，才是参禅之人的正道。文偃禅师曾经多次批评有些僧人是“掠虚汉”，只知道“食人脓唾，记得一堆一担，到处驰骋驴唇马嘴，夸我解问十转五转语”，却根本不知道“什么是与人着力处”。他对这些人的评价是：“似这般底有人，屈衲僧斋也，道得饭吃，堪什么共语处！”——他们只配在寺里混一口斋饭吃，哪里与自己有什么共同语言呢！虚云所讲，虽然不如文偃祖师那样激烈，但是意思是一样的，甚至更为沉痛。虚云认为现在正处于末法时代，末法来临的原因就是太多的佛门弟子只知道夸夸其谈，而不懂得或者不愿意切实地去践行。

> 嗟兹末法，究竟不是法末，实是人末，因甚人末？盖谈禅说佛者，多讲佛学，不肯学佛，轻视佛行，不明因果，破

---

① 《虚云老和尚点滴开示》，见净慧主编：《虚云和尚全集》之第二分册《开示》，石家庄：河北禅学研究所2008年版，第330页。

② 《民国三十六年在香港东莲觉院讲》，见净慧主编：《虚云和尚全集》之第二分册《开示》，石家庄：河北禅学研究所2008年版，第26页。

③ 《复黄元秀居士函（1951）》，《虚云老和尚点滴开示》，见净慧主编：《虚云和尚全集》之第二分册《开示》，石家庄：河北禅学研究所2008年版，第420页。

佛律仪，故有如此现象。大概目下之弊病，莫非由此。[1]

究竟应该怎样实行呢？总结虚云所言，大约有两条基本准则，一是专心，另一是持戒。

专心，专其一心是也。其含义有二：一者恒持其心，不生懈怠；二者专心一门，不贪多求全。

劝人恒持其心者，如：

> 念佛的人，从头到尾，要绵绵密密，一字一字，一句一句不乱的念去，佛来也这样念，魔来也这样念，念到风吹不入，雨打不湿，这样才有成功的日子！[2]
>
> 参“禅”要下死力去参，才有“禅”；学“教”也要认真的学，才能通达“教”理。我每每看到一些参禅的人，高兴时，盘上腿参一下；不高兴时，又把它放下；像“打摆子”一样，忽冷忽热，时松时紧。像那样参禅，就算有所得，也不过得个树枝上的“禅”。[3]

劝人专心一门者，如：

> 所以佛说的法，门门都是妙法，都可以了生死，成佛道，只有当机不当机的问题，不必强分法门的高下，流传中国最普通的法门为宗、教、律、净、密，这五种法门，随各人的根性和兴趣，任行一门都可以。总在一门深入，历久不变，就可以成就。[4]
>
> 有等人打不定主意，今天听那位善知识说念佛好，又念两天佛；明天听某位善知识说参禅好，又参两天禅。东弄弄，西弄弄，一生弄到死，总弄不出半点“名堂”，岂不冤哉枉也！[5]

---

① 《1929 年 10 月 21 日在上海世界佛教居士林请普说》，见净慧主编：《虚云和尚全集》之第二分册《开示》，石家庄：河北禅学研究所 2008 年版，第 1 页。

② 《民国二十二年癸酉在福建功德林佛七开示》，见净慧主编：《虚云和尚全集》之第二分册《开示》，石家庄：河北禅学研究所 2008 年版，第 7 页。

③ 《虚云老和尚点滴开示》，见净慧主编：《虚云和尚全集》之第二分册《开示》，石家庄：河北禅学研究所 2008 年版，第 324 页。

④ 《参禅的先决条件》，见净慧主编：《虚云和尚全集》之第二分册《开示》，石家庄：河北禅学研究所 2008 年版，第 47 页。

⑤ 《参禅法要》，见净慧主编：《虚云和尚全集》之第二分册《开示》，石家庄：河北禅学研究所 2008 年版，第 57 页。

比心意不专更糟糕的，是戒律松弛或者根本就不守戒律。这是佛教内部出现的一种最可怕的自我解构力量，或者说是末法时代的象征。在清末至民国长达半个世纪的时间内，因为整个社会都处于动荡之中，进入佛门的僧尼成分复杂且目的各异，所以这种情况尤为普遍。虚云在成名以前，曾有过极端的苦行经历。后来他皈依禅宗，虽然不再过极端的苦行生活，但是依然保持着极为简朴的生活作风，身无长物且律己甚严。由于有自身经历的体验，虚云比其他禅师更加重视严守戒律。在他看来，守戒律不仅仅是佛门弟子的本分，而且是悟道成佛的前提。他每重建、主持一寺，总要制定种种僧规，以使僧众走上正轨。他也屡屡谈到守戒对于学佛和弘法的重要意义，如：

> 学佛不论修何法门等，总以持戒为本，如不持戒，纵有多智，皆为魔事。①
>
> 又断无明烦恼，除习气毛病，莫若严持戒律；戒律清净，无明烦恼习气毛病自除。若不持戒律，纵修习有成，亦是天魔外道。②
>
> 佛门戒律，各宗皆须严持，识主伴如行路知方向，持戒律如行路有资粮，宗趣虽然不同，到头还是一样，所谓“归元性无二，方便有多门”也。③

对于佛门戒律松弛的现象，老和尚深感痛心。朱镜宙在《我所知道的虚云和尚》中有这样的一段回忆：

> 老和尚每遇说戒时，语气沉重，声泪俱下，听者莫不动容。尝谓：“受戒容易守戒难，如能于千百人中，得一、二持戒之人，正法即可久住，佛种即可不灭。”④

这里想单独谈谈“参话头”。

虚云指点学佛的途径，常常举出念佛和参话头两种方式。这两种，

---

① 《民国三十二年一月十九日开示》，见净慧主编：《虚云和尚全集》之第二分册《开示》，石家庄：河北禅学研究所2008年版，第18页。

② 《民国三十三年五月廿二日至八月廿三日虚云和尚开示录》，见净慧主编：《虚云和尚全集》之第二分册《开示》，石家庄：河北禅学研究所2008年版，第102页。

③ 《民国三十六年九月廿七日在广州联义社演说》，见净慧主编：《虚云和尚全集》之第二分册《开示》，石家庄：河北禅学研究所2008年版，第41页。

④ 《虚云老和尚点滴开示》，见净慧主编：《虚云和尚全集》之第二分册《开示》，石家庄：河北禅学研究所2008年版，第326页。

称念阿弥陀佛属于净土宗的法门；而参话头属于禅宗的法门。

先看看虚云对“话头”一词的解释：

> 什么是话头？话就是说话，头就是说话之前。如念“阿弥陀佛”是句话，未念之前，就是话头。所谓话头，就是一念未生之际；一念才生，已成话尾。这一念未生之际，叫做不生；不掉举，不昏沉，不著静，不落空，叫做不灭。时时刻刻、单单的的，一念回光返照这“不生不灭”，就叫做看话头，或照顾话头。①

所以看话头或参话头，就是去体悟一念未生之际的“本心”，也就是清净自如的“自性”：

> （就是）话从心起，心是话之头；念从心起，心是念之头；万法皆从心生，心是万法之头。其实话头，即是念头，念之前头就是心。直言之，一念未生以前就是话头。由此你我知道，看话头就是观心，父母未生以前的本来面目就是心，看父母未生以前的本来面目，就是观心。性即是心，“反闻闻自性”，即是反观观自心，“圆照清净觉相”，清净觉相即是心，照即观也。心即是佛，念佛即是观佛，观佛即是观心。所以说“看话头”，或者是说“看念佛是谁”，就是观心，即是观照自心清净觉体，即是观照自性佛。②

究竟怎么个观法呢？虚云有详细的例说：

> 看话头先要发疑情，疑情识看话头的拐杖。何谓疑情？如问“念佛的是谁”，人人都知道是自己念，但是用口念呢，还是用心念呢？如果用口念，睡着了还有口，为什么不会念？如果用心念，心又是个什么样子？却没处捉摸，因此不明白，便在“谁”上发起轻微的疑念，但不要粗，愈细愈好，随时随地，单单照顾定这个疑念，像流水一样不断地看去，不生二念，若疑念在，不要动着他；疑念不在，再轻微提起。初

---

① 《参禅法要》，见净慧主编：《虚云和尚全集》之第二分册《开示》，石家庄：河北禅学研究所2008年版，第60页。

② 《参禅的先决条件》，见净慧主编：《虚云和尚全集》之第二分册《开示》，石家庄：河北禅学研究所2008年版，第48页。

用心时必定静中比动中较得力些，但切不可生分别心，不要管他得力不得力，不要管他动中或静中，你一心一意的用你的功好了。①

有了疑情，便要紧紧咬住，毫不放松地用功。虚云以宋代以后祖师们教人参话头为例，说：

宋代以后，人们的根器陋劣了，讲了做不到，譬如说“放下一切”、“善恶莫思”，但总是放不下，不是思善，就是思恶，到了这个时候，祖师们不得已，采取以毒攻毒的办法，教学人参公案。初是看话头，甚至于要咬定一个死话头，教你咬得紧紧，刹那不要放松，如老鼠啃棺材相似，咬定一处，不通不止，目的在以一念抵制万念。这实在是不得已的办法，如恶毒在身，非开刀疗治，难以生效。②

又说：

参禅下手功夫，就是诸方常常说的看“念佛是谁”这个话头，万缘放下，死心塌地，昼夜六时，行住坐卧，起居饮食，屙屎撒尿，搬柴运水，迎宾接客，总离不开这个话头。③

在其他地方所说的参话头的意思以及方法，大约都与以上所言类似，这里就不一一详举了。

（三）禅宗与其他诸宗之关系

佛教在其发展过程中，逐渐形成了各种流派。这些流派之间，往往会发生互相瞧不起甚至互相攻击的情况。虚云是禅宗一花五叶的承继人，当然是禅宗大德了，但是他却不像一些道行浅薄的僧人，自以为自己所修习的才是正眼法门，瞧不起其他的宗门。老和尚说得好：

佛门略开十宗，四十余派，而以禅、净、律、密四宗，摄机较广。善知识！佛境如王都，各宗如通都大路，任何一

---

① 《参禅法要》，见净慧主编：《虚云和尚全集》之第二分册《开示》，石家庄：河北禅学研究所2008年版，第60页。

② 《参禅的先决条件》，见净慧主编：《虚云和尚全集》之第二分册《开示》，石家庄：河北禅学研究所2008年版，第47～48页。

③ 《参话头》，见净慧主编：《虚云和尚全集》之第二分册《开示》，石家庄：河北禅学研究所2008年版，第93页。

路，皆能觐王。[1]

他详细解释了各宗的关系和来龙去脉，说：

在中国的佛法，有人分出为禅、教、律、净与密宗五派，这在老参饱学的人，是无所谓的。因为他已了解佛教的真理，是决无差异的。而在一般初入学佛的人，便发生许多意见，每每分宗啦、教啦等等，并且赞彼毁此，有损法化……心地法门的禅宗，自迦叶尊者后，辗转相传，从印度传到中国六祖能大师，都称为正法流传，盛极一时。律宗以优波离尊者为首，他承受了世尊的嘱咐，要我们末世的众生以戒为师，在鞠多尊者后，发扬为五部律。我国的南山老人道宣律师依昙无德部，制疏奉行，称为中兴律祖；天台北齐老人，观龙树《中观论》，发明了心地；杜顺老人以《华严经》为主，建立了贤首宗；远公提倡净土，九祖相承。在永明后，历代祖师大德都以禅宗弘扬净土，水乳相融。虽然诸宗纷起，究竟不离拈花命脉，足见禅净关系的密切了，更可见古人弘扬佛法的婆心了。至于密宗，是由不空尊者、金刚智等传入中国，经一行禅师等努力，才发扬光大的。但这些都是佛法，应当互相扬化，不得分别庭户，自相摧残。如彼此角立互攻，便不体解佛祖的心意了。[2]

从虚云一生的实践来看，他在参禅之外，讲得最多的是净土宗所主张的念佛问题：

盖念佛一法，具足六波罗蜜……今时有人不识念佛功能，反视为浅近法门者，却是错会不少，自陷陷人。[3]

真实修行的人，不起人我分别见，以一声佛号为依持，朝也念，暮也念，行也念，坐也念，二六时中，念念不忘，绵绵密密，功夫熟处，弥陀净境现前，无边利益，自可亲得。[4]

---

① 《民国三十六年九月廿七日在广州联义社演说》，见净慧主编：《虚云和尚全集》之第二分册《开示》，石家庄：河北禅学研究所 2008 年版，第 40 页。

② 《念佛与参禅的关系》，见净慧主编：《虚云和尚全集》之第二分册《开示》，石家庄：河北禅学研究所 2008 年版，第 120 页。

③ 《念佛终将开示》，见净慧主编：《虚云和尚全集》之第二分册《开示》，石家庄：河北禅学研究所 2008 年版，第 75 ~ 76 页。

④ 《老实念佛》，见净慧主编：《虚云和尚全集》之第二分册《开示》，石家庄：河北禅学研究所 2008 年版，第 123 页。

关于念佛和参禅的关系，他也有多次的解说：

念佛到一心不乱，何尝不是参禅？参禅参到能所双忘，又何尝不是念实相佛？禅者，净中之禅；净者，禅中之净；禅与净，本相辅而相行，奈何世人偏执，起门户之见，自赞毁他，很像水火不相容，尽违背佛祖分教别宗的深意，且无意中犯了毁谤佛法、危害佛门的重罪，不是一件极可哀可愍的事吗？①

禅宗虽一超直入，非上根利智不能修。末法众生，障深慧浅，惟依持名念佛法门，得了生死，往生极乐国土。初入手与禅是二。及其成功，二而不二。②

他是这样讲的，也是这样践行的。在重建南华寺时，他就在禅堂外，别立一室，名念佛堂，专修净土。虚云和尚对佛教各宗的这种理解，不偏执于一门的思想，对于纠正当时佛教界门户甚深的弊病、弘扬佛法起到了非常重要的作用。

第三节　佛源和尚对云门宗的继承和发扬

佛源（1923—2009 年），是继承虚云老和尚住持云门寺的云门宗第十三代传人，也是中国当代的著名高僧。从 1951 年到云门寺依止虚云老和尚，1952 年任住持，到 2009 年圆寂，佛源和尚在云门寺历经五十八个春秋，经历了镇反、反“右”、“文革”、改革开放、社会主义市场经济的建立和发展等新中国的发展变迁，其所作所为，堪为禅宗之大德，足供后来者学习。现据明向大和尚策划、云门山大觉禅寺监制之《云之门，佛之源——

佛源和尚法相

① 《参禅与念佛》，见净慧主编：《虚云和尚全集》之第二分册《开示》，石家庄：河北禅学研究所 2008 年版，第 44 页。

② 《虚云和尚点滴开示》，见净慧主编：《虚云和尚全集》之第二分册《开示》，石家庄：河北禅学研究所 2008 年版，第 322 页。

纪念佛源老和尚》光碟，笔者对云门寺部分僧人的走访以及佛源禅师自己所写的有关文字，将其生平和佛法思想作一简单介绍。[①]

一、佛源和尚的生平

（一）到云门寺之前

佛源，湖南桃江县花果山莫氏之子。父讳芳有，母姓贾，生于民国十二年（1923年）农历二月二十七日。莫家是贫苦人家，家里孩子很多，在佛源和尚之上还有三个兄长和三个姐姐，之下还有四个弟弟，一共十一个小孩。也许是因为家境贫寒，在十八岁时，佛源投入益阳会龙山栖霞寺，剃发为僧，跟从舅父智晖法师，取法名心净，又号真空。当时在南岳祝圣寺办有佛学讲习所，佛源剃度的第二年，就去了祝圣寺的佛教讲习所学习。讲习所入学是要考试的，住持僧灵涛法师出的题目是“为人难，为僧亦不易”。因为佛源考的成绩很不错，因此又被推荐到衡阳佛学院讲习所学习。这间讲习所的所长，由祝圣寺佛教讲习所的所长空也法师兼任。可惜的是，此时日寇侵犯湖南正殷，日军飞机不断发起空袭，佛学院维持不下去，佛源只好在七月份的时候再回到祝圣寺插班学习。祝圣寺讲习所的讲师，除了所长空也，还有明真、了达、心专、灵根等，住持灵涛法师执掌教务并兼授课。这个班上，一共有四十名青年僧人，大家都很用功，一派生机勃勃的景象。岂料好景不长，因为抗日的需要，政府强制青年僧人也要服兵役。然而，佛教是和平的宗教，从来不会主动介入暴力。因为不合佛教的教义和传统，所以在十月末的一个深夜，讲习所的四十名青年僧人为了逃避兵役而各奔东西自寻前程。其中的一名僧人朗耀跑到广东，投在南华寺虚云老人座下。而佛源自己则经由宁乡返回桃江县，隐居于桃江浮邱山。

民国三十五年（1946年）二月，佛源二十三岁，到了南岳福严寺。这里曾是怀让禅师的道场。他在这里依镇清律师受具足戒。受戒后，即在南台寺读佛学研究班。入秋以后，益阳佛教会又派其赴江苏镇江的焦山，参加太虚大师创办的佛教会会务人员训练班。芝峰法师

---

① 《云之门，佛之源——纪念佛源老和尚》光碟，是专为纪念佛源和尚而制的。佛源关于自己生平的回忆，见佛源：《佛源和尚忆虚老》（原名《佛源和尚自述传略》），全文见净慧主编：《虚云和尚全集》之第九分册《传记资料》（下），石家庄：河北禅学研究所2008年版，第344～373页。

担任这个班的副班主任，每天为学员授课。当时焦山的佛教事业很隆盛，除了训练班外，另有定慧寺主办的一份月刊《佛教中流砥柱》，此外还有由雪烦和尚担任院长的焦山佛学院。从训练班结业后，佛源就留在了焦山佛学院深造。

民国三十六年（1947 年）春，佛源往浙江宁波观宗寺佛学院，听根慧和尚讲《楞严经》。根慧和尚讲完后，有一名叫张圣慧的女居士接着复讲，结果学僧不服张女士所讲，罢课大闹起来，最后场面失控，连刀棍、开水、石灰、绳索等都动用上了。佛源的右肩在混乱中被刺了一刀，幸好是春天，还穿着棉衣，伤势不太重。同年，太虚大师在上海圆寂，灵骨要奉送到浙江奉化的雪窦寺建塔。佛源和几位僧人领命到宁波码头迎接灵骨。接到灵骨后，他与另一位同学举着旗子，走在奉送灵骨队伍的前头，从码头一直走到延庆寺。这一次奉迎灵骨的经历，对佛源的影响很大。他回忆说："我当时非常难过，但又觉得能举旗迎接太虚大师灵骨，非常幸福，希望能生生世世追随太虚大师。"①

此后数月，佛源就在浙江各处寺庙游历。五月端午后，他先与两位同学共赴普陀山，到潮音洞礼拜观音菩萨。据佛源自己说，三人所见各不相同。其中一人见到了紫竹林，一人见到了韦陀菩萨，佛源自己见到的则是一尊头戴黑色纱带的白衣观音趺坐于洞，其形态与现今云门寺大殿中的玉佛一致。离开普陀山后，佛源一行又赴宁波天童寺、阿育王寺参学，并到老阿育王寺参观利宾菩萨拜舍利的地方。佛源回忆说，老阿育王寺的舍利装在一小塔内，由一位老僧请出，捧在手里让大家瞻仰。舍利如绿豆大小，灰白色，有好几粒。佛源还回忆说，天童寺禅堂里也有舍利，说是从印度请回的。天童寺禅堂很大，因为师傅们认为他是观宗寺的学僧，所以待他很客气。佛源又回忆说，当时过万松关，一路步行，心中无限轻安，深庆自己能做一个出家人，能到这些圣地参学，所以十分宽慰。七月，佛源由宁波到杭州，在杭州灵隐寺挂单，并在此见到了满觉法师。不久之后，应巨赞法师之要求，佛源又去灵峰佛学院读书。灵峰佛学院的院长是会觉法师，也是湖南人。入灵峰佛学院将近半年之后，佛源多次接到益阳白鹿寺住持

① 佛源：《佛源和尚忆虚老》，见净慧主编：《虚云和尚全集》之第九分册《传记资料》（下），石家庄：河北禅学研究所 2008 年版，第 345 页。

弘畅老和尚的电报，催他速回白鹿寺。原来老和尚病重，所以要佛源速回。佛源感念老和尚对自己的培育之恩，毅然辍学返回。在白鹿寺，佛源早晚侍奉老和尚喝汤药。老和尚临终前，将法券赋予佛源，嘱其继任住持。白鹿寺始建于魏晋之际，时有常住僧人上百，乃湘中第一大寺。接任住持后，佛源勉力而为，除了尽力协助白鹿寺佛学讲习所外，还在讲习所兼讲《阿弥陀经》。当时已经接近解放，南岳、长沙各地的寺庙都在自力更生，组织办织布厂、麻袋厂等。佛源在白鹿寺也组织办起了织布厂。

佛源住持白鹿寺的时间，已经是湖南临近解放的时候。湖南解放以后，土改工作马上在各地开始推广。白鹿寺因为拥有土地，所以也受到了影响。恰是在这个时候，佛源的师傅智晖法师去世了。在安放师傅的遗体时，佛源听到有人要抓他的消息，连夜跑到了沅江的白沙杨梅山。在杨梅山，佛源和妙成法师一起住在茅棚里，以芋叶、麻叶、蒿根充饥，不敢回益阳，就这样一直到了年底。1951 年正月初三，在智超、常应几位法师的安排下，佛源和另一位法师觉民，趁着天还未亮，由益阳的马良堡出发，一路向广东而去。

到了广东之后，佛源二人先到韶关的南华寺。当时南华寺已经有军队进驻，因为南华寺的住持本焕和尚等住在六祖殿的后面，佛源和觉民就从后门进去。本焕本来想留他们二人在南华寺搞生产，但是二人得知虚云和尚在云门寺之后，只住了一夜，就辞行前往云门寺。两个人由马坝出发，沿着河滩向龙归方向走，走了一天才到云门寺，从此亲近虚云老和尚。

（二）和虚云在一起

当时新中国刚刚成立，形势尚未稳定，各地僧人四处逃难的很多，到云门寺亲近虚云的人可以说天天都有。佛源与觉民二人到达后，因为虚云听说佛源读过佛学，所以甚为重视，就先安排他到客堂任职。

佛源到云门寺的时候，正是“云门事件”闹得轰轰烈烈的时候。这时虚云已经受到了牵连，被当地查案的工作组毒打。佛源、明空、智悟等僧人被拘押在乳源县城州街碉堡内审问，直到北京来了人，五月份才被无罪放归云门寺。

1951 年农历六月十九日，也就是在佛源等人被无罪放归后不久，虚云拖着病体，为一些前来求戒的人传戒。佛源是这次传戒的引礼，并在虚云老人前增受戒品。虚云赐其法名曰“佛源”。① 八月初三日，也许是出于“云门事件”的原因，虚云在六祖真身之前，将云门法券付与朗耀、法云、净慧等五人，均为云门宗第十三代（在“云门事件”时，虚云身受重伤，卧床十余日，水米不进，稍有精神，即作了《云门遗嘱》，事见前文）。

1952 年春，由于“土改”的问题，云门寺再一次受到波及，当地的一些农民在别人的鼓动下要对云门寺进行清算，形势日益紧张。农历二月十九日，佛源燃指供佛，并在数日后禀明虚云，要求赴北京求助，虚云答应。佛源从韶关出发，先到武汉见陈铭枢。陈是国民党的元老，“民革”的创始人之一，当时担任中南军政委员会领导。陈铭枢对佛源说，这是农民运动，谁也不敢阻拦，你要立即上北京去见虚老的弟子李济深才行。李济深曾经担任过民国时期的广东省主席，当时是“民革”主席，又与刘少奇、宋庆龄、张澜同为新中国的中央人民政府副主席。佛源立刻乘火车前往北京，求见李济深，把虚云在云门寺的情况详细加以汇报。李济深听后，马上去找周恩来总理。周总理得知情况后，立即与时任广东省人民政府主席的叶剑英通了电话，要求叶剑英迅速采取行动，保护老和尚的安全，并派人护送到北京。叶当时是广东省土改运动的最高领导人。李济深回到家里，要求佛源火速回云门寺，请老和尚立即离开云门寺到京，因为下面的政策执行水平低，不离开恐怕会出事。第二天，佛源就乘车南下，但他到了韶关后，因为怕别人知道他去北京报信而报复他，不敢立即回云门寺，而是拜托天性、提辉二位法师赴云门，将李济深的话一一转告给虚云。

四月初四，虚云离开云门寺。初八，在佛源、觉民、宽度、法云的侍奉下，由韶关启程北上。火车到武汉，虚云病重不支，暂时留在三佛寺治病。在此期间，虚云曾将云门寺之情况一一口述，让佛源记下，整理好后交给陈铭枢，请陈以老乡的关系向叶剑英说情，以使云门寺被关的僧人可以全部放回。陈铭枢得到虚云的报告后，认为事关重大，直接呈报中央。中央得报后，电令广东处理好“云门事件”，并将材料转回。经过这一次，“云门事件”才得到了彻底的解决，但

① 《云之门，佛之源——纪念佛源老和尚》光碟说，当时虚云只是赐其名妙心，“云门事件”后才改名佛源。

是韶关地方当局也知道了佛源在其中的作用，以至于埋下了以后的祸种。在武汉期间，为了给虚云老人治病，佛源曾为了买链霉素而四处奔走，跑遍了武汉的大街小巷（当时的中国还不能生产链霉素，全赖进口，所以很难买到）。为了按时治病，佛源又跟随治疗医生学会了打针，每日为虚云注射。

农历八月初一，虚云一行到达北京。佛源的主要任务，还是照顾虚云。虚云在京，先住在广化寺，后因主持亚太和平法会，改住广济寺。一日，因为寺里的厨房总是用隔夜的剩米饭掺水后烧开给虚云做早餐，佛源认为虚云年已过百，不能吃这样的饭，就发了火，将饭倒在地上。经过这一闹，厨房虽然不再拿水泡饭给虚云吃，但是佛源却也得罪了人。中国佛教协会成立时，就没有再让佛源陪同虚云参加。按照佛源和尚自己的回忆，这一年他还去了五台山礼佛，究竟是什么时间去的，他没有详说，最有可能就是在北京的时候去的。

和平法会结束后，应上海等地长老的邀请，虚云一行又于公历12月南下上海、杭州等地，分别在上海的玉佛寺、杭州的净慈寺、苏州的西园寺主持和平法会。在玉佛寺，虚云还曾主持禅七，每晚的开示由佛源记录，后来编印成《禅七开示》一书（《虚云和尚全集》的《开示》一册中，收有《上海玉佛寺禅七开示（1953年2月22日至3月8日）》，但未注明是佛源记录）。此外，在《虚云和尚全集》的《开示》中，还编有佛源、月耀记录的《佛教徒应该团结起来保卫世界和平》、《参禅与念佛的关系》；佛源、觉民记录的《上海市佛教青年会释迦佛七开示》。

1953年春，印开、宽度二僧从云门寺来，请虚云回寺主持。原来虚云离开云门寺后，寺内二百多僧人无人主持，一些人已经渐渐离去，大家都十分焦虑。但是，苇航、来果、妙真诸法师及赵朴初等，均不同意虚云重返云门，以免又出祸端。虚云要印开、宽度二人回去，另选一人来主持。因为大家都不愿意领头，所以虚云要求学习归元寺的旧例，在韦陀菩萨前拈阄，拈到谁就是谁。白天拈过一遍，结果没有一人的名字被拈出三次。晚上又拈，结果将“佛源”拈出了三次，佛源因此成为云门的住持。佛源虽被拈中为住持，但并不愿意回云门，在虚云的一再催促下，才在当年的五月，和虚云一起离开北京。虚云到武汉，佛源则与宽度回到云门。

（三）从出任住持到入狱改造前

佛源回到韶关后，他所担心的事情并没有发生，没有人将他抓走审问。这个时候，云门寺里的僧人，因为“云门事件”的影响，陆续流失，已经只剩三四十人了。大家见到佛源回来，都很高兴，有的直接从田里拿着锄头就跑来迎接。广州太平莲社的宽定法师，派了他的弟子宏愿，带着广州十位护法居士，在六月初一来到云门，推佛源升座做方丈。六月初三是韦陀菩萨圣诞，这一天，以宽度法师为首，集合了全寺的僧人，给佛源挂上佛珠，将他送上了方丈座。有了方丈，全寺的僧人又开始集中上殿过堂，开展集体生产，云门寺恢复了正常的秩序。这一年的秋天，佛源还曾去庐山大林寺看望过虚云。那时虚云还住在庐山，没有前往云居山。虚云要佛源去东林寺礼拜远公塔，远公就是魏晋时期的名僧慧远。从庐山回韶，中间经停武汉，佛源又在三佛寺拜会了大鑫和尚等人。

20 世纪 50 年代初期的中国还非常贫困，云门寺的僧人们也一样，要节衣缩食度日，还要参加生产劳动自给自足。从广州来韶关的十位护法，看到云门寺僧人的生活如此困窘，决定提供一些帮助。回广州后，他们每人又发动了十人，一共是一百人，每人每月三元，共三百元捐给云门寺。有了这笔生活补助，大家安心了很多。生产方面，云门寺当时有水旱田共计四十多亩，平均每人一亩有多。这些田，都是僧人们自己耕作的，除了种粮食之外，还种花生、芝麻、眉豆、木薯等，其中花生种得比较多，有五六亩的样子。农闲时，僧人们还会去后山桂花潭附近砍些杂柴，挑到邻近的一六镇或者乳源县城去卖，换些盐、茶、豆腐等物回来。寺里还养着五六头水牛，出牛粪时，要挑到云门亭去，一天至少要来回七趟。佛源说自己那时每担都是一百斤以上，一天十个来回。

1955 的一天，在送走了式桂师傅以后，佛源忽然胃痛难忍，大量呕吐。不久之后，牵连到背胸也痛，行路都很艰辛。广州的护法罗居士（罗伟雪，法名明慧）见佛源病得不轻，便带他到南海西樵山白云寺治病。佛源在白云寺住了一段时间，在此期间还常去肇庆的鼎湖山，和那里的僧人们往来。这年的春天，因为思念虚云，佛源和太平莲社的宏愿法师就送了几十件棉衣去云居山。他们先乘火车到南昌，再到修水县，再经张公渡，然后才到了云居山真如寺。这时正是春雨绵绵的季节，溪水上涨，一路很不好走。到了云居山，见到了在这里重建真如禅寺的虚云，留了几日，然后就告辞下山。

1956 年，佛源再次上云居山看望虚云。这一次，再领虚云之命，佛源和觉民二人去宝峰礼拜马祖道一的道场。在宝峰，他们和当地的农民起了小纠纷，农民们把觉民和尚带到了村里吊打。幸好觉民的身上有李济深给虚云的信，才证明他们不是坏人。经过这一场事故，觉民动了还俗的念头，后来真的还俗了。

1957 年农历四月，佛源带着父母到云居山朝拜虚云。虚云赐佛源的父亲名宽有，母亲名宽德。在云居山住了几天，佛源又带着父母，经九江、武汉、太原，到山西五台山朝拜文殊菩萨。朝完五台山之后，又去了北京，游了故宫、长城、雍和宫等处。离开北京，佛源送父母回到益阳，自己再返回广东。不料此一别竟成永诀，佛源的父亲在不久之后就离开了人世。离开五台山的时候，佛源的父亲记起来有一件衣服留在了山上忘了拿。佛源就批评他的父亲记性差，又说出来这么远了还讲什么呢。他的父亲听了佛源的批评，只是一言不发。佛源为此事很后悔，责备自己当时不应该批评父亲，“年老之人岂能与年轻人比，子女对父母应以宽慰语言、以孝顺之心敬爱之，我没有安慰反而批评，乃不孝也，深自悔自责”①。这一件小事，让他终生难忘。

（四）劳动改造的二十一年

1958 年，反右运动开始。云门寺当时的造反派，是一心和尚的徒弟雪珍和尚。雪珍是长沙人，一心是云南人。一心原来在国民党军队里当兵，后来在湖南出家，并收了雪珍做徒弟，师徒两人同来云门寺居住。雪珍虽是穷人出身，但是斗人非常积极。不但如此，他还逼迫佛源，说佛源屋里有黄金，要他拿出来。佛源当然没有什么黄金，于是被雪珍划为右派，安排到南华寺接受劳动改造。佛源二月份到了南华寺，和其他右派分子一起被监管着参加重体力劳动，一天到晚犁田、耕田、挑粪，有时还要开夜工。虽然劳动量很大，但吃不饱，每天挨饿。1958 年全国已经出现了粮食危机，佛源这些右派分子每人每月只

① 佛源：《佛源和尚忆虚老》，见净慧主编：《虚云和尚全集》之第九分册《传记资料》（下），石家庄：河北禅学研究所 2008 年版，第 362 页。

有十八斤粮和半斤油的定量。南华寺虽然积有粮食，但不准多吃。

这一年农历三月的一天，佛源正在使牛耙田，有人叫他回去，说法院的同志找他。法院的人见到佛源，拿出一张逮捕证，强迫佛源按下手印，就抓了他去坐牢。佛源先在当天晚上被送到马坝派出所，然后在第二天被送到了韶关韩家山看守所。在马坝派出所的那晚，因为没有床睡觉，佛源只好睡在地上，结果受了凉，第二天开始拉肚子，但没有人理。佛源回忆说，在韩家山看守所住的监房，一共睡了十多人。监房内有一小便桶；每日放风一次，大家上厕所大便，不许讲话。放完风，就回到房里糊火柴盒。伙食是每人每天四两米，每日两顿。除了糊火柴盒之外，犯人们还常被叫去问话，写坦白书。佛源的罪名，是跟着虚云到北京告公安局的状，还说到五台山是了解情况，做和尚是搞封建迷信，总之是寺院里的上层剥削分子，有反党反社会主义思想等。

不久之后，佛源又从韩家山看守所转到了韶关芙蓉山劳动，每天挑沙、担砖、运石，修劳教场。有时还要到市区北郊的五里亭扛竹子。这时佛源又得了病，两脚的脚后跟不能落地，一落地就钻心地痛，需要两个人夹着走，否则寸步难行。但是因为两脚不红不肿，从表面上看不出来生病，所以被人怀疑是装病，不想劳动改造，于是问题就更严重了。这一段时间，只有广州的罗伟雪居士常来看他。罗居士知道佛源吃不饱，就在广州买了一些用芝麻、黄豆、糯米、白糖等做的饼带上来。但罗居士见不到佛源本人，只能先交给佛源在韶关的友人刘宽培，请刘居士转送给佛源。

1961 年中秋之后，看守将佛源叫去，说政府宽大处理，放佛源回南华寺。看守所雇了一辆人力车，把佛源送到了火车站附近的刘宽培家。佛源在刘居士家居住一晚，第二天才回到南华寺。虽然从监狱释放，但在南华寺佛源还是没有真正的自由，需要接受群众的监督劳动。这时佛源日常所做的主要工作，是和一位叫庆云的老师傅一起放牛。庆云师傅虽然出身贫家，但因为曾给土匪背过包袱，所以还是被打为右派，放在南华寺改造。佛源放牛的地方在宝林山顶，因为山上到处是树木荆棘，所以佛源常随身带一把柴刀在山上披荆斩棘，有时还带一把锄头或开路或平整草地。佛源放牛很用心，牛养得特别肥，母牛每年都产小牛，因此南华寺每年都有茁壮健康的小牛仔出卖。那时南

华寺有三十多亩水田、两亩甘蔗、两亩花生和几亩种蜜橘和李子的果田，所以除了放牛，农忙时佛源还要参加耕作，犁田、插秧、割稻一样都不少，晚上有时还要去果园值班守果子。1961 年底，快要过春节的时候，全寺搞清洁卫生。佛源站在人字梯上搞卫生，因为两腿浮肿站不稳，栽了下来，结果将右脚踝骨摔裂，疼得在地上直打滚。可是因为没有破皮，没有流血，外表上完全看不出来，所以有人就觉得他是故意的。后来佛源实在疼得受不了，寺里只好用牛车将他送到临近的马坝卫生院去看。结果医生粗心，只是用酒精擦了擦，抓住脚摇了几下，在脚上敷了点药就了事。这样看病自然没有效果，佛源还是疼痛难忍。半个月后，寺里终于同意佛源到市区的大鉴寺去住。佛源到了大鉴寺，找了附近的一位姓黄的跌打医生医治。黄医生一看，佛源的伤已经二十多天了，裂开的骨头都长上了新肉，然而必须开刀，否则治不好。恰在这时，乳源县一位名叫江桥的居士听说了佛源的情况，就偷偷将佛源接到乳源去医治。江桥是水泥工，曾皈依在佛源的门下。江桥将佛源带回乳源，寄居在袁居士家，自己则到处找草药。袁居士也是老中医，但因为是地主成分，无人来找，所以家里很清净。佛源在袁居士家住了半个月，每日无事就诵读《地藏经》和《地藏忏》，从此日日坚持，再未间断。虽然有江桥的热心，可惜佛源的脚最终没有全部医好，只是勉强可以走路。可以走路后，佛源又回到了南华寺，风雨不休地上山下水劳动。

1962 年下半年，佛源得了肺痨，开始吐血。本来应该住院治疗，然而因为他是右派，医生只给了他一点止血药就了事了。有一位马坝人民医院的胡医生，给佛源看了病后，不敢说什么，只是对南华寺的僧人说病人的病很严重，需要住院。虽然有医生说，但因为佛源是被监督劳动的对象，所以还是不能住院。不但不能住院，每天还要劳动，只是可以抽空到马坝或者韶关肺结核防治站去治疗。从南华寺到韶关市区看病，来回有几十里，当时的交通很不方便，佛源只能骑着一辆破旧的自行车去。一次，刚到韶关肺结核病防治站门口，车一歪，佛源就跌倒在医院的门口，将右手腕跌断。眼看着手腕一下子肿得很大，佛源没有任何办法，只能到厕所里去，用自己的小便擦一擦。在防治站看完病，他又到另一家骨科医院去看手。医生用酒精做了按摩，又敷药包扎。因为这件事，回到寺里后佛源大受批评，因为那时药费可以报销，而每个月的药费，就佛源报得最多，所以有些人就有意见。

广州的罗伟雪居士，听到佛源吐血的消息后，悄悄买了一些进口的药给佛源。因为不敢让别人知道，佛源就自己给自己注射，结果把自己的肉都打死了，有时连针都扎不进去。药里面有雷米封，是治疗肺结核的特效药，但是用多了会耳聋，需要服用维生素 B_6 治疗。可是当时买不到维生素 B_6，结果引起了严重的三叉神经中毒。佛源一开始并不知道是三叉神经的问题，以为是牙疼。几年之后，因为有机会去上海，遇到一位专家，才知道是中毒性三叉神经痛。虽然病因找到了，但为时已晚。在此后的十余年里，虽然经过针灸、理疗、激光等各种办法，但都不能解决问题。其中一个主要的原因是不能休息，不论天晴下雨他都必须参加劳动，而且常常是重体力劳动，所以药效大打折扣。有时候疼得太厉害，连气也不能出，用激光照也没有用。1980年，佛源恢复自由之后不久，他去北京宣武医院做了割除手术；但两年后又复发，再在广州工人医院做射频治疗，将有问题的神经一次性切断电死。这一次虽然暂时止住了疼痛，但是眼神经却受到了破坏，眼睛整日发胀，像有什么东西在其中钻过一般难受。在广州做手术之后两年，左边脸又渐渐发病。好在那时已经是 20 世纪 80 年代中期，可以到香港治疗。香港医生用一种名叫疼必灵的德国药治疗，可这种药内含麻醉剂，副作用又大，时间一长，佛源整个身体都发生了问题，头昏脚软，小便频繁，可悲的是三叉神经痛又渐渐发作，有时疼得口流清水，眼泪鼻涕都会出来，打止疼药也没有用。1993 年，佛源到香港为宝莲寺大佛开持，在愿炯法师的大力帮助下，住到了香港伊丽莎白医院，请到了非常有名的专家来治疗。专家建议开刀切除，因为有许多可能的危险，医生们都不敢切，后来经过会诊，制定了严谨的手术方案，终于做了手术。手术效果不错，但是影响到右眼，其神经更加肿胀，且面部神经除了麻痒感之外失去了其他的知觉。

从 1958 年 2 月到南华寺，4 月被捕，1961 年 8 月再回到南华寺劳动改造，1979 年被平反昭雪，佛源度过了二十一年的艰苦岁月。他这样为自己的这一段岁月作总结：

> 我在南华寺二十一个春秋，下地耕田、上山砍柴、倒死树、上房翻瓦片、修粪池、打灶头、开拖拉机、拉耙、耕田、看山守夜，前至乌龟洞、黄屋、中兴村，后至饶屋、杨屋，

没有不到的地方。每个山头山坳都有我的足迹，每一块地都有我的汗水，甚至流过血。真有无上的因缘，甚深的业力。那段时间，真有说不完、写不尽的事。①

在这一段艰苦的岁月里，佛源有一件值得大书特书的事，那就是保存了六祖和丹田两位祖师的灵骨。

六祖惠能大师圆寂之后，他的遗体被处理后保存在南华寺，已经有了一千多年的历史，是中国佛教发展历史中的重大珍宝。但是，在“文化大革命”中，六祖的真身受到了严重的破坏。那时的红卫兵们，说六祖的真身是假的，是用来骗人的，要破除这个封建迷信，于是就在六祖的头上盖了个铁钵，上面写了“坏蛋”两个字，并把真身用手推车推到韶关市区来游行。在推的时候，有人用铁棒在真身的后背上打了碗大的一个洞，将里面的五脏六腑都抓出来，丢在大佛殿中。肋骨、脊梁骨丢了一地，说是猪骨头、狗骨头，不是人骨头。佛源看到六祖真身遭此劫难，非常难受，在红卫兵走后，就偷偷地跑去，把灵骨收拾起来，用一个瓦盒上下盖好，悄悄地埋在南华寺九龙井后山的一棵树下，并做了标记。因为不知道自己还能活多久，为了六祖灵骨有一天能重见天日，佛源又送信给香港的圣一法师，希望他有机会来的时候用照相机将这个地方拍下来，以待太平时可以将灵骨取出。明朝丹田大师的真身，也保存在南华寺，和六祖的真身一样遭到了红卫兵的破坏，脏腑骨头都被人拿了出来。明朝另一祖师憨山大师的真身，虽然也被砍了一刀，但是洞口不太大，没有如六祖和丹田那样被人掏出腑脏。在收拾六祖的遗骨时，佛源也将丹田大师的灵骨悄悄收敛了起来。

1980 年，佛源不顾韶关方面的阻挠，坚持去了北京。到京以后，他将六祖灵骨的事情向明真、巨赞法师作了汇报，接着又向赵朴初作了报告。赵朴初听完以后，极为震惊，立刻写信给时任广东省省长的习仲勋同志，请他派人到南华寺处理这件事。习仲勋派人到南华寺，有关方面当时还不同意恢复。最后习仲勋派来的人说：“同意也要恢

① 佛源：《佛源和尚忆虚老》，见净慧主编：《虚云和尚全集》之第九分册《传记资料》（下），石家庄：河北禅学研究所 2008 年版，第 371 页。

复，不同意也要恢复。”① 这才推动了这件事的发展。在赵朴初的要求下，佛源也从北京回到南华寺协助办理恢复六祖真身的事。

六祖的灵骨取出时，因为入土十多年，肋骨已有霉变，但仍有条块状；脊骨受潮严重，比肋骨变形更厉害。丹田大师的灵骨，较之六祖灵骨就更不如了。佛源将两位祖师的灵骨捧回自己屋中，用木炭火烘干擦净，再用一整块檀香木，将脊骨、肋骨一节节接驳在檀香木上，粘好后放入真身之内，外用绸布和漆封闭。六祖的脏腑已经朽坏，再也无法恢复，只能烘成粉末，与檀香木混合塑形，放置于六祖胸内。

据佛源说，他亲眼见到的六祖灵骨，在经过了一千二百年之后，仍是金黄色，坚硬如金，分量也沉重如金。而丹田祖师的灵骨相对呈黑色，分量也轻得多。两具灵骨，确实有金铜之别。

（五）“文革”后的弘法利举

1982 年，国务院公布云门寺为首批全国重点开放寺院，云门寺迎来了又一个发展的黄金时期。1983 年，正在北京的佛源法师被地方政府迎请回到韶关，肩负起重振云门的大业。因为宗教活动已经长期停滞，僧人们又受到歧视乃至迫害，其时云门寺的情况已经十分不堪，寺中仅余老僧三人，残存殿宇尽为危房，经像法器几无所有。佛源回来后，首先面临着如何重建道场的问题。1984 年，广东省、韶关市、乳源县三级政府拨款四十余万元，用于重建大雄宝殿和天王殿。佛源和尚亲自任工程总指挥，他日夜筹度，事必躬亲，领众出坡，不辞辛劳。在他的感召下，云门寺的重建工作受到了海内外信徒的热情资助，四方善款源源而至。有一位香港居士慕名来到云门寺，想见一见佛源老和尚。在寺门口，他看见一位穿得像拾荒者一样高高瘦瘦、浑身是泥的老人，正在捡拾一堆烂砖头，就向老人打听佛源在哪里。当老人告诉他自己就是佛源时，他简直不敢相信自己的眼睛。这位居士马上向佛源顶礼三拜，并在云门寺住了三天，并决定为祖庭的重建出一把力。至 1986 年，主要建筑已初具规模，可以启坛传戒。1990 年，云门寺的大规模维修基本接近完成。修复后的云门寺，主要建筑有天王殿、大雄宝殿、法堂、藏经楼、客堂、钟楼、功德堂、鼓楼、伽蓝殿、

---

① 佛源：《佛源和尚忆虚老》，见净慧主编：《虚云和尚全集》之第九分册《传记资料》（下），石家庄：河北禅学研究所 2008 年版，第 371 页。

延寿堂、祖师殿、禅堂，此外还新建了虚云和尚纪念堂、舍利塔、山门、佛经流通处、凉亭等，殿堂内塑造了佛像，使寺庙比原貌更加雄伟庄严，格局更加宏大，设备更加完善。时任中国佛教协会会长的赵朴初来寺，欣然题诗，赞曰："古刹千年几废兴，喜瞻佛日耀云门。殿堂毁后重重建，经像烧余渐渐增。"

为使佛教事业后继有人，1989 年佛源在云门寺创办了"云门寺僧伽培训班"；1992 年，培训班升级为云门佛学院。今天，云门佛学院已有四个专业，学僧两百余人。

二、佛源和尚的佛法思想

（一）强调信仰的真诚与坚持

人和动物不同。动物总的来说是依靠本能行动，而缺乏行动的自觉性，因此是非能动的。人的行动，就其外部而言，常常是有计划和有目的的；就其内部而言，一定受到某种观念的支配。实际上，正因为人的行为是受内在观念支配的，所以才是有计划与有目的的。就此而言，包括宗教在内的一切文化或价值观念、主义等，最终都在于通过塑造人的内在观念而影响人的外部行为，并以此形成一种以理论或者主义为基本规范的生活。具体到佛教，其对信徒的基本要求，就是信、解、行、证。其中，"信"（观念的树立）是第一位的。因为没有坚定的信仰，就不会去"解"（了解和研究），更加谈不上"行"（实践）和"证"（最终的证悟）。退而言之，如果没有信仰，即使对佛法、佛教研究很深，也不能成为释迦子孙，因为在他那里佛法已经变成了佛学，是与实际行为无直接关系的"知识"。

信受、信仰的问题，在近代以来似乎特别突出。其中的一个主要原因，是自然科学的发展对宗教造成了巨大的冲击。中国古代的儒家，虽然也提倡理性，如孔子就"不语怪力乱神"①，又说"不知生，焉知死"②，但是孔子又同时强调"天命"，以为君子应该"知天命"③、

---

① 《论语·述而第七》。
② 《论语·先进第十一》。
③ 《论语·为政第二》。

“畏天命”①，还说“祭如在，祭神如神在”②。总之孔子的态度，可概括为“敬鬼神而远之”③，这是一种将注意力放在现实人生之上的所谓“实践理性”的态度。④ 这种态度，虽然不提倡彼岸世界的存在，但也不否认其有或无，而可以说是一种将彼岸世界问题放入括弧之中悬置起来的态度。这个态度，实际上为宗教的存在留下了余地。但是近代在西方发展起来的科学理性则截然不同。科学理性筑基于实验科学的迅速发展之上，其实质则是一种建立在主客二元对立基础之上的逻各斯至上主义，也可以简单地说是实证主义——一切不能用实验方法加以证明的东西都是不可信的。这种被康德称之为“纯粹理性”的东西，和宗教是互相不兼容的。到了近代，由于自然科学的发展及其应用在建构人类认识系统和改造外部世界等方面所带来的前所未有的巨大变化，“科学理性”已经占据了人类话语的中心地位，一切与之不相符的话语都被边缘化甚至压抑了。从这个历史进程来看，不独佛教，其他如基督教、伊斯兰教以及一切地方的或者民间的宗教，都因为其形而上学的性质，逐渐远离了人类思想的中心领域而面临着信仰危机。

虚云在他的讲话、开示中，就曾多次强调现在是末法时代。他指出末法时代的标志之一，就是人们对于佛的信心不再坚固，所以学佛者第一是要志愿坚固、深信因果。佛源继承了虚云的这个思想，他也特别强调信心的重要。他说：

> 学佛就是一个信仰问题。一个佛教徒没有信仰不行，要真正的有信仰。⑤

信仰的坚定要靠行动来证明。佛源的一生可以说就是这样一个证明：他自入佛门之后，虽然遇到种种艰难困苦，但是勇猛精进，在长达六十年的时间里，从未动摇过自己的信心。俗话说“真金不怕火炼”，面对危难才能显出信仰的坚实与否。和佛源一同从湖南投奔虚

---

① 《论语·季氏第十六》。

② 《伦语·八佾第三》。

③ 《论语·雍也第六》。

④ 李泽厚：《孔子再评价》，见李泽厚：《中国古代思想史论》，北京：人民出版社 1985 年版，第 33～35 页。

⑤ 《云之门，佛之源——纪念佛源老和尚》光碟。下文所引佛源的话，以及明圆、净慧、明向、来光等法师对佛源的回忆和评价等，如无特别注明，均来自于此纪念光碟，不一一注明。

云的觉民师傅，也曾与佛源共同侍奉虚云老和尚到北京、上海，直到武汉分手；分手后，觉民仍然留在虚云身边，并且在云居山做当家。可是觉民最终稳不住，信心动摇，还俗了。与佛源一起在南华寺放牛的庆云师傅，出家几十年，也常常诵读《涅槃经》，但是信心不坚固，觉得出家孤苦，所以不但功夫不得深入，最终也稳不住，还俗了。佛源在回忆中，用“稳不住”来评价他们，就是慨叹、惋惜他们的信心不够坚固。反观佛源自己，这种对佛的信仰已经变成了自己唯一的精神生活，所以其感受与上述二人有极大不同。佛源这样描述自己 1961 年从韩家山看守所释放回到南华寺时的心理状态：“一进禅关，见到宝林山，眼泪就止不住地留下来。我又回到南华寺，是六祖大师保佑我不死而归。真是第二次生命啊！”[①] 试问若没有虔诚坚固的信仰，怎么可能在受尽磨难之后还不退缩，反而有这样情不自禁的礼赞呢？在南华寺，看到六祖惠能和丹田大师的真身被红卫兵破坏，朝不保夕，“自己不知哪天被打死”的佛源，却“心里难过得流泪”[②]，偷偷地将六祖与丹田的灵骨收起埋好。这样虔诚的感情和金刚一样勇敢，若是没有坚定不移的信仰，怎么可能会发生呢？在南华寺劳动改造时，不能穿出家人的衣服，不能叫出家人的法号，每天都干着沉重的体力劳动，但是佛源坚持每天早晚拜佛、中午坐禅，从不间断。“学佛就是一个信仰问题”，话语虽普通，但实在是切中肯綮，是佛源法师一生的立身写照。

（二）重视祖师家风的继承和弘扬

佛源继承了虚云认为现在是末法时代的思想，但是他又说：“佛说末法要一万年，现在才千把年时间，佛法没有亡，还可以救，哪里会没有希望呢？”他提出出家人要有自己独特的人格——他称之为“僧格”。所谓僧格，就是要坚守衲僧的本色。什么是衲僧的本色？他有一首偈子来作说明：“勤修戒定慧，息灭贪嗔痴。逃出三界外，不在五行中。”戒、定、慧，是学佛的基础。修此三学，就可以断除烦恼，超凡入圣。而勤修这三学，就是佛教徒的僧格。在这一方面，历

---

① 佛源：《佛源和尚忆虚老》，见净慧主编：《虚云和尚全集》之第九分册《传记资料》（下），石家庄：河北禅学研究所 2008 年版，第 365 页。

② 《佛源和尚忆虚老》，见净慧主编：《虚云和尚全集》之第九分册《传记资料》（下），石家庄：河北禅学研究所 2008 年版，第 372 页。

代的佛门祖师都以自己的亲身实践作出了极好的表率。佛源的师傅虚云和尚就是近代以来一个极为突出的代表。佛源继承了虚云和尚的思想和作风，视之为祖师家风，极力加以弘扬。

以持戒为例。释迦牟尼佛曾说“诸恶莫作，众善奉行，自净其意，是诸佛教”。在临终时又嘱咐弟子们要“以戒为师”。为什么要持戒呢？这和佛教的基本理论——因果思想（又叫作“因果缘报”）——有密切关系。佛教认为世界万有都是因缘所生，所以无一不处在变动不居的流转之中，而没有恒定的本性。由此出发，佛教提出了业报的理论。业的梵语是羯磨，为造作之义。凡一切有情众生（包括人）在心念、情感上所起的种种变化以及其所引起的行为，俱名为业。业有善、恶、无记三性。善业能得善果，助所为者在六道轮回中提升；恶业招来苦果，使所为者在六道轮回中沉沦；无记业既不是善也不是恶，故不感果。佛教细分出十善业和十恶业。这十善业和十恶业，实际上就形成戒的主要内容，而持戒也成为佛门弟子摆脱六道轮回而证得菩提大道的途径。

虚云针对近代以来佛门戒律松弛的情况，曾多次强调持戒、守戒的重要性。这个我们前面已经谈过了。佛源是如何持戒的呢？一个例子可以说明：在十善业中，有慈悲观一业，就是认为众生平等，所以应该推己及人，以慈悲的态度对待其他生命，故不可以杀生，连带也不能吃肉。据明圆法师回忆，佛源在南华寺劳动改造时，正在大搞“破四旧”的红卫兵抓住佛源，扭住他的脖子，撬开他的嘴巴，逼着他吃肉，可是佛源宁愿死也坚决不吃。红卫兵为此批他斗他打他，要他下跪，可是无论折腾多少次，佛源就是不吃。明圆说，看到佛源为了坚持戒律所受的苦难，许多僧人的眼泪都掉了下来。同为虚云和尚弟子的净慧法师，有这样一段话，可谓对佛源和尚坚持守戒行为的最好说明。他说：“（虚云）老和尚的心愿有一条，就是希望我们能保护这件衣服（僧衣）。佛源大和尚完全领会了、继承了老和尚的遗志，始终不渝地保持这件衣服，保持佛门的本色，衲僧的本色。不管在什么样艰难困苦的情况下，忠贞不渝。”

再以农禅并行为例。农禅并行是从虚云开始形成的云门寺极重要的家风，佛源将之大大地发扬光大。和虚云一样，他极为重视参禅，认为参禅是僧人的本分，只有好好参禅才能去除妄念，保持一颗清净心。他在禅堂向众人开示，说：“有些人一天到晚，心里不静。心里想外面的境界，攀缘。一天到晚不顾自己，起个念头，都是妄念。所以你们自己要好好用功，不要把自己的法身慧命忘失了。”又说：“如果我们参禅，清净心能够维护了，不为外面的境界所污染，那你的禅定就到了。”为了消除妄念，他常常告诫众人，是僧人就要干僧人的事情，打坐、参禅，就是僧人的必修课，一日不可少。他制定了规则，要求僧人们每天早晚上殿，坚持每天在禅堂坐六支静香，每年冬季都要打五个禅七，从不间断。在佛源去世后，接替佛源任云门寺方丈的明向和尚回忆说：“我们每年都要举行禅七，这是我们云门寺长期的一个惯例。（佛源）老和尚非常重视，我这么多年来没有看到老和尚缺过一天，除非是病倒了。”在往生之前的一个月，病中的佛源身体已经极差了，他还让人推着轮椅到禅堂向众人告假，说自己作为出家人，却不能像大家一样打禅七，所以向大家忏悔。众人见佛源和尚如此，个个感动流泪而不能自禁。农禅并行，要求住寺僧人都要参加劳动，自食其力。虚云在云门寺时，就开始实行马祖“一日不做，一日不食”的思想。佛源主持云门寺后，一直坚持虚云的做法。他教育大家说：“我们正是以虚云老和尚为榜样，不要把他的优良传统丢掉了。”他要求云门寺的僧人，不论职位高低、年龄大小，都要参加劳动。他自己亲力亲为，不但带领大家种水稻、花生，还栽种了上千棵果树和大片竹林，在生活艰难时还到山上砍柴去卖。明向和尚说：“现在（云门寺）全体僧众每个人都有自己的活。我们自己的农田都是自己耕种。包括厨房里面的，搞卫生的、煮饭的、炒菜的，都是我们自己僧人在劳动。”

从1953年佛源接任住持，云门寺农禅并行的作风就从来没有懈怠过，一直持续到了今天，成为一种不可移易的传统。云门寺现在保留的五百多亩田地，在全体僧众的辛勤劳作下，基本上能保持自给自足。

（三）平易与刚猛结合的接引方式

佛源在接引学人时非常用心，会根据具体情况的不同，采取不同的接引方式，有时温和平易而有时峻急刚猛，但其中都暗含着一般人不易体会的禅机。明向和尚回忆说，有一次，有人送来了一对莲花灯，荷叶上面有个小动物，是只青蛙。佛源很神秘地将明向叫过去，指着青蛙对明向说，你看你看，那个小东西它趴在上面呢。因为青蛙做得

栩栩如生，明向一时不辨，以为是真的，正伸出手想去摸时，佛源却一言不发，转身走了。明向愣了一下，等到伸手一摸，原来是假的，顿时有所解悟。明向对此感触颇深，他说老和尚接引人，就是在生活的点点滴滴中让你体会到那个灵动的、活起来的东西。这个东西，大概就是所谓的禅机了。

“函盖乾坤，截断众流，随波逐浪”，本是云门宗创始人文偃大师的接引方式。这种接引方式，后人常以刚猛峻急、不容伫思来形容。佛源和尚接引学者的方式，除了上面所举的平易一面外，也常有刚猛的一面。在云门寺，许多僧人都受过他的棒打或者断喝。来光法师回忆说，1999 年农历九月十二日，是虚云老和尚圆寂四十周年纪念日，他跟随佛源到云居山，参加虚云和尚的圆寂法会。当时佛源的心情比较沉重，来光法师怕走在山路上的老和尚摔跤，想上去搀扶一下，却不想佛源二话不说，反手就打了来光一耳光，正打在来光的额头上。来光说，在那个炎炎的夏日，他当时的感觉，就好似有一盆冰水从头到脚流下，非常清凉，心中洋溢着无比的喜悦。来光马上跪下，给老和尚磕了三个头。可是这时佛源又说了一句话：“离师三尺，你不懂吗?”云门寺的僧人们说，佛源有一根树根做成的简易拐棍，人们对这根拐棍常常敬畏有加，因为许多人都曾被它打过，而且据说曾经打断了好几根。但是受打的人却不但不抱怨，还跟来光一样欢喜，因为他们知道这是老和尚在接引自己，想促使自己能够有所悟入。有一位身体有些残疾的和尚，名叫明参，专职负责看护云门寺后山的虚云和尚纪念堂。明参是一位非常朴实的僧人，说一口浓浓的湖南益阳话，他说自己在 20 世纪 80 年代就来到了云门寺，那时寺里还没有几个人，他一开始是天王殿的香灯师，身体也由此残疾。他说自己曾被烦恼所困，想要离开云门寺，佛源老和尚得知后，对他一顿棒喝。“（老和尚打他）这事好啊，我愿意心领啊”，很多年后，在说起这件事时，明参还满脸洋溢着无比幸福的笑容。此后，明参被派去看守虚云纪念堂，这一看就是十八年。十八年间，他的工作就是日复一日地打扫虚云纪念堂，浇水种地，接待来此参拜的信众。他对每一位来客都极为热情，称他们为菩萨，几乎每一句话都会称念阿弥陀佛的佛号。从明参的身上，人们能感受到云门寺的魅力，而这魅力又得益于佛源老和尚。《云之门，佛之源——纪念佛源老和尚》光碟封底有这样几句话称颂佛源，现在录在下面，算是对老和尚一生行藏的总结：

京汉苏沪，随学虚公，韦陀推出，祧云门宗。
舍身忘死，护祖灵骨，子孙万代，得礼真容。
曹溪绵绵，法乳淙淙，德业流芳，弘振家风。

附录一

大汉韶州云门山光泰禅院故匡真大师实性碑铭

此碑现位于韶关市乳源瑶族自治县云门寺内。碑由雷岳撰文，薛崇誉书丹，梁彦晖、邓仁爱镌石，立于南汉大宝元年（958 年）十二月。碑高 1.80 米，宽 0.91 米，厚 0.19 米，青石质，上端斜角，中间断裂。碑阴刻，字体以楷书为主，夹杂少量行书和草书，共 2 309 字。

相符水月定形，觉浮生之可幻；火莲发艳，知实性之宜修。故妙果圆明，寂尔而不生不灭；真如常住，湛然而无去无来。祛其华则是色皆空，存其实则众魔咸折，亦犹山藏白玉，泥涂不能污其珍；沼出青莲，尘垢不能染其质者也。则故匡真大师业传西裔，性达南宗，戒珠朗而慧日融光，觉海扬而慈霖普润。示非法无法之说，若电翻辉；应真空不空之谈，如钟逐扣。嘉以心唯清净，道本慈悲，常挑智慧之灯，洞照昏衢之路，将俟化周有截，终期证彼无为。故我释迦如来厌绮罗丝竹之音，痛生老病死之苦，踰金城而学道，依坛持以修真，六载成功，万法俱熟；为四十九年慈父，演八万四千法门，现千百亿化身，遍婆娑世界；说多多缘起，开种种导门，誓化迷伦，令超正觉。于时求法宝者是诸沙数，得道者于意云何？小则证须陀洹斯陀含，大则超阿罗汉辟支佛。卷舒自在，莲花中藏十二音声；变化无穷，芥子内纳三千国土。迩后化缘将毕，示灭双林，即以法及衣传于迦叶，叶传阿难，难传商那和修，修传优波鞠多，如此辗转相传，俾令常住世不灭矣。洎至于曹溪大圆满至真超觉大师，是为第三十三祖；若只认

达摩禅师传衣法至于曹溪，则中华推为第六祖焉。故西来智药三藏驻锡曹溪，云“一百七十年后，当有无上法宝肉身菩萨于曹溪兴化，学道者如林”，故号曹溪为宝林。自祖师成等正觉后，现有一百六十九员生身菩萨遍在诸方行化，迩后得道者莫知其数，皆曹溪之裔也。故匡真大师又嗣于一叶焉。

师讳文偃，姓张氏，晋齐王冏东曹参军翰十三代孙也。翰知世将泯，见机休禄，徙于江浙，故胤及我师，生于苏州嘉兴郡。师幼慕出尘，乃棲于嘉兴空王寺志澄律师下为童，凡读诸经，无烦再阅。及长落彩，具足于常州坛，后侍澄公讲数年，倾穷四分指归，乃辞澄谒睦州道踪禅师，则黄檗之派也。一室常闭，四壁唯空，或复接人，无容伫思。师卷舒得志，径往叩门，禅师问：“谁?”师曰：“文偃。”禅师闭关云：“频频来作什么?”师云：“学人己事不明。”禅师曰：“秦时轆轹钻。”以手托出闭门，师因是发明。又经数载，禅师以心机秘密，关钥弥坚，知师终为法海要津，定作禅天朗月，因语师云：“吾非汝师，莫住。”师遂入闽，才登象骨，直奋鹏程，因造雪峰会。三礼欲施，雪峰乃云：“因何得到与么?”师不移丝发，重印全机，遂等截流，还同戴角。由是学徒千余，凡圣莫审，师昏旭参问，寒燠屡迁，抠衣惟切与虚心，得果莫输于实服。因有僧问雪峰云：“如何是触目不见道，运足焉知路?”峰云：“苍天!”僧不明，问师，师曰：“两斤麻，一匹布。”僧后闻于雪峰，峰云：“噫！我常疑个布衲。”师于会里，密契玄机，因是出会，遍谒诸山尊宿，颇有言句，世所闻之。后雪峰迁化，学徒乃问峰佛法付谁?峰云：“遇松偃处住。”学徒莫识其机，偃者盖师名也。至今雪峰遗诫不立尊宿。辛未礼于曹溪，旋谒灵树，故知圣大师以心机相露，胶漆契情。岁在丁丑，知圣一日召师及学徒曰：“吾若灭后，必遇无上人为吾荼毗。”至戊寅，高祖天皇大帝巡狩韶石，至于灵树，知圣迁化，果契前约。敕为爇之，获舍利，塑形于方丈。于时诏师入见，特恩赐紫。次年敕师于本州厅开堂。师于是踞知圣筵，说雪峰法，实谓禅河汹涌，佛日辉华，道俗数千，问答响应，郡守何公希范礼足曰：“弟子请益。”师曰：“目前无异草。”有学人问：“如何是本来心?”师云：“举起分明。”别有言句，录行于世。

迩后大师心唯恬默，奏乞移庵，敕允。癸未领学者开云门山，五载功成：四周云合，殿宇之檐楹翼翥，房廊之高下鳞差，邃壑幽泉，挫暑月而寒生户牖；乔松修竹，冒香风而韵杂宫商。近于三十来秋，不减半千之众，岁纳他方之供，日丰香积之厨，有殊舍卫之城，何异灵山之会。院主师傅大德表奏院毕，敕赐“光泰禅院”额及朱记。至戊戌岁，高祖天皇大帝诏师入阙，帝亲问：“如何是禅？”师云：“圣人有问，臣僧有对。”帝曰：“作么生对？”师云：“请陛下鉴臣前前语。”帝悦云：“知师孤介，朕早钦敬。”宣下授师左右街僧录，师默而不对，复宣下左右曰：“此师修行已知蹊径，应不乐荣禄。”乃诏曰：“放师归山可乎？”师欣然三呼：“万岁！”翌日赐内帑、香药、施利、埔货等回山，并加师号曰“匡真”。厥后每年频降颁宣，繁不胜纪。恭惟我当今大圣文武玄德大明至道大广孝皇帝，岁在单阏，运圣谟而手平内难，奋神武而力建中兴，恩拯八纮，道弘三教，乃诏师入内，经月供养，赐六珠衣一袭及香药、施利等而回，并御制塔额，赐为“宝光之塔，瑞云之院”。

师自从示众，卓尔宗风，凡在应机，实当奇特。常一时见众集久，乃云：“汝若不会，三十年莫道不见老僧。”时有三僧，一时出来礼足，师云：“三人一状。”有问禅者，则云：“正好辩。”有问道者，则云：“透出一字。”有问祖师意者，则云：“日里看山。”有才跨门者则以杖打之。有时示众云：“直下无事，早是相埋没也。”迷缘不已，岂不徒然！略举大纲，将裨后代。师以法无定相，学无准常，每修一忌斋，用酬二嗣讳。师一坐道场三十余载，求法宝者云来四表，得心印者叶散诸山，则知觉路程开，双林果满，诸漏已尽，万法皆空。虽假卧障，未少妨于参问；终云虚幻，乃示寂于韬光。侍者奉汤，师付碗子曰：“第一是吾着便，第二是汝着便，记取！”遣修表祝别皇王，乃自扎遗诫曰：“吾灭后，汝等弗可效俗教，着孝服，哭泣丧车之礼，否则违佛制，有紊禅宗也。”付法于白云山实性大师、志庠实师，会下已匡徒众。己酉岁四月十日子时，师顺世。呜呼！慈舟坏兮轮回失度，法山摧兮飞走何依？缁伦感朝薤之悲，檀信动式微之咏。宋云遇处，但携只履以无还；慈氏来时，应启三峰而再出。月二十有五，诸山尊宿具威仪，道俗千数，送师于浮图，灵容如昔。依师训塔于当山方丈内，法龄七纪二，僧腊六旬六。于日行云敛态，陇树无春，觑岳狐猿，啼带助哀之苦，穿林幽鸟，声添惜别之愁，吊客掩襟，伫立以

泣。在会参学小师守坚，始终荷赞，洞契无为。门人净本、大师常实等三十六人知事，皆深明佛性，雅得师宗也。在京弟子报恩寺内供奉悟明大师，都监内诸寺院，赐紫六珠。常一、悟觉大师赐紫六珠，常省、超悟大师赐紫，常荐等七十余人，皆出自宫闱，素精道行，敕赐与师为弟子。法侄内僧录六通大师，教中大法师道聪，洞究本门，尤精外学也。

岳镂冰艺拙，映雪功疏，自愧斐然，滥承厚辞，编成实性，纪彼铭云：

师归何处？超然寂然，爱河万顷，涉若晴川。其一。

思超四果，难降家魔；迷则万劫，悟则刹那。其二。

是色非色，真空不空，如水涵像，若烛随风。其三。

虽云有佛，难穷于佛，如地有芽，逢春自出。其四。

菩提无种，觉花无子，妙果如成，有何生死。其五。

是法非法，恍惚难寻，无内无外，即心传心。其六。

划石成灰兮丘陵潜爆，大海为田兮人伦斯改，纪师实性兮刻于贞珉，龙华会开兮师踪如往。

其本岁在重光太溯献正阳月二十有九，在武德殿进呈奉敕宣赐。

内门使、监集贤殿御书院给事郎、守内侍省内常侍、上柱国、赐紫金鱼袋雷岳撰。

内五金使、充北司都录事、银青光禄大夫、行内侍省内常侍、监集贤殿御书院、上柱国、赐紫金鱼袋薛崇誉书。

汉大宝元年岁次戊午十二月一日丁丑建。

附录二

大汉韶州云门山大觉禅寺
大慈云匡圣弘明大师碑铭并序

此碑现位于韶关市乳源瑶族自治县云门寺内。碑由陈守中撰文，行修书丹，孔延津、陈延嗣、邓怀忠等镌石，立于南汉大宝七年（964 年）。碑高 2.60 米，宽 1.30 米，厚 0.22 米，青石质，碑额浮雕双龙和方形印，印篆刻“汉韶州云门山大觉禅寺大慈云匡圣弘明大师碑”20 字。碑阴刻，字体以楷书为主，夹杂有少量行书和草书，全文近 4 000 字。

原夫真空无相，劫火销而性相何来？妙法有缘，元气剖而因缘何起？造化莫能为关键，玄黄不可为种根。乩乎十号之尊，出彼三只之劫。增莫知而减宁睹，讵究始终；望不见而名无言，孰明去往？不有中有，不空中空，非动非摇，常寂常乐。拘留孙之过去，释种圆明；毗婆尸之下生，玄符合契。由是修行道着，相好业成。爰授记于定光，乃度人于摩羯。自是一音演说，二谛宏宣。开八万法门，化三千世界。大乘六而小乘九，慧业难基；欲界四而色界三，昏波易染。所以兴行六度，接引四生。求真者竞洗六尘，修果者咸超十地。尽使昏衢之内，俱萌舍筏之心；大荫人天，俾居净土。其后衣缠白氎，屣脱金沙，示无住之身，现有终之理。于是迦叶结集，阿难澄真，递付心珠，住持法藏。象教远流于千载，觉花遍满于十方。马鸣兴护法之功，龙树显降魔之力。师师相授，法法相承。大化无穷，不可思议。而自我祖承运，明帝御乾。符圣梦以西来，图粹容而东化。金言玉偈，摩腾行首译之文；鹿苑鸡林，佛朔遂身游之化。迨于魏晋，迄至隋唐，达理者甚多，得道者非少。其如历帝历代，有废有兴，未若当今圣明，钦崇教相者也。伏惟睿圣文武隆德高明宏道大光孝皇帝陛下，德参覆载，道合照临，叶九五之龙飞，应一千之凤历。承帝喾有尧之庆，鸿业勃兴；体下武继文之基，圣功崛起。每念八弦纷扰，九土艰虞。耀干戈弧矢以宣威，救生灵涂炭；用文物声明而阐教，致寰宇雍熙。栉沐忘劳，凿大禹之所未凿；造化不测，开巨灵之所未开。庆云呈而甘露垂，嘉谷生而芝草出。其于儒也，则石渠金马，刊定古今，八索九丘，洞穹渊奥；其于道也，则探玄抱朴，得太上之妙门，宝箓灵符，援虚皇之秘决。于机暇既崇于儒道，注宸衷复重于佛僧。是以奉三宝于虚方，福万民于寰宇。绀宫金刹，在处增修；白足黄头，联辰受供。而乃频彰瑞感，显应昌期。矧以韶石粤区，曹溪胜地。昔西来智药三藏，驻锡于曹溪曰："一百七十年后，当有无上法宝肉身菩萨于此兴化，学道者如林。"故号曹溪曰"宝林"也。二十八祖之心印，达磨（摩）东传，三十三代之法衣，祖师南授。自六祖大师登正果之后，所谓学者如林，天下高僧，无不臻凑者矣。

大慈云匡圣弘明大师者，则别颖一枝也。大师澄真不浑，定性自然。驰记莂之高名，蹑迦维之密行。慧灯呈耀，智剑发硎。六根净而五眼清，不染不着；四果澄而三明朗，自悟自修。启禅门而定水泓澄，搜律藏而戒珠莹澈。水上之莲花千叶，清净芬芳；空中之桂魄一轮，孤高皎洁。机无细而不应，道有请而必行。固得百福庄严，万行圆满，尽诸有漏，达彼无为。大师讳文偃，姓张氏，吴越苏州嘉兴人也。生而聪敏，幼足神风，不杂时流，自高释姓，才逾丱岁，便慕出家。乃受业于嘉兴空王寺律师志澄下为上足，披经怿偈，一览无遗，勤苦而成。依年具尸罗于常州戒坛，初习小乘，次通中道。因闻睦州道踪禅师关钥高险，往而谒之。来去数月，忽一日禅师发问曰："频频来作什么？"对曰："学人己事不明。"禅师以手推出云："秦时辗轹钻。"师因是发明，征而有理。经数载，策杖入闽，造于雪峰会下。三礼之后，雪峰和尚颇形器重之色。是时千人学业，四众咸归，肃穆之中，凡圣莫测。师朝昏参问，寒燠屡迁，昂鹤态于群流，闭禅扉于方寸。因有僧问雪峰曰："如何是触目不见道，运足焉知路？"雪峰曰："叶！"其僧不明，举问师此意如何？师曰："两斤麻，一匹布。"僧又不明，复问何义。师曰："更奉三尺竹。"僧后闻于雪峰，峰曰："噫！

我常疑个布衲。”其后颇有言句，繁而不书，乃于众中密有传授，因是出会，游访诸山。后雪峰迁化，学徒问曰：“和尚佛法付谁?”峰曰：“遇松偃处住。”学徒莫测，偃者则师之法号也。遗诫至今，雪峰不立尊宿。

辛未届于曹溪，旋谒灵树，故知圣大师如敏长老以识心相见，静本略同，俦侣接延，仅逾八载。丁丑，知圣忽一日召师及学徒语曰：“吾若灭后，必遇无上人为吾荼毗。”及戊寅岁，知圣大师顺寂，恰遇高祖天皇大帝驾幸韶阳，至于灵树，敕为焚爇，果契前言也。师是时奉诏对，便令说法，授以章服。次年又赐于本州军民开堂。师据知圣筵，说雪峰法，牧守何希范礼足曰：“弟子请益。”师曰：“目前无异草。”是日问禅者接踵，其对答备传于世。

师尔后倦于延接，志在幽清，奏乞移庵，帝命俞允。癸未领众开云门山。构创梵宫，数载而毕。莫不因高就远，审地为基，层轩邃宇而涌成，花界金绳而化出。晓霞低覆，绛帷微衬于雕楹；夕露散垂，珠网轻笼于碧瓦。叵匝尽奇峰秀岭，逶迤皆泼黛堆蓝。泉幽而声激珠玑，松老而势拏空碧。由是庄严宝相，合杂香厨，抠衣者岁溢千人，拥锡者云来四表。庵罗卫之林畔，景象无殊；耆阇崛之山中，规模匪异。院主师傅表奏造院毕功，敕赐额曰“光泰禅院”。至戊戌岁，高祖天皇大帝诏师入阙，朝对有容，因宣问曰：“作么生是本来心?”师曰：“举起分明。”帝知师洞韫玄机，益加钦敬，其日欲授师左右街大僧录，逊让再三而免。翌日赐师号曰“匡真大师”。延驻浃旬，赐内帑、银绢、香药遣回本院。厥后常注宸衷，频加赐赉。寻遇中宗文武光圣明孝皇帝，缵承鸿业，广布皇风，廓静九围，常敬三宝。复降诏旨命师入于内殿供养月余，仍赐六珠衣钱绢香药等，却旋武水，并预赐塔院额曰“瑞云之院，宝光之塔”。师禅河浩淼，闻必惊人。有问禅者则云：“正好辩。”有问道者则云：“透出一字。”有问祖师意则云：“日里看山。”凡所接对言机，大约如此。了义玄远，法藏幽微。化席一兴，岁毕三纪。师于生灭处，在色空中，来若凤仪，作僧中之异瑞，去同蝉蜕，为天外之浮云。于屠维作噩之岁，四月十日寝膳微爽，动止无妨，忽谓诸学徒曰：“来去是常，吾当行矣。”乃命侍者奉汤，师付汤碗于侍者曰：“第一是吾着便，第二是你着便。”亟令修表告别君王，乃自扎遗诫曰：“吾灭后，不得效俗家着孝衣哭泣，备丧

车之礼，则违我梵行也。”付法于白云山实性大师志庠。其日子时瞑目，怡颜叠足而化。呜呼！化缘有尽，示相无生，端然不坏之身，寂尔归真之性，慧海虽干于此界，法山复化于何方？峰云惨淡以低垂，众鸟悲鸣而不散。学徒感极，瞻雁塔以衔哀；门客恋深，拜禅龛而雪涕！以当月二十有五日，诸山尊宿，四界道俗，送师入塔，寿龄八十六，僧腊六十六。香飘数里，地振一隅。护法龙神，出虚空而闪烁；受戒阴鸷，现仿佛之形容。其后诸国侯王，普天僧众，闻师圆寂，竞致斋羞。

而后一十七年，我皇帝陛下应天顺人，垂衣御极。顺三灵而启圣，绍四叶之耿光。大振尧风，中兴佛法。至大宝六年岁次癸亥八月，有雄武军节度推宫阮绍庄，忽于梦中见大师在佛殿之上，天色明朗，以拂子招绍庄报云：“吾在塔多时，你可言于李特进（秀华宫使特进李托也），托他奏闻，为吾开塔。”绍庄应对之次，惊觉历然。是时李托奉敕在韶州于诸山门寺院修建道场，因是得述斯梦，修斋事毕，回京奏闻。圣上谓近臣曰：“此师道果圆满，坐化多年，今若托梦奏来，必有显现。宜降敕命，指挥韶州都监军府事梁延鄂同本府官吏往云门山开塔，如无所坏，则奏闻迎取入京。”梁延鄂于是准敕致斋，然后用功开凿。菩萨相依稀旋睹，莲花香馥郁先闻。须臾宝塔豁开，法身如故。眼半合而珠光欲转，口微启而珂雪密排，髭发复生，手足犹软。放神光于方丈，晃耀移时；兴瑞雾于周回，氤氲永日。即道即俗，观者数千，灵异既彰，寻乃具表奏闻。敕旨宣令李托部署人船往云门修斋迎请。天吴息浪，风伯清尘，直济中流，俄达上国。敕旨于崌崃步驻泊。翌日左右两街，诸寺僧众，东西教坊，四部伶伦，迎引灵龛入于大内。锣钹铿锵于玉阙，幡花罗列于天衢。圣上别注敬诚，赐升秘殿。大陈供养，叠启斋筵。排内帑之瑰珍，馔天厨之蕴藻，列砌之骊珠斛满，盈盘之虹玉花明。浮紫气于皇城，炫灵光于清禁。圣上亲临宝辇，重换法衣，谓侍臣曰：“朕闻金刚不坏之身，此之谓也。”于是许群僚士庶，四海蕃商，俱入内庭，各得瞻礼，瑶林畔千灯接昼，宝山前百戏联宵。施利钱银，不可殚纪。以十月十六日乃下制曰：“定水澄源，火莲发艳，夙悟无生之理，永留不朽之名。万象都捐，但秘西干之印；一真不动，惟传南祖之灯。韶州云门山证真禅寺匡真大师，早契宗乘，洞超真觉，虽双林示灭，十七年靡易金躯，只履遗踪，数万里应回葱岭。朕显膺历数，缵嗣丕图，洎三朝而并切皈依，乃一心而不忘回向。仰我师而独登果位，在冲人而良所叹嘉。宜行封赏之文，用示褒崇之典，可赠‘大慈云匡圣弘明大师’，‘证真禅寺’宜升为‘大觉禅寺’。”重臣将命，乳奠伸仪，太常行礼于天墀，纶诰宣恩于云陛，固可冥垂慈睍，密运神通。资圣寿于延长，保皇基于广大。师在内一月余日，圣泽优隆，七宝装龛，六铢裁服，颁赐所厚，今古难伦，当月二十九日宣下李托部署却回山门。

有参学小师双峰山长老广悟大师竞钦赐紫，温门山感悟大师契本，云门山上足小师应悟大师堂宝等同部署真身到阙，亦在内庭受供，恩渥异常。其诸上足门人常厚等四十余人，各是章衣师号，散在诸方，或性达禅机，或名高长老。在京小师悟明大师都监内诸寺赐紫，常一等六十余人，或典谋法教，或领袖沙门。

臣才异披沙，学同铸水，虔膺凤旨，纪实性以难周；愧非雄词，勒贞珉于不朽。乃为铭曰：

于穆大雄，教敷百亿，亭育二仪，提携八极；不灭不生，无声无色，卓尔神功，昭然慧力。其一。

化无不周，道无不备，法既流兮，教既布矣，爰示灭乐，归乎妙理，实性真宗，枝分风靡。其二。

祖祖传心，灯灯散烛，诠谛腾镳，圣贤交躅，种种津梁，门门抒轴，正觉广焉，寻之不足。其三。

厥有宝林，重芳一叶，布无上乘，登无上檝，法炬瞳胧，尼珠炜煌，拯溺迷津，救焚尘劫。其四。

南北学徒，抠衣朝夕，无醉不醒，无昏不释，示其生焉，来彰慧绩；示其灭焉，归圆真寂。其五。

湛然不动，塔韫宝光，玉毫弥赫，金相弥庄。时乎未矣，我则晦藏；时乎至矣，我则昭彰。其六。

爰于明朝，现兹法质，如拨障云，重舒朗日，瑞应皇基，福隆帝室，圣览祯祥，恩颁洋溢。其七。

三翼沿溯，千里请迎，迎来丹阙，设在三清，金银罗列，琼璧堆盈，俄生紫气，潜覆皇城。其八。

日陈供席，夜奏笙歌，施亿宝贝，舍万绮罗，神倾薝卜，天降曼陀，前佛后佛，显应斯多。其九。

明明圣君，仁仁慈主，圣比和风，慈同甘雨，祚与天长，教将地固，勒之贞珉，永芳千古。其十。

维大宝七年岁次甲子四月丁未朔。

列圣宫使、甘泉宫使、秀华宫使、翫华宫使，开府仪同三司行内侍监，上柱国臣李托。玉清宫使、德陵使、龙德宫使、开府仪同三司行内侍监，上柱国武昌县开国男食邑三百户臣龚陛枢承旨。

右街大轧亨寺内殿，共奉等伦渔表，白意大师赐紫囗囗臣行修奉敕书。右龙虎军控鹤将军陪囗囗囗臣孔廷谓，臣孔廷津，臣陈延嗣，臣邓怀忠等镌字。

西院使集贤殿学士，御前承旨太中大夫，行右谏议大夫，知太仆寺事，上柱国赐紫金鱼袋臣陈守中奉敕撰。

参考文献

［1］《大正新修大藏经》，东京：大藏出版株式会社1988年版。

［2］《卍新纂大日本续藏经》，东京：株式会社国书刊行会1975—1989年版。

［3］（清）董诰等编：《全唐文》，北京：中华书局1983年版。

［4］朱熹注：《大学·中庸·论语》，上海：上海古籍出版社1987年版。

［5］景中译注：《列子》，北京：中华书局2007年版。

［6］（汉）司马迁：《史记》，北京：中华书局1959年版。

［7］（南朝宋）范晔：《后汉书》，北京：中华书局1965年版。

［8］（晋）陈寿著，裴松之注：《三国志》，北京：中华书局1999年版。

［9］（北齐）魏收：《魏书》，北京：中华书局1974年版。

［10］（唐）房玄龄等：《晋书》，北京：中华书局1974年版。

［11］（北魏）杨衒之著，周祖谟校释：《洛阳伽蓝记》，北京：中华书局2010年版。

［12］（唐）法琳：《破邪论》（卷上），扬州：扬州藏经院光绪三十四年刻本。

［13］陈寅恪：《金明馆丛稿二编》，北京：生活·读书·新知三联书店2001年版。

［14］梁启超著，陈士强导读：《佛教研究十八篇》，上海：上海古籍出版社2001年版。

［15］汤用彤：《汉魏两晋南北朝佛教史》，北京：中华书局1983

年版。

［16］吕澂：《中国佛学源流略讲》，北京：中华书局 1979 年版。

［17］杨曾文：《宋元禅宗史》，北京：中国社会科学出版社 2006 年版。

［18］印顺：《中国禅宗史》，南昌：江西人民出版社 2007 年版。

［19］郭沫若等：《中国史稿》（第二册），北京：人民出版社 1979 年版。

［20］袁珂：《〈山海经〉校译》，上海：上海古籍出版社 1985 年版。

［21］冯学成：《云门宗史话》，广州：南方日报出版社 2008 年版。

［22］李泽厚：《中国古代思想史论》，北京：人民出版社 1985 年版。

［23］《现代佛教学术丛刊》（第五册），大乘文化基金会 1980 年版。

［24］苏少瑞：《敦煌本神会语录〈菩提达摩南宗定是非论〉语言研究》，上海师范大学硕士学位论文，2010 年。

［25］《辞海》，上海：上海辞书出版社 1979 年版。

［26］净慧主编：《虚云和尚全集》，石家庄：河北禅学研究所 2008 年版。

［27］岑学吕：《云门山志》。

后 记

在汉传佛教的发展史上，因为六祖惠能，韶关具有了特别的意义。虽然惠能在活着的时候已经赢得了巨大的声誉，但是他在禅宗史上所具有的无可比拟之特别地位，不得不归功于他入灭以后弟子们一代接着一代的卓绝努力。有两个重要的事实在其中起到了不可替代的作用：一个是他的弟子神会于开元二十年在洛阳滑台大云寺论定佛法宗旨大会上的杰出表现。这次大会辩论的是佛法宗旨，实际上是确立哪种理论、哪个流派才是禅宗的正统，而神会的胜利无疑使得惠能所开创的南宗顿教初步获得了正统继承者的身份。另一个则是所谓“一花五叶”的形成。由于惠能嫡传弟子和再传弟子们持续不断地努力，在大约两个半世纪的时间内，以惠能禅为出发点，陆续形成了沩仰、临济、曹洞、云门、法眼五个宗派。五宗的弟子遍布华夏大地，差不多垄断了佛教的传播，所以中晚唐以后的中国佛教基本上形成南宗禅一家独大的局面。由于五宗都取法于《坛经》，因而使得《坛经》逐渐具有了汉传佛教“原典”的意义，成为中国僧人所说的唯一一部“经”。

机缘凑巧的是，五叶之一的云门宗，也形成于韶关。事实上，云门寺所在的位置距离南华寺只有四五十公里。出身于浙江的文偃禅师，在福建雪峰禅师处悟道后，经过十七年的游学，终于来到了当年惠能开坛说法的粤北，并在此辛勤耕耘，最终形成了以“超脱意言，不留情见”为总体特征的云门禅。云门宗在五代和两宋兴盛了大约三百年，然后进入了漫长的衰落期，直到民国后期由于虚云大师的努力，才再次得到振兴。今天，乘着国家繁荣富强的东风，云门寺的发展也进入了一个前所未见的黄金期——寺庙不仅办起了佛学院，弟子规模日益扩大，而且新建了许多建筑，已经成为粤北的文化圣地之一。

可惜的是，和南华寺这枝“花”相比，云门寺这片“叶”所受到的关注还远远不足。造成这种状况的原因，固然有两寺地位的差异，但也和人们对云门寺、云门宗的研究、宣传不足有很大的关系。就笔者所见，目前关于云门宗的专书，只有岑学吕居士在新中国成立之初受虚云大师之托而编定的《云门山志》和冯学成居士在2008年出版的《云门宗史话》。前者属于资料汇编性质，且未正式出版；后者则以介绍南北两宋近百位云门宗著名法嗣为主，主题并不集中在粤北云门寺上。至于发表的文章，也是非常之少，而且基本上都是描述文偃的禅风。

笔者第一次到云门寺，差不多是在二十年前刚刚来韶关学院工作的时候，由一位家在乳源的学生领着来的。惭愧的是，这也是笔者第一次听说“云门寺”这个名字。近四年来，由于韶关市开始将粤北佛教文化作为社会科学研究的重点而加以扶持，出于种种考虑，笔者选择了云门寺作为自己地方文化的研究对象。2011年，这项研究得到了韶关市社科联的项目支持，其结果就是形成了这部作品。书的基本中心，是围绕着云门寺和在云门禅发展中起着关键作用的文偃、虚云两位大师来梳理云门宗禅法的发展脉络，重点是介绍寺庙的变迁和阐释云门宗禅法的核心思想。为了让读者能从更宏观的角度把握云门禅，本书又简要描述了云门宗成立之前禅宗的发展变迁。

感谢韶关学院韶文化研究院莫昌龙先生为本书出版而提供的机会，也感谢他对笔者研究工作的指点和关心。

感谢韶关学院国际交流处的黄华明先生，是他在百忙之中抽空带领笔者到云门寺调研并将笔者的工作向寺僧进行介绍，从而得到了他们的热情帮助。

感谢我的妻子邓秋华女士，没有她的支持，这本书也许很难完稿。

仲红卫

2014年8月于韶关学院文学院